JN298751

UN Convention
on Contracts

ウィーン売買条約と貿易契約

新堀 聰 [著]
Niibori Satoshi

for
The International
Sale of Goods

同文舘出版

―実践なき理論は空虚であるが，
理論なき実践は危険である―

はしがき

　本書は，1991年に出版した『国際統一売買法　ウィーン売買条約と貿易契約』の改訂新版である。貿易の第一線で活躍する実務家のためにウィーン売買条約をできるだけ平易に解説することに努力した。

　実は，本書の初版を出版した時点では，私は迂闊にも本条約が数年のうちに日本によって採用されるものと信じていた。それは，本条約が貿易実務家にとって大変重要な内容を含んでいるため，貿易立国の日本が世界の国々に先駆けて加盟することは自明のことと思ったからであった。だが，私の期待に反して，日本の加盟は大幅に遅延し，2009年に漸く実現することになった。すなわち，2008年6月19日，本条約への日本の加入がようやく国会によって承認され，日本政府が7月1日に加入書を国連事務総長に寄託した結果，本条約は2009年8月1日に日本について発効することになった。

　もちろん，本条約には数々の欠点や不十分な箇所がある。国際統一売買法がより完全なものになるためには，今後世界的に関係者の一層の尽力が必要である。しかし，何事もはじめから完全ではあり得ない。不完全であるからといって，採用しないというのでは，いつになっても国際統一売買法は存在し得ないことになる。ウィーン売買条約を踏み台として，関係者がさらに尽力することにより，将来，どのような形式であれ，より完成度の高い国際統一売買法が誕生することを期待したい。

　私は，1963年以来，主に貿易実務理論に関する多くの本を同文舘から出版してきたが，2002年には，若い人々が良い論文を書くための指針となることを願って『評価される博士・修士・卒業論文の書き方・考え方』を執筆し，幸

い多数の読者に活用して頂くことができた。今年74歳となり，体力も弱ってきているが，今後の計画として，従来の研究成果を活用し，（仮称）『ウィーン売買条約とインコタームズに準拠した国際物品売買契約書の書き方・考え方』を執筆したいと考えている。

　なお，今回の改訂を機会に書名を改めた。昨今，ウィーン売買条約が国際統一売買法の代名詞として頻繁に使用されるようになってきたためである。本書が，1966年に出版した『貿易売買入門』と同じように，若い貿易マンの座右でお役に立つことを心から願っている。

　最後に，何時も変わらず私を支援してくださっている同文舘の中島治久社長，市川良之取締役・編集局長に厚く御礼申し上げたい。

　　　2008年11月　東京・白金にて

　　　　　　　　　　　　　　　　　　　　　　　　　　　　新堀　聰

はしがき

第1章　日本のウィーン売買条約加入と国際統一売買法の歴史 ―― 3

第1節　はじめに ………………………………………………… 3
1. 日本のウィーン売買条約加入　3
2. 自動執行的な条約としてのウィーン売買条約　5
3. ウィーン売買条約とインコタームズとの比較　6
4. 国際統一売買法の歴史　8
5. ウィーン売買条約の構成　11
6. ウィーン売買条約と国際私法　12

第2節　ウィーン売買条約の適用範囲 ………………………… 13
1. どのような場合にウィーン売買条約は適用されるか　13
2. 本条約が適用されない売買　14
3. サービスを提供する契約には不適用　15
4. 契約または慣習の有効性および所有権に対する効果には関知せず　15
5. 人の死亡または身体的傷害についての製造物責任への不適用　18
6. 契約による適用の排除　18
7. ウィーン売買条約の三層構造　20

第2章　ウィーン売買条約の解釈原則 ―― 23

第1節　国際的性格および適用上の統一性 …………………… 23
第2節　国際貿易における信義の遵守 ………………………… 24

第3節　ウィーン売買条約の欠陥の補充と一般原則……………………25
　　　1. ウィーン売買条約の欠陥の補充　25
　　　2. ウィーン売買条約の一般原則　26
　第4節　当事者の行為の解釈原則……………………………………30
　第5節　慣習および慣行………………………………………………32

第3章　国際売買契約の成立―――――――――35

　第1節　ウィーン売買条約第2部の概観………………………………35
　第2節　申込みの要件…………………………………………………37
　第3節　申込みの効力発生時期………………………………………38
　第4節　申込みの撤回…………………………………………………38
　第5節　撤回できない申込み…………………………………………40
　第6節　申込みの拒絶…………………………………………………44
　第7節　承　　　諾……………………………………………………45
　第8節　申込みを修正した承諾………………………………………47
　第9節　書式の争い……………………………………………………50
　第10節　申込みの有効期間の計算方法………………………………54
　第11節　延着した承諾…………………………………………………54
　第12節　承諾の撤回……………………………………………………56
　第13節　契約の成立時期………………………………………………57
　第14節　意思表示はいつ名宛人に到着したと言えるか……………57

第4章　売主の義務―――――――――――――61

　第1節　売主の基本的義務……………………………………………61

第 2 節　引渡しの場所 …………………………………………… 62

第 3 節　積出しに伴う売主の義務 ……………………………… 64

第 4 節　引渡しの時期 …………………………………………… 65

第 5 節　物品に関する書類 ……………………………………… 66

第 6 節　契約に適合する物品を引渡す義務（売主の保証責任）…… 67

第 7 節　物品はいつ契約に合致していることが必要か ……… 69

第 8 節　引渡期日前の欠陥ある引渡しの治癒 ………………… 71

第 9 節　物品の検査時期 ………………………………………… 71

第10節　クレーム提起期間 ……………………………………… 72

第11節　物品に対する第三者の権利 …………………………… 75

第12節　売主の契約違反に対する買主の救済 ………………… 77

第13節　特定履行（売主による履行を要求する権利）……… 78

第14節　追加的な最終履行期間を定める買主の通知 ………… 80

第15節　引渡期日後の欠陥の治癒 ……………………………… 82

第16節　契約を解除する買主の権利 …………………………… 83

第17節　代金の減額 ……………………………………………… 87

第18節　物品の一部の不適合 …………………………………… 88

第19節　早過ぎる引渡しと多過ぎる数量 ……………………… 89

第 5 章　買主の義務 ———————————————93

第 1 節　買主の基本的義務 ……………………………………… 93

第 2 節　支払いを可能にする措置 ……………………………… 93

第 3 節　価格の明示されていない契約 ………………………… 94

　1.　事務局注釈　　95

　2.　ホノルドの説　　96

3. クリツァーの説　96

         4. エオーシの説　97

    第4節　重量の決定方法…………………………………………98

    第5節　支払いの場所……………………………………………98

    第6節　支払いの時期……………………………………………99

    第7節　買主の支払義務と売主の催告………………………101

    第8節　引渡しを受ける義務…………………………………102

    第9節　買主の契約違反に対する売主の救済………………103

         1. 特定履行（買主による履行を要求する権利）　104

         2. 契約を解除する売主の権利　106

         3. 不明な明細の補充　109

第6章　危険の移転─────────────────113

    第1節　危険負担の一般原則…………………………………113

    第2節　輸送を含む売買契約における危険の移転…………115

    第3節　輸送中に売買された物品の危険の移転……………118

    第4節　その他の場合における危険の移転…………………120

    第5節　売主に契約違反があった場合の危険の移転………123

    第6節　危険の移転に関するインコタームズの規定………124

    第7節　日本民法との比較……………………………………127

第7章　売主と買主の義務に共通の規定──────131

    第1節　期限前の契約違反および分割引渡契約……………131

         1. 履行の停止　131

  2. 売主の運送品差止め　134
  3. 履行停止の通知および履行の確約　135
  4. 期限前の契約解除宣言　137
  5. 分割引渡契約における解除宣言　138
第2節　損害賠償………………………………………………141
  1. 損害賠償額を算定する一般原則
     （Hadley 対 Baxendale 事件）　141
  2. 損害賠償額を算定する一般原則
     （ウィーン売買条約第74条）　143
  3. 間接的損害　147
  4. 代替取引によって決定される損害賠償額　149
  5. 時価に基づく損害賠償額　151
  6. 失われた取引量の損失　151
  7. 損害賠償額の軽減　153
第3節　延滞金利………………………………………………154
第4節　免　　　責……………………………………………154
  1. 当事者を損害賠償から免除する障害　156
  2. 第三者による不履行　158
  3. 一時的な障害の効果　159
  4. 障害についての通知義務　160
  5. 免責約款　161
  6. 自己の作為または不作為による相手方の不履行　161
第5節　解除の効果……………………………………………161
  1. 解除による義務からの解放　161
  2. 返還の義務　162
  3. 物品の返還が不可能な場合　163
  4. 利益の返還　165

第6節　物品の保存……………………………………………………165
   1. 売主の物品を保存する義務　165
   2. 買主の物品を保存する義務　167
   3. 倉庫における保管　168
   4. 物品の売却　168

補章　ウィーン売買条約後の国際統一売買法──175

 第1節　法の統一のための手法……………………………………175
   1. 条約からリステイトメントへ　175
   2. リステイトメントによる統一商取引法の進化の例　176
 第2節　国際商事契約の「国際化」………………………………177
   1. 国際商事契約の国際化とは何か　177
   2. 国際商事契約の国際化はなぜ必要か　179
   3. 国際化の中核としてのウィーン売買条約　179

付録　ウィーン売買条約全文（英和対照）──181

主要参考文献──243

和文索引──246

欧文索引──252

ウィーン売買条約と貿易契約

第1章

日本のウィーン売買条約加入と
国際統一売買法の歴史

第1節　はじめに

1. 日本のウィーン売買条約加入

　2007年年明け早々の1月7日，日本経済新聞は朝刊一面で，日本のウィーン売買条約（Vienna Sales Convention）への加入が近いことを報じた。[1]

　ウィーン売買条約は，正式の名称を国際物品売買契約に関する国際連合条約（United Nations Convention on Contracts for the International Sale of Goods）といい，CISGと略称されている。1980年4月11日ウィーンで成立，1988年1月1日に発効，締約国は2007年1月7日現在次の70カ国であった。

> Argentina, Australia, Austria, Belarus, Belgium, Bosnia and Herzegovina, Bulgaria, Burundi, Canada, Chile, China, Colombia, Croatia, Cuba, Cyprus, Czech Republic, Denmark, Ecuador, Egypt, El Salvador, Estonia, Finland, France, Gabon, Georgia, Germany, Ghana, Greece, Guinea, Honduras, Hungary, Iceland, Iraq, Israel, Italy, Kyrgyzstan, Latvia, Lesotho, Liberia, Lithuania, Luxembourg, Mauritania, Mexico, Moldova, Mongolia, Montenegro, Netherlands, New Zealand, Norway, Paraguay, Peru, Poland, Republic of Korea, Romania, Russian Federation, Saint Vincent and the Grenadines, Serbia, Singapore, Slovakia, Slovenia, Spain, Sweden, Switzerland, Syrian Arab Republic, The former Yugoslav Republic of Macedonia, Uganda, Ukraine, United States of America, Uruguay, Uzbekistan, Zambia.

　この条約は，いまや国際物品売買のDe Facto Standard（事実上の標準）と

なった。日本の貿易相手国の殆どが締約国となっており，主要国で採用していないのは，この時点で日本と英国だけであった。

英国が採用していない理由は，元 UNCITRAL 事務局長の曽野和明教授によれば，穀物などの相場商品の標準契約書において，英国法が準拠法とされており，英国法では或る契約条項が条件（condition）と認められていれば，契約違反の重大性とは無関係に契約の解除が認められるのに対して，ウィーン売買条約では違反が重大でなければ，即時解約は認められないことにあり，英国人の自国法へのプライドもあって，採用に至っていない。しかし，曽野教授も指摘されているように，周辺 EU 諸国が採用しているので，英国も孤立を避けるために，遠からず採用に踏み切るものと思われる[2]。現に英国貿易産業省（DTI）は英国が孤立することに危惧の念を表明しており[3]，法律委員会（Law Commission）も採用に賛同している[4]。

日本については，可及的速やかな加入が望まれていたが，政府はようやく重い腰をあげ，加盟に向けて動き始めた[5]。2008 年 6 月 19 日，日本のウィーン売買条約への加入が，国会によって承認され[6]，日本政府は，7 月 1 日，ニューヨークにおいて国連事務総長に加入書を提出した[7]。これによって，本条約は，第 99 条第 2 項により，2009 年 8 月 1 日に日本について発効し，日本は 71 カ国目の加盟国となることが確定した。その後，レバノンが 2008 年 11 月 21 日に加入書を提出したため，加盟国は 72 カ国となった。

しかし，貿易立国の日本としては，ずいぶんと遅れたものである。71 番目とは大変恥ずかしいことであり，極めて遺憾といわなければならない。なぜこのように遅れたのか。その原因については，様々の説があるが[8]，いまさら追及しても意味はないので，ここであれこれ述べることは差し控える。むしろ，遅きに失したとはいえ，今回日本の加盟が実現することを素直に喜ぶべきであろう。

なお，日本は，この条約に署名していないので，国際法上，批准（ratification）ではなく，加入（accession）によって加盟することになる[9]。

2. 自動執行的な条約としてのウィーン売買条約

　一般に，条約には，それを国内で適用する場合，内容から見て実施のために国家法の制定を必要とする条約と内容上そのまま国内的に適用可能な条約（これを自動執行的な条約＝self-executing treaty と呼ぶ）とがある。前者は，国民の法律関係を直接に規律するのではなく，その具体化のためには特別の立法措置を必要とする条約（たとえば，共同防衛を約する条約）であり，後者は，国民の権利・義務を具体的に規律するもので，その適用のために内容的に新たな国家法の制定を必要としない条約である。[10] 自動執行的な条約については，米国，フランス，ドイツ，オランダ，オーストラリアなど多くの国で，憲法上の明文により，または，慣行によって，そのまま　国内的効力が認められている。日本国憲法第98条第2項も同様に解釈できる。[11] 本条約は，本文で当事者の権利・義務を直接規定しており，批准，加入等によって直ちに国内で採用しうる内容となっているので，自動執行的条約と考えられ，日本でも加入によりそのまま国内で適用可能と考えられる。もっとも，「船荷証券統一条約」と「国際海上物品運送法」との関係のように，条約に見合った国家法を別途制定するという方法も考えられる。船荷証券統一条約の場合には，わが国は，条約は同じことを異なった箇所で繰返して規定していてわかりにくいこと，適切な訳語がないこと，既存の法令との関係についても疑問が残ることなどの理由で，自国の法令に適する形式で国内法令の中に取入れる方法をとり，国際海上物品運送法を制定した。この法律は，条約の内容を国家法の用語に置換えて実質的に取入れるとともに，条約では細目的と考えられた点および条約では取上げられなかった点についても規定を設けている。ウィーン売買条約についても，適切な訳語がなく，なかなか良い日本語になりにくいし，既存の法体系との関係も難解かつ複雑であるから，船荷証券統一条約と同様な問題があるが，さりとてこれだけの内容のものについて，別途国家法を作るのは，大変な作業を要すると思われるので，国内の法律用語に余り拘らない素直な訳により，自動執行的な条約として，そのまま日本国内で適用されることになろう。[12]

　米国では，本条約は自動執行的条約として，批准の効力発生と同時に，1988

年1月1日から国内で発効し，統一商法典に優先する連邦法として連邦および州裁判所において商事裁判で適用されるようになった。[13]

3. ウィーン売買条約とインコタームズとの比較

　国際統一売買法は，貿易実務家にとって永年の夢であった。1971年8月のニクソン・ショック（米ドルの金との交換停止）の際，ファーム・オファーを撤回せざるを得ない状況に追い込まれ，契約法上撤回できる英米法系の国と撤回できない大陸法系の国があるため，対応に苦慮したことは今なお記憶に新しい。

　従来，貿易実務家は，主に国際商業会議所（ICC）制定のインコタームズ（Incoterms）に準拠して，貿易売買契約を締結してきた。ウィーン売買条約には不満な点も多いが，インコタームズは，売買当事者の義務と危険移転の時期しか規定していない。ウィーン売買条約は，インコタームズが触れていない，契約の成立，および，契約違反に対する救済について規定しており，理想に向けて一歩踏み出した意義は大きい。インコタームズとウィーン売買条約の規定の内容を比較すると，次の通りである。

	インコタームズ	ウィーン売買条約
売主と買主の義務	○	○
危険移転の時期	○	○
契約の成立	×	○
契約違反に対する救済	×	○
契約の有効性	×	×
所有権移転の時期	×	×

①売主と買主の義務と危険移転の時期については，インコタームズにもウィーン売買条約にも規定がある。両者の規定に相違がある時は，ウィーン売買条約第6条の当事者自治の原則により，インコタームズの規定が優先する。
②契約の成立と契約違反に対する救済については，インコタームズには規定はないが，ウィーン売買条約には規定があるので，貿易実務家はその内容を把握しなければならない。実務家の一人一人が知識を持って実務を行なうことが重要である。

③契約の有効性と所有権移転の時期については，インコタームズもウィーン売買条約も規定を設けていない。これらの問題については，従来同様，国際私法（法の抵触に関する法）の定めるところによって適用される国家法によることになる。

現行のインコタームズは 2000 年版である。最近の例では，10 年ごとに改訂されているので，次回の改訂があるとすれば，2010 年となるはずであるが，2006 年にパリの ICC 本部から各国の国内委員会に改訂の是非について問い合わせがあり，その回答を集計した結果，改訂が必要との回答はごく少数であった。そのため，2007 年には今回の改訂は一旦見送られることになった。しかし，その後，一部の国から改訂が必要であるとの強い意見が出たため，ICC 本部は改訂案のための起草グループを編成し，2008 年 10 月現在第一次原案を作成中である。2009 年第一四半期には各国の委員会に起草グループの第一次原案を配布し，賛否を問い合わせことになる見込みで，各国の委員会は 2009 年 5 月下旬にフィンランドのヘルシンキで開催される商取引法・慣習委員会（Commission on Commercial Law and Practice）までに自国の意見を回答することを求められる予定である。

ここで，インコタームズとウィーン売買条約の規定の特徴を比較すると，インコタームズは法律ではないので，ある契約に適用されるためには，当事者が契約上明文で採用することが必要である。しかし，たとえ当事者がこのような規定を契約に設けたにしても，インコタームズは，契約の成立，契約違反に対する救済方法などには全く触れていないので，国際売買契約を巡って発生する紛争に広く対応することは出来ない。そこで，当事者は，紛争が発生した場合，各国の売買法に頼ることになるが，売買法の規定は，国によってまちまちであるため，苦労が絶えなかった。

これに対して，ウィーン売買条約は，条約であるから，日本が加入すれば，特に当事者が契約で排除しない限り，当然に適用される。したがって，加入後は，日本の貿易売買契約のほとんど全てに適用されることになろう。この点，原則として当事者が契約で採用した場合に限り適用されるインコタームズと対

照的である。

　ウィーン売買条約とインコタームズの規定を比較すると，前者はいかなるタイプの取引にも対応できるように一般的な表現を用いている。これに対して，後者は，当事者の義務，物品の引渡し，売主が提供すべき書類などについて，かなり詳細に規定している。両者を比較して主なポイントを要約すると，次の表の通りである。[14)]

ウィーン売買条約	インコタームズ
▶一般的，普遍的，簡潔。 ▶当事者が契約を履行しなかったときにどうなるかを規定している。 ▶契約にもインコタームズにも規定されていない問題について，一般的だが有用な解答を与えている。 ▶インコタームズに言及されていない広い範囲の紛争解決に役立つ。 ▶当事者が排除しない限り適用される。	▶特殊的，限定的，詳細。 ▶当事者が何をすべきかを規定している。 ▶当事者がどのように契約を履行すべきか，すなわち，売主がどのような物品および書類をいつ，どこでどのように引渡すべきか，その引渡しに関連して，当事者がどのような義務を負うかを詳細に定めている。 ▶当事者が援用することにより契約締結を促進するのに役立つ。 ▶当事者が採用した場合にのみ適用される。

　ウィーン売買条約には，CIF，FOB などの国際売買契約の標準的取引条件に関する規定は一切ない。起草の段階では，このような標準的取引条件の定義を改正前の米国統一商法典売買編と同様に条約の中に入れてはどうかという意見もあったが，標準的取引条件は基本的な国際条約より多い頻度で改正される必要があること，外交官会議で商慣習の技術的詳細に立入ることはむずかしいこと，更に，より基本的な問題として，契約で用いられる語句の意味は，個々の契約の状況の下で解釈されるべきで，法律で定義づけるのは困難を伴うことなどの理由で見送られた。[15)] 本条約のような統一法とインコタームズのような標準的取引条件を定めた国際規則は，相互補完的に共存するのが理想的と思われる。

4. 国際統一売買法の歴史

　ウィーン売買条約の具体的な内容を解説する前に，国際統一売買法の歴史を

概観しておこう。

　日常，貿易にたずさわる者にとっては，世界中どの国と取引をしても貿易売買契約に同一の法原則が適用されることが，長年の夢であった。従来，貿易実務家は，各国の売買法が区々であるために，萬一当事者間で紛争が起った場合のことを考え，色々と配慮せねばならならなかった。例えば，郵便または電報による承諾の効力発生時期については，国により発信主義と到達主義とにわかれているため，申込者は，安全を期すためには申込みを行う際，承諾が期日までに到着することを条件として明示する必要があった。最近では，ファックス，電子メールなどの発信即到達となる通信手段（いわゆる同時的通信手段）の普及によって，この両者の差はあまり重要ではなくなっているが，それでも，通信手段として郵便や電報が使用されることが皆無ではないとすれば，貿易実務上は煩わしい問題である。

　ところが，世界的に見ると，このような状況が近年急速に改善し始めた。それは，1988年1月1日に国際物品売買契約に関する国際連合条約（ウィーン売買条約）が発効し，締約国の数が，この種の統一条約としては異例のスピードで増加したためである。

　ウィーン売買条約は，国際的な物品売買について統一法を作ろうという関係者の半世紀にわたる努力が結晶したものである。その端緒となったのは，1930年，私法統一国際協会（the International Institute for the Unification of Private Law；UNIDROIT）が，国際売買に関する統一法の起草をはじめたことであった。起草作業は，はじめ英，仏，独およびスカンジナビア諸国の専門家からなる委員会によって行われたが，後に他の国々の専門家も参加した。委員会は，1935年，1936年および1939年に中間草案を発表したが，第二次大戦によって作業が中断した。

　戦後，1951年になって，私法統一国際協会は，統一法の起草を再開し，1963年に最終草案を完成した。1964年，オランダ政府は，ヘーグで外交官会議を召集し，この会議で同年4月25日に二つの統一法が条約として採択された。一つは，国際物品売買に関する統一法（the Uniform Law on the International

Sale of Goods, ULIS), もう一つは, 国際物品売買契約の成立に関する統一法 (the Uniform Law on the Formation of Contracts for the International Sale of Goods, ULF) である。前者は, 国際的売買に関する実体法の統一を目的とし, 特に売主・買主の権利・義務と危険の移転について定めており, 後者は, 前者を補足して, 国際物品売買契約を成立させる申込みと承諾に関する英米法と大陸法の相違を調整しようとするものであった。この二つの統一法は, 英国では, 1967年の国際売買統一法に関する法律 (the Uniform Laws on International Sales Act 1967) によって1972年8月18日から法律としての効力を与えられた他, ベルギー, 西独, イスラエル, オランダ, ガンビアおよびサン・マリノが批准した。(イタリアも, 当初加盟したが, 後にウィーン売買条約に加盟する際, この二つの統一法を廃棄した。[16]) しかし, 二つの統一法を採用した国の数は, 大変すくなかった。それは, この二つの統一法の起草に参加したのは, 主として西欧の国々で, 社会主義国や発展途上国から非欧州諸国の利益を十分に考慮していないと批判されたためである。したがって, 二つの統一法は, 条約として発効はしたものの, 世界の貿易に大きなインパクトを与えるほど広く採用されなかった。

1966年, 新しく設けられた国連国際商取引法委員会 (the United Nations Commission on International Trade Law; UNCITRAL) は, 各国政府の意見を聴取し, 二つの統一法が広く諸国に採用される見込みがないことがわかったため, 両統一法を各国が一層採用しやすい様にする改訂作業を開始した。同委員会は, 36ヵ国のメンバーによって構成されているが, ほぼ同数の国々がオブザーバーとして出席しており, また, 国際商業会議所 (ICC) や国際通貨基金 (IMF) などの国際機関も参加している。決定は, 投票によらず, メンバーとオブザーバーのコンセンサスによっているので, 妥協と説得の産物となり, 委員会での議論は, 政治的でも弁証法的でもなく, ロー・スクールのゼミナールのように実際的といわれている。コンセンサスが必要とされるので, 前進は大変遅くなり, 先進国と発展途上国, 資本主義国と社会主義国, 普通法と大陸法の法体系を調和させるのに, 大変な努力が要る。しかし, このようにしてコンセンサス

を得ることが、委員会の成果を広く諸国に受入れてもらうために必要であった。国連国際商取引法委員会は、1970年から78年の間に、構成メンバーに注意し、オブザーバーも参加したワーキング・グループの手で、両統一法の改訂作業を行い、1978年に更に手直しをした上、二つの改訂草案を一本化して、国連の全ての公式言語、すなわち、英語、フランス語、スペイン語、アラビア語、中国語およびロシア語で発表した。

　国連総会は、1980年3月から4月にかけて、ウィーンで外交官会議を開催した。この会議には62ヵ国から代表が出席し、草案に更に若干の修正を加えた後、同年4月11日、国際物品売買契約に関する国際連合条約（ウィーン売買条約）が採択された。

　ウィーン売買条約は、このようにしてウィーンの外交官会議で採択された後、どの程度のスピードで各国に採用されるか注目された。というのは、この種の条約が実効を持つか否かは、はたして当該条約で定められた数の国がその条約の批准・加入等を行い、実際に条約が発効するか否か、また、最小必要数の国が採用して発効はしても、その後採用する国の数がどの位増えるかにかかっているからである。上述したように、ウィーン売買条約の先駆者である国際物品売買に関する統一法と国際物品売買契約の成立に関する統一法は、一応発効はしたものの、採用した国の数が少なく、世界の貿易に大きなインパクトを与えるには至らなかった。

　しかし、ウィーン売買条約の場合は、この心配は杞憂であった。この条約は、第99条の規定により第10番目の国が批准書等を寄託した日から一年たった後、それに続く月の最初の日に効力を生ずるが、米国、中国およびイタリアが、それぞれ第9番目、第10番目および第11番目の国として1986年12月11日に批准書を国連に寄託したため1988年1月1日に発効し、その後締約国は順調に増えていった。

5. ウィーン売買条約の構成

　ウィーン売買条約の構成は、次の通りである。

第1部　適用の範囲および総則
　第1章　適用の範囲（第1条～第6条）
　第2章　総則（第7条～第13条）
第2部　契約の成立（第14条～第24条）
第3部　物品の売買
　第1章　総則（第25条～第29条）
　第2章　売主の義務（第30条～第52条）
　第3章　買主の義務（第53条～第65条）
　第4章　危険の移転（第66条～第70条）
　第5章　売主と買主の義務に共通の規定（第71条～第88条）
第4部　最終規定（第89条～第101条）

　このうち第2部は，申込みと承諾，および，契約の成立について規定しており，1964年の国際物品売買契約の成立に関する統一法（ULF）の後身である。また，第3部は，当事者の権利・義務と危険の移転について規定しており，1964年の国際物品売買に関する統一法（ULIS）の後身である。

　ウィーン売買条約は，第92条で，締約国は，加盟の際，第2部または第3部に拘束されないことを宣言できるものとしている。これは，本条約がもともと二つの統一法を基礎としていた名残である。

6.　ウィーン売買条約と国際私法

　国際売買に関する統一法は，その規定する事項について自己完結的（self-contained）であることを理想としており，できる限り国際私法（法の抵触に関する法）の規則を適用する必要がないようにすべきものと考えられるが，ウィーン売買条約は完全に国際私法の必要性を除去するところまでは行っていない。というのは，本条約は，既に述べたように，国際売買取引の全ての局面に適用されるわけではなく，インコタームズなどによって表現される商慣習の発展に委ねる方が良い問題，各国法の内容が複雑で統一条約の手に負えない問題などは除外されているからである[17]。すなわち，本条約は，以下のような特徴をもつ。

① インコタームズなどが定めている，国際貿易における標準的取引条件（例えば，CIF, FOB など）については，何も触れていない。
② 契約の成立および当事者の権利と義務についてのみ定めており，特に明示的に規定している場合を除き，契約または慣習の有効性と，所有権の移転などの所有権に対する効果の問題には関与しないという立場をとっている（第4条）。
③ 売主の製造物責任（product liability）のうち，人の死亡または負傷についての責任にも適用されない（第5条）。

したがって，これらの問題については，従来通り，国際私法の規則を適用して，何れの国の法律を適用すべきかを決定しなければならない。本条約は，国際貿易に従事する者にとって，従前と比較すれば大変な前進であるが，国際私法による法の選択の必要性を皆無にしていないという意味で，未だ完全とは言えない。しかし，売買の全ての局面を条約に盛り込むことは，実際問題として不可能であるし，また，国により解釈の相違も発生するので，おそらく完全を求めても無理であろう。本条約の起草者は，この点を良く理解しており，第7条第2項で，国際私法の規則による補完について次のように規定している。

「本条約によって規律される事項に関し，本条約において明示的に解決されていない問題は，本条約の基礎となっている一般原則に従って，また，かかる原則がない場合には，国際私法の規則により適用される法律に従って，解決されるべきものとする。」

第2節　ウィーン売買条約の適用範囲

1．どのような場合にウィーン売買条約は適用されるか

本条約が物品売買契約ならびにその成立に適用されるための基準は，先ず，当事者の営業の場所（place of business）が異なる国にあること，である（第1条第1項）。これは，物品売買契約が国際的（international）でなければならないことを意味する。両当事者の営業の場所が同一国内にある場合には，本条約

は適用されず，国内の売買法が適用される。

　この基本的な基準が充たされている場合でも，本条約は，次の二つの追加的基準が充たされる場合にだけ適用される（第1条第1項(a)(b)）。
　(a)　当事者が営業の場所を持つ国がいずれも本条約の締約国である場合。
　(b)　国際私法の規則により，或る締約国の法律が適用される場合。

　この追加的基準によると，売主と買主の一方または双方が締約国でない国に営業の場所を持つ場合でも，国際私法の規則によって或る締約国の法律が適用される場合には，本条約が適用される。

　しかし，本条約の第95条は，締約国が批准，受諾，承認または加入の文書を寄託するとき，第1条第1項(b)に拘束されない旨宣言することを認めている。現在までに，米国，中国など数ヵ国が本条約の批准あるいは承諾などに際して，このような宣言を行った。したがって，米国と中国では，当事者が営業の場所を持つ国がいずれも締約国である場合にだけ，本条約が適用される。第95条は，米国の強い主張によって本条約に規定された。米国は，米国統一商法典の方が売買法として本条約より優れていると確信し，国際私法の規則によって米国法が準拠法とされる場合には，本条約ではなく統一商法典を適用した方が良いと考えたためであるといわれている。[19]

2. 本条約が適用されない売買

　次に，本条約の第2条は，次の各項の売買について，本条約は適用されないものとしている。
　(a)　個人，家族または家庭で使用するために購入される物品の売買

　消費用品の売買については，各国とも消費者保護の立法を持っているので，これらの国家法の効力を害する危険を避けるため，本条約の適用範囲から除外された。ただし，売主が契約締結前のいかなる時点においてもまたは契約締結時に，物品がかかる用途のために購入されたことを知らなかったか，または，知るべきでもなかったときには，本条約が適用される。

(b) 競売

競売による売買は，国家法の下で特別の規則に従うことが多いので，除外された。

(c) 強制執行その他法律の規定に基づく売買

これも，各国で，通常，特別の規則によって律されているので，除外された。

(d) 株式，持分，投資証券，流通証券または通貨の売買

これらの取引では，通常の国際物品売買とは違った問題が生じるし，多くの国で特別の強行法規の規制を受けるので，除外された。ただし，書類による物品の売買は除外されていない。

(e) 船舶，舟，ホバークラフトまたは航空機の売買

一部の法体系では，これらの売買は，不動産の売買と同様に考えられているし，また，大部分の国で特別の登録手続きが必要とされているので，除外された。

(f) 電気の売買

多くの法制の下で，電気は物とはみなされていないし，電気の国際売買には，通常の国際物品売買とはちがった独特の問題があるので，除外された。

3. サービスを提供する契約には不適用

本条約の第3条は，契約が売買契約というより，むしろサービスを提供する契約であれば，本条約は適用されない旨を規定している。これから製造または生産される物品の供給契約は，一応売買とみなされるが，物品を発注した者が原材料の重要な部分の供給を約束している場合には，サービス契約と考えられる（第3条第1項）。一方，物品を提供する当事者の義務の圧倒的な部分が，労働その他のサービスの提供である場合にも，本条約は適用されない（第3条第2項）。

4. 契約または慣習の有効性および所有権に対する効果には関知せず

ウィーン売買条約第4条第1文は，本条約の規定の及ぶ範囲を売買契約の成

立と，かかる契約から生じる売主と買主の権利と義務に限定している。続いて，第4条第2文は，特に，本条約に明示的に異なった規定がある場合を除き，契約もしくはそのいずれかの条項または何等かの慣習の有効性 (a)，および，契約が売買された物品の所有権に及ぼす効果 (b) には関与しない旨規定している。

先ず，契約または慣習の有効性については，UNCITRAL 事務局の注釈によると，本条約には，明示的に契約または慣習の有効性を律する規定はないが，何等かの規定が国家法の体系における契約の有効性に関する規則と矛盾する規則を定めているかもしれない。両者が矛盾する場合には，本条約の規則が適用される[20]。

このような矛盾が起こる可能性があるのは，第11条である。この規定は，売買契約は書面で締結される必要はなく，契約の方式についてその他のいかなる要件にも従わない旨定めている。ところが，若干の法体系においては，ある種の売買契約は書面でなされることを要する旨の要件が存在し，これは契約の有効性にかかわる事項と考えられている。このような場合，国家法における書面の要件を保全するためには，締約国は，第12条および第96条の定めるところに従い，第11条を適用しない旨の宣言をする必要がある。かかる宣言をしない場合には，本条約の第11条が適用され，国家法による書面の要件は否定されることになる[21]。実際に第12条および第96条に基づく宣言を行なったのは，次の11カ国である[22]。しかし，このうち Estonia は，2004年3月9日，宣言を撤回した。

　Argentina, Belarus, Chile, China, Estonia, Hungary, Latvia, Lithuania, Paraguay, Russian Federation and Ukraine.

米国統一商法典では，改正第2-201条によると，5,000ドル以上の売買契約は，書面によらなければならないが，米国は第12条および第96条による宣言を行なわなかった。その理由は，国務省から大統領宛の連絡によると，当事者が書面を要件とすることを望む場合には，契約でその旨を定めることができるからであるとされている[23]。

> 　ちなみに，世界各国の売買法は，契約は書面によるべきか否かという点で，次の三つのアプローチのうち何れかを採用している。
> ①売買契約は常に書面でなされることが必要である。これはロシア民法典の採っている立場である。この立場を主張した旧ソ連に対する妥協として，第96条が追加された。
> ②全てではないが，ある種の売買契約は書面でなされることが必要である。米国統一商法典などのように，詐欺防止法により一定金額以上の売買契約は書面でなされることを要求している売買法の立場である。
> ③売買契約は書面でなされることを要しない。その他の大部分の国の売買法の立場で，ウィーン売買条約も第11条でこれを採用している。

　次に，本条約では，所有権の移転の問題は，もっぱら国家法に委ねられている。適用される規則は，国際私法の一般原則によって，独立して決定されることになる。事務局の注釈によると，若干の法体系の下では，所有権は契約の成立時に移転する。他の法体系では，買主への物品の引渡しの時に移転する。このため，ルールを統一することが可能とは思わなかったし，また，そうすることが必要とも考えなかったという。不必要と考えた理由は，本条約では，一部の法体系で所有権の移転と結び付けられている幾つかの問題について，ルールが示されているからである。第三者の権利から自由な物品を移転する売主の義務，代金を支払う買主の義務，物品の滅失・損傷の危険の移転，物品を保存する義務などの個別の問題について，解決策が所有権を経由せずに，直接示されているのである。確かに，本条約は，米国統一商法典などと同様に，所有権の所在によって当事者の紛争を解決するアプローチ（lump-title approach）を放棄し，個々の問題ごとに個別に規定を設ける狭い問題解決型アプローチ（narrow issue approach）を採用しているので，所有権の移転について規定を設ける必要はなかったというのである。[25]

　一方，ルールの統一が実際問題として困難であったことも事実で，Schlechtriem によると，UNCITRAL の起草作業の際，所有権の移転のために

別個に実際に契約を必要とするドイツ法と，原則として売買契約が成立したときに所有権が移転する英仏法との相違に橋を架けることは，不可能であることが判明した。さらに，このような試みが成功する見通しは，売買された物品の上に担保利益を設定する手段が国によって大きく異なるという事実によって，一層少なくなっていったという[26]。

5. 人の死亡または身体的傷害についての製造物責任への不適用

ウィーン売買条約第5条は，本条約は物品によって引き起こされた人の死亡または身体的傷害についての売主の責任には適用されない旨規定している。

ここで重要なことは，第5条は製造物責任を全面的に除外しているわけではないことである。第5条によって除外されているのは，製造物責任の人の死亡または身体的傷害に関する側面だけで，財産に対する損害は除外されていない。ウィーン会議では，フィンランド，フランスおよび米国の提案によって，第5条の規定が認められたが，その際一部の国の代表は，売買された物品によって引き起こされた他の物品に対する損害についても売主の責任から除外し，売主と買主の間において，不法行為を根拠とし，売買契約に基づかない物的損害についての請求も条約の対象外とすることを希望した。しかし，この提案は拒否された[27]。

6. 契約による適用の排除

ウィーン売買条約第6条は，当事者は本条約の適用を排除し，または，第96条による宣言によって，契約の方式についての国内的要件の保全を認めている第12条の規定は変更できないが，本条約のいかなる規定も，その適用を制限し，又はその効力を変更することができる旨規定している。

国が本条約に加盟すると，本条約は，本条約が対象としている売買契約に自動的に適用されるので，もし当事者が本条約によって拘束されることを望まない場合には，その旨を契約にはっきりと規定することが必要である。これをopt-outまたはcontract outと呼ぶ。この点で，本条約は米国のブッククラブの

システムに良く似ているといわれている[28]。米国には，book of the month club など通信販売で本を売る大規模なブッククラブが多数あるが，一度メンバーになると，毎月クラブ側が選んだ本を自動的に送ってくる。もし或る月にクラブが選んだ本が不要な場合には，定められた日までにその旨をクラブに連絡しなければならない。

　これと同じように，本条約の場合，その適用を受けたくなければ，その旨を契約で意思表示しなければならない。すなわち，当事者が契約にウィーン売買条約が適用されることを希望せず，従来どおり国内売買法が適用されることを望む場合には，もちろん許されるが，契約にその旨を明文で規定しなければならない。そして，その規定の仕方については，若干の注意が必要である。というのは，本条約は，加盟すると国家法の一部になってしまうので，単に「国家法」によるという表現では不十分だからである。例えば，ニューヨーク州では，"The law of the State of New York shall govern this contract" と規定しただけでは，本条約も含まれてしまうので，"This contract shall be governed by the law of the State of New York excluding the Convention on Contracts for the International Sale of Goods" とする必要がある[29]。わが国が本条約に加入した後には，同じ配慮が必要であり，当事者が本条約ではなく，日本の国家法を契約に適用することを望む場合には，単に日本の国家法による旨の表現ではなく，条約を明文で排除する必要がある[30]。

　なお，米国の著名な学者は，次のような契約文言を推奨している[31]。

　The rights and obligations of the parties under this Contract shall be governed by the local, domestic law of the State of _____, U.S.A., including its provisions of the Uniform Commercial Code. (suggested by Professor Honnold)

　The rights and obligations of the parties under this Contract shall not be governed by the provisions of CISG, instead, these rights and obligations shall be governed by the internal, substantive law of the State of _____, U.S.A. (recommended by Professors Reese and Farnsworth)

7. ウィーン売買条約の三層構造

　ウィーン売買条約は，第6条で，当事者は本条約の適用を全面的に排除し，または一部の規定の適用を制限し，その効力を変更することができると規定する一方，第4条では，本条約が明示的に定めている場合を除き，契約またはその条項の有効性には関与しない旨定め，契約の有効性については，国際私法の規則によって適用される国家法によって判断されるものとしている。

　すなわち，本条約は，第6条によって，当事者に本条約の規定を排除・変更する無制限な力を与えると同時に，第4条では，本条約に明文の規定がない限り，契約条項の有効性に関する国家法の規定には影響を及ぼさないものとしている。したがって，両者を総合すると，当事者は，条約の規定を排除または変更することができるものの，合意した契約の有効性，例えば，契約当事者の能力，錯誤，取引の不当性，詐欺などによって契約が有効か否かが争われる場合には，依然として国家法の判断を受けることになる。

　このことから，本条約の階層構造は，下記のように，契約の有効性に関する国家法を最上位に置き，その下に当事者の合意，一番下に本条約の規定を置く，三層構造（tripartite hierarchy）となっているということができる。本条約を有効性に関する国家法と当事者の合意に従属させることは，起草者が本条約を各国が受け入れやすいようにするために支払った代償であるといわれている。[32]

契約の有効性に関する国家法
当事者の合意
ウィーン売買条約の規定

【注】

1) 日本経済新聞，2007年1月7日，朝刊第1面。
2) 曽野和明「成年期に入ったウィーン売買条約―後戻りできない潮流とその未来―」

（国際商取引学会創立三周年記念講演）国際商取引学会年報 2002 年第 4 号 6 頁。
3) Department of Trade and Industry, *Consultation Document*（1997）．
4) Law Commission, *Thirty-Second Annual Report*（1997, Law Com No.250），paragraph 2. 17. 英国の法律委員会は，Law Commissions Act 1965 によって設立された，法の体系的発達，簡素化と近代化を促進するための常設委員会で，スコットランドについては別組織となっているため，二つの委員会が存在する。編集代表田中英夫『英米法辞典』500 頁（東京大学出版会，1991 年）。
5) 日本の加盟が遅れたこともあって，わが国で出版されたウィーン売買条約の解説書は，今のところ大変少ないが，主なものは，次の通りである。曽野和明・山手正史『国際売買法』（現代法律学全集 60，青林書院，1993 年）。新堀聰『国際統一売買法　ウィーン売買条約と貿易契約』（同文舘，1991 年）。甲斐道太郎・田中英司・石田喜久夫『注釈国際統一売買法〈1〉ウィーン売買条約』（京都学園大学ビジネスサイエンス研究所叢書，2000 年）。甲斐道太郎・田中英司・石田喜久夫・田中康博『注釈国際統一売買法〈2〉ウィーン売買条約』（京都学園大学ビジネスサイエンス研究所叢書，2003 年）。新堀の著書は，本邦初のウィーン売買条約に関する解説書で，貿易実務家向きに執筆されている。他に，東大の内田ゼミの学生が勉強した内容を取り纏めたものがあるが，公刊はされなかった。
6) 衆議院は，5 月 20 日に本条約への加入を承認し，参議院に回付したが，参議院では全く審議されず，条約における衆議院の優先を規定している憲法第 61 条により，6 月 19 日に衆議院の議決が国会の議決となった。いわゆる自然承認である。
7) 外務省のホームページ《http://www.mofa.go.jp/mofaj/press/release/h20/7/1181055_912.html》による。
8) 法務省多忙説，主要企業反対説，学界主流が冷たかったという説などがある。
9) 加入は，条約の交渉に参加しなかった国および条約に署名しなかった国が，その後も署名を行うことなく，当該条約の当事国となるための方法である。国際法事例研究会『日本の国際法事例研究（5）条約法』63 頁（慶応義塾大学出版会，2001 年）。
10) 小林直樹『新版憲法講義（下）』530 頁（東京大学出版会，1989 年）。
11) 田畑茂二郎『国際法講義上（新版）』51 頁（有信堂高文社，1989 年）。
12) 船荷証券統一条約と国際海上物品運送法との関係については，岩沢雄司『条約の国内適用可能性いわゆる"SELF-EXECUTING"な条約に関する一考察』71 頁以下（有斐閣，1985 年）を参照。
13) Ralph H. Folsom et al., *International Business Transactions in a Nutshell* 64-65（3d ed. 1988），St. Paul：West Publishing.
14) J. Honnold, *Uniform Law and Uniform Trade Terms, Two Approaches to a Common Goal*, in *The Transnational Law of International Commercial Transactions* 170-71（N. Horn et al., eds., 1982），Deventer：Kluwer.
15) *Id.* at 170.
16) Clive M. Schmitthoff, *Schmitthoff's Export Trade, Law and Practice of International Trade* 241（9th ed. 1990），London：Stevens & Sons.
17) *Id.* at 251.
18) 統一条約が具体的に規定している点についても，各国間で解釈の相違が起こりうるので，何れの解釈を適用すべきかについて，国際私法上の規則が，従来同様，重要となる。この点については，石黒一憲『国際私法（新版）』12 頁以下（有斐閣，1990 年）を参照

されたい。
19) Folsom et al., *supra* note 13, at 69.
20) *The Secretariat Commentary on Article 4 of the 1978 Draft*, paragraph 2.
21) *Id.* at paragraph 3.
    Albert H. Kritzer, *Guide to Practical Applications of the United Nations Convention on Contracts for the International Sale of Goods* 80（1989), Deventer：Kluwer Law & Taxation.
22) John O. Honnold, *Uniform Law for International Sales under the 1980 United Nations Convention* 139（3d ed.1999), The Hague：Kluwer Law International.
23) Kritzer, *supra* note 21, at 143.
24) *The Secretariat Commentary on Article 4 of the 1978 Draft*, paragraph 4.
25) 国際物品売買における所有権移転の理論については，新堀聰『国際商務論の新展開』第1章（同文舘，2006年）を参照されたい。
26) Peter Schlechtriem & Ingeborg Schwenzer, eds., *Commentary on the UN Convention on the International Sale of Goods (CISG)* 70（second english edition, 2005), Oxford：Oxford University Press.
27) Kritzer, *supra* note 21, at 95.
28) *Id.* at 37.
29) 本条約を成立させた1980年のウィーン外交官会議では，一部の代表がこのような結果を避けるために，「契約は特定の国の法によって支配される」旨の契約の条項は，その国の法が条約を採用していても，本条約の適用を排除するのに十分とみなされるとする修正案を提案したが，受け入れられなかった。Kritzer, *supra* note 21, at 101.
30) 新堀・前掲注5・20頁（12a）。
31) Kritzer, *supra* note 21, at 100.
32) E. Allan Farnsworth, "Review of Standard Forms or Terms under the Vienna Convention," 21 Cornell International Law Journal（1988), at 440-41.

第2章

ウィーン売買条約の解釈原則

第1節　国際的性格および適用上の統一性

　本条約の第1部第2章は、総則（General Provisions）と題して、この条約の解釈原則、契約の形式要件などに関して、一般的な規定を設けている。

　先ず、第7条第1項は、本条約の解釈に当たっては、その国際的性格ならびにその適用上の統一性（international character and uniformity of application）を促進する必要、および、国際貿易における信義の遵守（observance of good faith in international trade）に配慮しなければならない旨を規定している[1]。

　本条約がその解釈に当たり国際的性格に配慮することを要求していることは本条約が「国家主義的にではなく（not nationalistically）」、すなわち、「国内法を踏まえてではなく（not in the light of domestic law）」、「独立して（autonomously）」解釈されるべきことを意味していると解されている。国際的な性格に配慮すれば、一国だけで通用するような狭い定義や概念を用いることはできないことになる。国際条約は、個々の国で発効すれば、その国の国家法の一部となるが、それにも拘らず、本条約は国家法から独立して解釈されねばならない。したがって、本条約の下で生じる解釈問題を解決するために国家法の概念を援用することはできない。このことは、多くの学者によって、たとえ本条約が用いている表現が、特定の法体系の下で特定の意味を持つ表現 — 例えば、"avoidance"、"reasonable"、"good faith"、"trade usages" など — と文字の上では同じであっても言えるとされている。ウィーン売買条約のような統一法条

約によって採用されている表現は，中立的に用いられているので，かかる表現は，同じ語によって示されている国家法の概念から独立しており，かつ，異なると考えなければならない[2]。また，適用上の統一性の促進を目指す以上，締約国の裁判所は，他の国において本条約がどのように解釈・適用されたかを尊重しなければならない。本条約が独立した規則集であるとしても，それだけでは統一性を保証することにはならない。本条約の最終的な目標である統一性を実現するには，本条約の立法の歴史と国際的な学者の業績に配慮しなければならないし，他国の裁判所の判例にも注意しなければならない。外国の裁判所で同じまたは同種の問題が検討されて，判決が出ている場合，その内容を顧慮しなければならない[3]。

第2節　国際貿易における信義の遵守

　さらに，本条約は，国際貿易における信義を促進する方向で解釈・適用されなければならない。1978年草案に対する事務局注釈によると，信義遵守の必要性は，とりわけ次の条文の適用に当たり明白である，とされている。しかし，この原則は，これらの条文のみでなく，本条約が解釈・運用される全ての局面で重要である[4]。

第16条第2項（b）：申込みの撤回不能性に対する被申込者の信頼。

第21条第2項：平常であれば適時に到着していたであろう遅れた承諾。

第29条第2項：契約の修正または終了は書面によることを要する旨の契約条項を援用できない場合。

第37条および第48条：物品の不適合を治癒する売主の権利。

第40条：売主が悪意の場合における第38条・第39条を援用する権利の剥奪。

第49条第2項，第64条第2項および第82条：契約の解除を宣言する権利の剥奪。

> 第85条－第88条：物品を保存する義務。

第3節　ウィーン売買条約の欠陥の補充と一般原則

1．ウィーン売買条約の欠陥の補充

　本条約は，網羅的なルール集ではなく，国際売買から生じ得る全ての問題に対する解答を用意しているわけでもない。本条約第4条によると，本条約によって規律されている問題は，契約の成立とかかる契約から生じる当事者の権利と義務に限られている。この限られた適用範囲が，本条約の不完全性にかかわる問題を発生させている。それでは，売買契約に伴って当事者間で発生する問題について，本条約に解答が準備されていない場合には，どうすればよいのか。これについて，第7条第2項は，次のように規定している。

　「本条約によって規律される事項に関し，本条約において明示的に解決されていない問題は，本条約の基礎となっている一般原則に従って，また，かかる原則がない場合には，国際私法の規則により適用される法律に従って，解決されるべきものとする。」

　本条約によって規律される事項が，本条約において明示的に解決されていないということは，本条約が不完全であること，すなわち，欠陥（gap）があることを意味するが，この場合には，先ず，一般原則（general principle）によって欠陥を補充し，もし一般原則がない場合には，国際私法の規則によって適用される法律によって解決すべきものとされている。

　欠陥を一般原則によって補充するという考え方は，大陸法系の国々でよく知られている方法である。一例を挙げると，イタリア民法第12条第2項は，次のように規定している。
「論争が特定の条文によって決定され得ない場合には，同様な規定または類似の事柄を援用することができる。疑念が残る場合には，イタリア国の法体系の一般原則に従って解決すべきである。」

本条約の起草者たちが欠陥を補充するために選んだのは，一般原則の援用を，必要なら国際私法のルールによる国家法の援用と結合したアプローチで，国家法からの絶対的な独立は無理であることに起草者たちが気付いていたことを示す選択であった[7]。

しかし，ここでいう一般原則とは，具体的に何であろうか。次に述べる原則がこれに該当すると考えられる。

2. ウィーン売買条約の一般原則

(1) 当事者自治の原則

当事者自治の原則は，本条約の支配的なテーマというべき大原則である。当事者は，契約が国家法の下で無効とされる場合を除き，本条約の下で完全な自治を認められている（第4条，第6条）。当事者は，本条約の適用を排除することができるし，契約の条項が本条約の規定と矛盾する場合には，契約の条項が優先する。本条約は，当事者が契約で定めなかった事項について解答を用意することによって，契約を補完する役割を果たす。

(2) 類推による一般原則

本条約の規定から類推（analogy）によって導き出すことができる，その他の一般原則で，本条約の成立当初から学者によって指摘されている主なものを挙げると，次の通りである[8]。

① 当事者間で協力する義務

本条約の規定には，両当事者の協力によってはじめて所期の目的が達成されるものが多く見られる。したがって，当事者が協力を実行することは，本条約が基礎としている一般原則の一つと考えられる（第19条第2項，第21条第2項，第32条，第48条第2項，第54条，第58条第3項，第60条（a），第65条，第71条，第73条第2項，第79条第4項および第85条～第88条）。

② 相手方に合理的な通知を与える義務

当事者は，特定の状況の下で相手方に通知することを要求されている（第26条，第39条，第48条，第79条および第88条）。このような場合に合理的な通知を与えることは，本条約の一般原則の一つである。

③　相手方に重要な情報を開示する義務

幾つかの条文で情報を相手方に知らせることが求められている（第19条第2項，第21条第2項，第43条第2項，第65条，第68条および第71条第3項）。

④　合理性

多くの条文で合理性（reasonableness）が要求されているので，「当事者は合理人（reasonable man）の標準に従って行動すべし」という原則も一般原則になっているものと考えられる（第46条第3項第1文および第2文，第49条第2項，第63条第1項，第65条第2項，第72条第1項，第73条第2項，第75条，第77条，第79条第1項，第85条第1文，第86条第2項第1文，第87条および第88条）。

以上の他，「勤勉と注意（diligence and care）」，「平等な取扱いと異なった文化的，社会的および法律的背景の尊重（equal treatment and respect for the different cultural, social and legal backgrounds）」，「強い当事者によって強制された略奪的条項の制限的解釈（restrictive interpretation of predatory clauses forced on by the stronger partner）」などを一般原則として挙げる学者もいる[9]。

(3) 判例で認められた一般原則

既に述べたように，本条約の締約国の数は，いまや70カ国に達している。世界中の諸国の裁判所で，日々本条約を適用した裁判が行われ，判例が生み出されている。第7条第2項の一般原則についても，何が一般原則に当たるのかに関して，事件の個々の事実関係に即して裁判所の見解が示されている。本条約の成立・発効から間もない頃は，一般原則の発見は，学者の類推によるしかなかったが，最近では具体的な事件における裁判所の審理を通じて，裁判所が特定の一般原則を指摘することができるようになった。

判例で認められた一般原則の主なものを挙げると，次の通りである[10]。

① 当事者自治の原則

この原則は，判例でも本条約で最も重要な一般原則と考えられている。当事者自治の原則と他の一般原則とが矛盾するときは，常に前者が優先する。

② 金銭債務の履行地に関する一般原則

裁判所は，売主の営業の場所を代金の支払いの場所とする第57条を他の金銭債務についても有効な一般原則と認め，物品の不適合に対する賠償の支払場所に適用している。

③ 契約の形式的要件に関する一般原則

幾つかの裁判所が，契約は書面で行なわれることを要しないとする第11条の規定は，一般原則を構成すると認めている。この一般原則により，当事者は，書面もしくは口頭またはその他の方法で契約を自由に修正または解除することができる。契約の黙示的解除も可能と判示されている。さらに，この一般原則に基づいて，書面による契約は口頭で変更することができると判決されている。

④ 契約成立後の通信に関する第27条の発信主義

第27条の規定する発信主義は，契約成立後になされる通信に関する一般原則と考えられる。この原則により，通知，依頼その他の通信は，発信者が適当な通信手段によって通信を自己の領域から開放するや否や有効となる。この規則は，不適合の通知（第39条）または第三者の権利についての通知（第43条），特定履行の要求（第46条），代金の減額（第50条），損害賠償（第45条第1項(b)）または金利（第78条）の請求；契約の解除の宣言（第49条，第64条，第72条，第73条）；履行のための追加期間の設定（第47条，第63条），および第32条第1項，第67条第2項または第88条におけるような，その他の通知に適用される。判例によると，本条約の第3部の基礎を形成する一般原則として，発信主義は，通信は有効であるためには受領されなければならないと合意していない限り，当事者が契約で規定したその他の通信にも適用される。[11]

⑤ 損害賠償額の軽減の義務

契約違反を主張する当事者は，損失を軽減するために周囲の状況の下で合理的な措置を講じなければならず，もしこのような措置を講じなければ，契約に

違反した当事者は，軽減されるべきであった損失額を損害賠償額から減額することを要求することができる（第77条）。裁判所も学者も損害賠償額の軽減義務を本条約における一般原則と認めている。

⑥　慣習の黙示的適用

当事者は，別段の合意がなければ，当事者が知っていたかまたは知るべきであったと思われ，かつ，国際貿易において，関連する特定の取引で行なわれている種類の契約の当事者に広く知られており，また，常に遵守されている慣習に黙示的に拘束される（第9条第2項）旨の原則も，判例・学説によって本条約における一般原則とされている[12]。

⑦　契約維持の原則

「契約維持」の原則（"favor contractus" principle）とは，一旦成立した契約は，できる限り存続させる方向で解決策を探るべきであり，当事者の一方による時期尚早な解約は避けるべきであるとする考え方である。本条約の一般原則の一つであると有力な学者によって主張されており，また，Ferrariによると，二つの裁判所の判例にも見られる。一つはスイスのジュネーブの裁判所の判例（1997年）で，この原則を明示的に認めている。もう一つは，オーストリーの裁判所の判例（2000年）で，契約を解除するのは「最後の議論（手段）（ultima ratio）」の救済策であると述べており，実質的に契約維持の考え方を採っている[13]。

⑧　公正な取引の原則

本条約の第40条は，物品の不適合が売主が知っていたかまたは気付いていないはずはない事実に関係しており，また，その事実を買主に知らせなかった場合には，検査期間およびクレーム提起期間についての第38条と第39条（買主が2年以内に不適合の通知を出すことを求めている）を援用する権利を有しない旨の原則を定めている。この原則は「公正な取引の原則（principles of fair trading）」として本条約の一般原則の一つである，と述べている仲裁廷および[14]裁判所がある[15]。

(4) 国際私法の規則の適用

　以上述べたように，第7条第2項は，本条約に欠陥が発見された場合，先ず，本条約の一般原則によって補充すべきものと定めている。しかし，もし一般原則がない場合には，どのように解決すべきか。同じ第7条第2項は，国際私法の規則による準拠法によって補充すべきものとしている。しかし，国際私法の規則による国家法による解決は，飽く迄も最後の手段であり，この解決策を乱用することは厳に慎むべきものと考えられる。[16]

第4節　当事者の行為の解釈原則

　本条約は，解釈について二つの規定を設けている。すなわち，第7条と第8条である。第7条は，既に述べたように，この条約の解釈と欠陥補充について規定しており，しばしば学者の注目の的となっているのに対して，第8条は，本条約を適用する場合，当事者の一方の陳述その他の行為をどのように解釈すべきかを，次のように定めているが，実務では大変重要であるにも拘わらず，学者の間ではあまり重視されていないのが実情である。[17]

① 　相手方が当事者の陳述その他の行為の意図が何であるかを知っていたかまたは知らないはずはなかった場合には，その意図に従って解釈する（第1項）。

② 　相手方がその意図を知らなかったかまたは知らないはずはなかったと思われない場合には，相手方と同じ種類の合理的な人が同じ状況の下で得たであろうと思われる理解に従って解釈する（第2項）。

③ 　当事者の意図または合理的な人の理解を決定するに当たっては，先ず実際に使用された言語または実行された行為がどのようなものであったかを検討するが，さらに事件の一切の関連した状況に適切な配慮を払わなければならない。これには，交渉，当事者間で確立した慣行，慣習および当事者の事後の行為が含まれる（第3項）。

　契約は，それぞれ当事者の一方的行為である申込みと承諾の産物である。第

8条は，一方的行為としての申込み，承諾，通知などの解釈に適用されるが，申込みと承諾の内容が結果として契約に表現されるという意味で，その産物である契約の解釈にも適用される[18]。

貿易実務で解釈の問題が時々起こるのは，申込みまたは承諾に誤りがあった場合である。例えば，時価が100万ドルであることを両当事者が知っている商品について，売主が誤って「10万ドル」で申込みをしたとする。買主は，100万ドルの間違いであることを知りながら，喜んで承諾した。この場合，買主は売主の意図を知っていたのであるから，上述の①により契約価格は100万ドルと解釈される[19]。この場合は桁違いであるから，誰が見ても明らかである。これに対して，売主が32,000ドルで申込みをすべきところ，誤って23,000ドルと書いてしまった場合には，果たして知っていたまたは知らないはずはなかったと言えるかどうか，微妙である。買主は，当然知らなかったまたは知らないはずはなかったとは言えないと主張するであろう。そこで，上述②の「同じ種類の合理的な人の理解」が判断の基準となってくる。そして，③の「事件の一切の関連した状況」を考慮した上で同じ種類の合理的な人も32,000ドルの誤りであることがわからなかったと思われる場合には，買主が承諾すれば，契約価格は23,000ドルとなる。ただし，この契約が錯誤に基づいて無効であるか否かは，第4条の規定により，本条約ではなく，国家法によって決定される。

実際の貿易取引では，一回の申込みだけで，直ちに承諾により契約が成立することはむしろ稀で，申込みに対して何回も反対申込みがなされることが多い。当事者は，お互いに反対申込みを出し合って，最終的には何れかの当事者の承諾によって契約が成立するが，その過程において電子メールなどで思わぬ間違いを犯すことがある。例えば，次のようなことが起こり得る。

売主：I offer you 100 metric tons of Steel Plate USD500 per metric ton CIF Vancouver.

買主：I counter-offer D450.

売主：Cannot accept your counter-offer. Our best price is D450.

買主：Accepted with many thanks.

この場合，買主の反対申込みに対する売主の回答に D450 とあるのは，D500 の誤りであることは，誰の目で見ても明らかであり，買主は売主の意図を知っていたかまたは知らないはずはなかったと考えられるので，本条約第8条第1項により契約価格は D500 となると解釈される。なお，上記の例では，買主は，そ知らぬ顔で D450 の価格を承諾しているが，これは，売主の誤りに便乗するもので，第7条第1項の信義遵守の精神にもとるものと言わなければならない。

第5節　慣習および慣行

次に，本条約の第9条は，当事者は，当事者が合意した慣習および当事者間で確立した慣行に拘束される旨を規定している（第1項）。慣習についての合意は，明示的または黙示的になされ得るが，契約に黙示的に適用される慣習は，

① 当事者が知っていたかまたは知るべきであったこと，かつ，

② 国際貿易において，関連する特定の取引で行われている種類の契約の当事者に広く知られており，かつ，常に遵守されていること

の二つの条件を充たすものでなければならない（第2項）。

取引は，ある商品，地域または取引業者に限定されたものでも良い[20]。実際に或る慣習が契約に黙示的に適用されるか否かは，同種の取引で広く知られており，かつ，常に遵守されているかどうかにかかっている。もし広く知られており，かつ，常に遵守されていれば，当事者はその慣習を「知るべきであった」と言えるからである[21]。

当事者が特定の慣習に拘束されるのは，当事者の合意によって，その慣習が明示的または黙示的に契約の一部となるからであり，第6条の当事者自治の原則により，契約は本条約の規定に優先するので，契約の一部となった慣習は，本条約の規定に優先することになる[22]。

当事者が国際商業会議所（ICC）制定のインコタームズを採用する場合には，実務では，その旨を契約に明文で規定するのが普通である。契約にその旨の規

定がない場合に，インコタームズが当然に慣習として黙示的に適用されるかどうかは，疑問である。

従来，インコタームズはフランスおよびドイツでは，国際的な商慣習として認められていると言われていたが[23]，それはインコタームズが広く行われている既存の慣習を集大成していたからであった。しかし，現行のインコタームズ2000は，時代を先取りした内容をその一部に含んでおり，必ずしも既存の慣習の集大成とは言えない面があるので，現状では貿易関係者によって「常に遵守されている」とは言い難い。したがって，遺憾ながら契約への黙示的適用は，特別の場合を除き，無理と思われる。

【注】

1) Ferrari によると，第7条は，条約の解釈だけでなく，欠陥の補充を扱っているので，ウィーン売買条約の規定の中で，注解者によって取り上げられることが最も多い規定であるという。Franco Ferrari et al., eds., *The Draft UNCITRAL Digest and Beyond, Cases, Analysis and Unresolved Issues in the U. N. Sales Convention* 139 (2004), London：Sweet & Maxwell.
2) *Id.* at 140-42.
3) *Id.* at 144-45.
4) The Secretariat Commentary on Article 6 of the 1978 Draft, paragraphs 2-4.
5) Ferrari et al., eds., *supra* note 1, at 157.
6) *Id.* at 158-59.
7) *Id.* at 158.
8) Albert H. Kritzer, *Guide to Practical Applications of the United Nations Convention on Contracts for the International Sale of Goods* 114-17 (1989), Deventer：Kluwer Law and Taxation.
9) *Id.* at 116.
10) Ferrari et al., eds., *supra* note 1, at 160-70.
11) *Id.* at 166.
12) *Id.* at 167.
13) *Id.* at 168-69.
14) CLOUT case No.237, Arbitration, 1998.
15) CLOUT case No.168, Germany, 1996.
16) Ferrari et al., eds., *supra* note 1, at 171.
17) *Id.* at 171-72.
18) The Secretariat Commentary on Article 7 of the 1978 Draft, paragraph 2.

19) *Id.* at paragraph 5.
20) The Secretariat Commentary on Article 9 of the 1978 Draft, paragraph 3.
21) *Id.*at paragraph 4.
22) *Id.*at paragraph 5.
23) C. M.Schmitthoff, *Export Trade, the Law and Practice of International Trade* 59 (9th ed. 1990), London : Stevens & Sons.

第3章

国際売買契約の成立

第1節　ウィーン売買条約第2部の概観

　ウィーン売買条約の第2部は，第14条から第24条までの条文で構成され，申込みと承諾による契約の成立について規定している。この第2部は，歴史的には，1964年の国際物品売買契約の成立に関する統一法（ULF）の後身であり，本条約第92条は，二つの統一法にわかれていた過去の名残で，締約国が加盟の際この部分に拘束されない旨宣言することを認めている。実際には，第3部（1964年の国際物品売買に関する統一法に相当する部分）を採用する国は，ほとんど第2部も採用すると思われるが，現在までにデンマーク，フィンランド，ノルウェーおよびスウェーデンが，第92条により第2部を採用しないと宣言している。

　さて，本条約の規定を通読して，英米法に慣れた者がすぐ発見することは，約因および詐欺防止法に関する規定がないことである。

　先ず，英米法においては，捺印証書によらない限り，全ての約束には対価（consideration）が必要である。これをわが国では「約因」と訳している。この原則の下では申込みと承諾があっても，約因がなければ，契約は強行することができない。実際問題として，一般に商取引では対価なしに約束をすることはありえないので，この原則をめぐって紛争が起るとは思えないが，かつて信用状開設銀行の受益者に対する支払約束には約因がないという議論がなされたことがあった。しかし，最近では，信用状は商取引上の特別の場合（a commercial specialty）に属し，約因の原則の例外と考えられている。米国統一商法典の第5-105条は，1995年の改正前の第5編でも改正後の第5編でも，信用状には約因は必要でない，とはっきり宣言している[1]。これは，1765年の英国のPillans v.Van Mierop 事件における Mansfield 卿の考え方を踏襲したものである[2]。

　これに対して，大陸法は，合意の過程を重視し，約因の存在を契約の要件とはしていない。したがって，本条約は，約因に関する限り，大陸法と同じ考え方を採ったわけである。上述した通り，商取引では対価がないということは通常考えられないし，約因理論の本家である英国においてでさえ，最近，約因に関する判例の多くが，何の論理も法的正当性もなく，単に約束の効力を認めるか否かについての裁判官の意向によって左右されている，といわれていることを考えると，約因を不要とした本条約の選択は正しかったと思われる。

　次に，本条約には，契約は書面によらなければ強行できないとする英米法の詐欺防止法（The Statute of Frauds）に当たる規定はない。逆に，第11条で，「売買契約は書面によって締結されまたは立証されることを要せず，方式につきその他のいかなる要件にも従わない。売買契約は，証人を含むいかなる方法によっても立証することができる」と定めている。詐欺防止法は，英国で1677年に，ありもしない契約によって責任を負わされることを避け，「詐欺と偽証を防止するために」制定されたのを起源とするが，次第に，契約したにもかかわらず書面がないことを口実に契約から逃げようとする者に悪用されて，むしろ詐欺を助長する傾向が出て来たため，当の英国では動産売買については1954年に廃止された。米国でも，ちょうどその当時統一商法典を起草中であった学者の間で，英国の例にならって廃止しようという意見もあったが，結局，存在しない口頭の約束を主張しようと企てる者の不公正を排除する一方で，事実締結された契約を技術的な理由で潰してしまおうと試みる者の不公正も挫くようなものならば残すべきである，との主張が勝って，詐欺防止法は統一商法典第2-201条に残った[3]。同条第2項は，口頭ではっきりと契約を結んでおきながら，訴訟になると文書がないことを理由に詐欺防止法によって法的強制力がないと逃げる者に対する対策として，商人間で口頭の売買契約が成立した後，

一方の当事者が確認書を送付し，相手方がその内容を知りながら10日以内に書面で抗議しなければ，確認書は相手方の署名なしでも詐欺防止法の要件を充たす文書となる旨を規定している。

このように，もともと英国を起源とする詐欺防止法の考え方は，今でも米国に残っているのをはじめ一部の国々に存在しているが，これは時代遅れの遺物で，遠からず廃止される運命にあると考えられる。実務家が契約について文書を作成するのは，口頭による誤解を避けるためであって，必ずしも詐欺防止法を念頭に置いているわけではない。詐欺防止法がなくても，確認書の必要性は，いささかも減るものではない[4]。したがって，本条約が詐欺防止法に相当する規定を設けていないのは，極めて妥当と言うことができる。それが，英米法，大陸法を問わず，世界の大勢だからである。

しかし，文書によることを売買契約の要件としている国々が，現に存在することを無視するわけにもいかない。そこで，本条約は，既に述べたように，第12条で，締約国が第96条に基づく宣言をすることにより，契約当事者がその国に営業の場所を持つ場合には，第11条の適用を排除できるものとしている[5]。

第2節　申込みの要件

本条約の第2部は，第14条から第17条まで申込み，第18条から第22条まで承諾について規定している。そして，第23条で，契約は申込みの承諾が効力を発生したときに成立する，すなわち，法的拘束力を持つ，と定めている。約因も特別の方式も必要ない。

第14条は，申込みについて，三つの要件を規定している。

① 申込みは，契約を締結せんとする提案でなければならない。
② 申込みは，承諾があればそれに拘束される意思を示すものでなければならない。この意思の存在が，申込みを一般的な販売カタログ，広告または単なる引合い（inquiry）などと区別することになる。第14条第2項は，一般大衆に宛てた提案は，反対の意思がはっきり示されていない限り，申

込みではないと定めている。この意味で広告は，よほど条件が詳しく明示されていない限り，申込みとは言えない。

③　申込みは，十分に明確でなければならないが，この明確さは，物品についての記述，数量および価格の三条件に絞られる。その他の条件は決っていなくても良いが，これら三つの条件は決っていなくてはならない。明確さを判断する基準は，物品の記述については，物品が記載されていれば十分とされ，また，数量と価格については，明示的または黙示的に決っているかまたは決定のための条項が定められていれば，明確とされている。[6]

第3節　申込みの効力発生時期

　本条約第15条は，まず第1項で申込みの効力発生時期を申込みが被申込者に到着した時とし，次いで，第2項で，申込みは，たとえ撤回不能とされていても，被申込者に到着する前かまたは同時にその撤回の通知が到着すれば撤回できると規定している。けだし，申込みは被申込者に到着するまでは効力を発生しないのであるから，その前であれば撤回できることは，当然であろう。この点は米法でも学者の意見が一致しており，日本法でも同様である。[7]これは，申込みが被申込者に到着して効力を発生した後，撤回できるかどうかとは，別問題である。

第4節　申込みの撤回

　それでは，申込みは，被申込者に到着して効力を発生した後，撤回できるのであろうか？　これに対する答えは，英米法と大陸法とで大きくわかれている。英米法では，申込みは，通常たとえ有効期限が定められていても，撤回可能である。これに対して，大陸法では，有効期限が定められている場合には，その期間内は撤回不能である。日本の民法第521条第1項もこの趣旨を規定しており，さらに，第524条では，有効期限をつけないで行った申込みも「相当ナル

期間」は取消すことができないと定めている。問題は，申込みの撤回が可能な場合に，撤回はいつ効力を発生するかであるが，英米法でも大陸法でも，撤回はその通知が被申込者に到着した時に効力を生ずるものとしている。

　本条約の第16条第1項は，申込みは，第2項で述べる場合を除き，一般に契約が成立するまでは撤回することができるが，撤回の通知は被申込者に到達しなければならないと定めている。したがって，申込者としては，申込みを有効に撤回するためには，被申込者が承諾によって契約を成立させる前に撤回の通知を被申込者に届けることが必要となる。契約が成立してしまえば，もはや申込みを撤回することはできないからである。契約が成立するのは承諾が効力を発生する時であるが，本条約第18条第2項は，承諾は申込者に到着した時に効力を発生するとしているので，理論的には，承諾が申込者に到着する前に撤回の通知が被申込者に到着すれば，申込みは有効に撤回されたことになる筈である。しかし，本条約第16条第1項は，撤回の通知が承諾の発送前に被申込者に到着することを要求している。この点について，本条約の1978年草案の事務局注釈（Secretariat Commentary）は，次のように説明している。[8]

　「第16条第1項は，申込者の申込みを撤回する権利は，被申込者が承諾を発送した時に消滅し，承諾が申込者に到着した時に消滅するのではないことを規定している。この原則は，第18条第2項が，承諾が効力を発生し，したがって，契約が第23条に従って成立するのは，承諾が申込者に到着した時である，と定めているにもかかわらず，採用された。撤回可能な申込みが契約成立より前の時点で撤回不能になるという原則の価値は，申込みを一般に撤回可能とする理論と一般に撤回不能とする理論の有効な妥協に貢献するという点にある。第16条第2項に該当するものを除いて，全ての申込みは，撤回可能であるけれども，一度被申込者が承諾を発送することによって意思を明確にすれば，撤回不能となる。」

　要するに，申込みは，一般的には撤回可能であるが，被申込者が承諾を発送すると，撤回不能となり，次いで，承諾が申込者に到着した時点で，契約が成立する。この原則によると，承諾の発送と到着までの時間帯は，申込みは撤回

不能であるが契約はまだ成立していない，いわば前契約段階で，申込者としては契約の成立を待つのみということになるが，本条約がこのようなステップを経ることにしたのは，事務局注釈が述べているように，申込みは一般的には撤回可能だが，承諾の通知が発送されると，契約の成立前でも撤回不能であるとすることによって，申込みを一般に撤回可能とする英米法と一般に撤回不能とする大陸法との妥協を図ったものである。

第5節　撤回できない申込み

　次に，申込みは，どのような場合に撤回不能なのであろうか？　本条約では，それは，第16条第2項で定められている次の二つの場合である。

　① 承諾のために定められた期間を述べるか，あるいは，その他の方法によって，申込みが撤回不能であることを示している場合（第2項 (a)）

　この規定を大陸法系の国の人が読む場合には，承諾の期間，つまり，申込みの有効期間が定められていれば，それは，申込みが撤回不能であることを意味していると明解に結論づけるであろう。彼は，「申込みの有効期間」＝「申込みの撤回不能な期間」と考えるからである。日本の民法も第521条第1項で「承諾ノ期間ヲ定メテ為シタル契約ノ申込ハ之ヲ取消スコトヲ得ズ」と規定している。ここでは，承諾の期間を定めることが，そのまま申込みの撤回不能性につながっているのである。ところが，英米法では，そう簡単ではない。そこでは，申込みは，捺印証書でなされるか，または撤回不能性に対して約因が与えられないかぎり，常に撤回可能であって，単に承諾の期間を定めた場合はもちろんのこと，申込みに撤回しないという意味で，"firm"，"be held open"，"irrevocable" などの表現が用いられていても，撤回できる。

　このため，この第16条第2項(a)は，起草の段階で大変もめた。英国の代表は，国際商取引において申込者が申込みが撤回不能である旨をはっきり述べている場合（つまり，上述のような表現が用いられている場合），対価なしでも撤回を認めないことについては異論はなかったが，単に承諾の期間だけが定め

られており，それ以上の撤回不能性を示す文言が用いられていない場合に，その申込みを撤回不能と解釈することに抵抗し，次の文章を追加することを提案した。「承諾のために定められた期間を述べることは，それ自体，申込みが撤回不能であることを示すものではない。」

しかし，この修正案は否決され，結局，問題は個々の事件における裁判所の判断に委ねられることになった。したがって，同じように承諾の期間を定めていても，事件の状況によって撤回不能を意味する場合とそうでない場合があり得る。

貿易実務上は，撤回不能の申込みを確定申込み (firm offer) と呼び，申込みの冒頭に

"We offer firm until April 10, 2009..."

とあれば，典型的な確定申込みで2009年4月10日までは撤回できない。"firm" という語が撤回不能を意味していると考えられるからである。この場合，本条約第16条第2項(a)の解釈を英国流に行っても，4月10日迄という承諾の期間が定められている上に，"firm" という語で撤回不能性を表示しているので，撤回できないことになる。しかし，単に，

"We offer until April 10, 2009..."

とある場合は，英国流の解釈では，承諾の期間はあるが，撤回しないとはどこにも言っていないことになる。裁判所が，事件の状況によって，この承諾の期間は，撤回不能な期間であると判断するかもしれないが，それは予測困難であるから，当事者の法律関係は不安定なものとなる。

したがって，本条約の下で承諾の期間を定めた申込みをする者は，誤解を避けるためには，次のような明確な表現を用いることが望ましいと思われる。

申込みを撤回不能としたい場合

"The offer will not be revoked until (date) and expires if it has not been accepted by (date)"

申込みを撤回可能としたい場合

> "The offeror reserves the right to revoke the offer at any time and, in any event, the offer will expire if it has not been accepted by (date)"

　なお，第16条第2項（a）の下で申込みが撤回不能であるためには，対価も書面も必要ないが，さらに，申込みが撤回不能である期間についても制限はない。これは，商人による確定申込みを認めている米国統一商法典改正第2－205条が，一方で対価は不要としつつも，申込みの有効期間が3カ月を越えないことおよびかかる確定申込みが被申込者によって供給された書面でなされる場合には，その書面に申込者による個別の署名を要求しているのと比べ，著しい対象をなしている。

　② 申込者が申込みを撤回不能であると信頼することが合理的であり，かつ，被申込者が申込みを信じて行動した場合（第2項（b））

　この規定は，申込みに撤回不能であることが明示されていなくても，被申込者が申込みの撤回不能性を合理的に信じて行動した場合には，申込みは撤回不能となることを定めている。どのような場合に撤回不能と信じることが合理的であるかという基準については，本条約には何の規定もなく，個々の事件で裁判所が判断することになるが，申込者の行動や取引の状況によって，申込みがある期間有効であると信じて良い場合を意味すると考えられる。例えば，建設業者が下請業者からの申込みに基づいて応札する場合，入札の結果が判明するまでは申込みは有効と考えて行動することは合理的と思われる。信頼（reliance）が申込みを撤回不能にするという考え方は，米国の『契約法のリステイトメント第2版（Restatement of the Law, Contracts, Second）』に見られる。[9] すなわち，同リステイトメントの第87条第2項は，
「申込者が承諾の前に被申込者側における実質的な性質の行動又は忍耐を招くことを合理的に期待すべきであり，かつ，実際にかような行動又は忍耐を招く申込みは，不公平を避けるために必要な限度において選択権契約（option contract）として拘束力を持つ」
と述べており，実例6として次のような例をあげている。

「Ａは，大きな建物の請負業者Ｂが入札に使用する舗装工事のために書面による申込みを提出する。Ａが知っている様に，Ｂは入札に際し下請業者の名前を記載するように要求されている。ＢはＡの申込みを使用し，Ｂの入札は受諾された。Ａの申込みは，ＢがＡに落札とＡの申込みを承諾する旨を通知する合理的な機会を持つまでは，撤回できない」

　この実例6は，カリフォルニア州最高裁の判例[10]から作られたもので，米国ではこのような請負業者の場合については，申込みの撤回不能性を認めるのが通説となっている。但し，申込みは，請負業者が承諾に要する合理的な期間だけ有効であり，また，落札した請負業者が「安値あさり（bid shopping）」をした場合には，この原則を濫用したものとして保護を失う，と解される[11]。

　この考え方は，理論的には理解できるが，合理性の基準があいまいであるから，請負業者の場合を超えて，一般の事件にこれを適用するに当っては，議論がわかれることが予想される。現に，米国統一商法典には，この考え方は導入されていない。

　ところが，第16条第2項（b）の事務局注釈によると，この考え方は，「被申込者が，申込みを受諾すべきか否かを決定するために広範な調査（extensive investigation）をしなければならない場合」にも適用されるものとされている。しかし，広範な調査が申込みを撤回不能にするというような見解は，リステイトメントにも見られず，事務局注釈に従えば，本条約は米法よりもさらに進んだ（？）考え方を採用したことになる[12]。もちろん，広範な調査が必要であることを申込者が知っており，そのために被申込者が大きな費用をかけたような場合には，調査が終了するまでは，撤回を認めないことが合理的であると裁判所が判断することもあり得ると思われるが，一般論としては，広範な調査の必要性をただちに撤回不能性と結び付けることは，行き過ぎであろう。

　実務的には，取引先から多数の申込みを集め，それに基づいて応札することは，よくあることであるが，このような場合には，落札者が決定するまで有効な確定申込みを取付けておくのが普通である。いつ撤回されるかわからないのでは，不安で応札できないからである。したがって，上述の議論は，実際には

余り適用されるチャンスのないアカデミックな議論となろうが、確定申込みを取付けていない場合に、不幸にしてこの種の紛争が起った時は、信頼が申込みを撤回不能にしていないかどうか、検討すべきである。

第6節　申込みの拒絶

　本条約第17条は、「申込みは、たとえそれが撤回不能であっても、拒絶が申込者に到着した時効力を失う」と規定している。申込みは拒絶によって効力を失い、それ以後被申込者が変心してあらためて承諾する旨を申込者に伝えても契約は成立しない。このことは、英米法でも大陸法でも広く認められており、申込みが撤回可能でも不能でも同様と考えられる。それにもかかわらず、第17条が、特に「たとえそれが撤回不能であっても」とことわっているのは、米国の一部の判例に選択権契約の場合には、たとえ拒絶があっても選択権は失効しないと判断したものがあるからであるが、これは選択権に対して高額の対価が支払われているような場合であって、一般の商取引に使われる確定申込みが拒絶にあっても失効しないということは考えにくい。商人は拒絶されれば他の取引先と自由に交渉を始めることを認められるべきであり、被申込者が変心して承諾してくるのではないか、と心配する必要はない筈だからである。[13]

　いずれにせよ、第17条は、明快に、撤回可能であると不能であるとを問わず、申込みは拒絶によって失効すると定めており、大変すっきりしている。したがつて、例えば、10日間有効の確定申込みにおいて、2日目に拒絶があり、5日目に変心した被申込者があらためて「承諾」の意思表示をした場合には、「承諾」と称するものが原申込みの有効期間中になされていても、申込みが既に拒絶によって失効しているので、理論的には承諾とは言えず、契約は成立しない。この場合、被申込者の「承諾」の意思表示は、単なる新しい申込みとして処理されることになる。

　なお、拒絶は申込者に到着した時に効力を生ずるので、その到着前に一層速い方法で取消すことは可能である。例えば、拒絶の通知を手紙で出した後、手

紙が着く前に電話またはテレックスで承諾すれば契約は成立する。

第7節 承　　諾

　本条約の第18条は，承諾について規定している。
　まず，第1項は，「申込みに対する同意を示す被申込者による言明その他の行動は，承諾である。沈黙または不作為はそれ自体承諾に等しいとはいえない」と定めている。
　承諾は，手紙，電報，テレックス，電子メール，口頭など方法は異なっても，申込みに対する同意を示す被申込者による言明（a statement）の形をとるのが普通であるが，この第18条第1項は，その他の行動（other conduct）も承諾となりうるものとしている。
　また，第1項は，沈黙または不作為はそれ自体では承諾とはなりえない旨を定めている。「それ自体では」と断っているのは，何か別の要素が加われば承諾となりうることを暗示しているが，事務局注釈によると，被申込者の沈黙（または不作為）が同意を示しているという十分な保証を与える要素が伴えば，沈黙（または不作為）は承諾となりうる[14]。交渉の状況，取引の慣習などから沈黙が承諾と言えるような環境が整っていればよいと考えられる。例えば，長期間にわたって継続的に取引をしている当事者間で，買主から注文があると，売主は黙って物品を送るのが慣習となっているような場合には，売主の沈黙は承諾となると考えられる[15]。
　しかし，押売り商法で，「こんな魅力のある申込みですから，6月15日までに御返事がなければ，あなたは承諾されたものと考えます」という申込みを受取った人が，返事をしなくても沈黙は承諾とは言えず，契約は成立しない[16]。
　次いで，第18条第2項は，承諾の効力の発生時期について，承諾は，同意の表現が申込者に到着した時に効力を生ずるものとしている（到達主義）。同意の表現の形式がどのようなものであれ，承諾が法的効果をあげるためには，同意の表現が何らかの方法で申込みの有効期間内に（もし有効期間の定めがな

ければ，合理的な期間内に）申込者に到着しなければならない[17]。

　この同意の表現は，通常，申込者に対する手紙，テレックス，電話，電子メールなどによる申込みに同意する旨の通知（notice）の形をとり，承諾はその通知が申込者に到着した時に効力を生ずる。但し，次の二つの場合には例外として通知は不要である[18]。

> （例外1）一つは，第18条第3項に定められている例外で，申込みの内容，当事者間の取引の慣習などにより，被申込者は，物品の発送，代金の支払いなどの行為の履行によっても同意を表現し，申込みを承諾することができる。この場合には別途申込みに同意する旨の通知は必要ない。しかし，この場合でも，同意の表現に相当する行為があったことは，申込者に伝達されねばならないから，被申込者は，第18条第2項の定める期間内に，行為そのものまたは行為が実行された旨の連絡によって，その事実を申込者に知らせなければならない。したがって，実務的には，被申込者は，同意の表現に当る行為を実行した後，直ちにその旨を申込者に連絡すべきである[19]。
>
> （例外2）もう一つは，第6条の規定により，当事者は本条約の規定の適用を制限し，又はその効力を変更することができるが（但し，第12条の規定には従わなければならない），もし当事者が被申込者の沈黙が承諾となることに合意している場合には，承諾の通知は必要ないという点についても暗黙に合意していると考えてよい。

　周知のように，英米法においては，郵便または電報による承諾の効力発生時期については，発信主義が採られており，日本法でも同様である。これは，一般の意思表示についての到達主義に対する例外とされている。したがって，同じ承諾でも，その方法によって到達主義と発信主義にわかれることになり，複雑であるが，本条約の下では承諾の方法の如何を問わず，常に到達主義となっており，ドイツ法と同じく，大変明快である。

英米法では，郵便または電報については発送と同時に契約が成立するので，郵便または電報が途中で紛失した場合でも，契約の成立に影響しないのに対して，本条約では，承諾が申込者に到着しない場合には，契約は成立しない。本条約の下では，被申込者は承諾が無事に申込者に到着したかどうか心配しなければならないのに対して，英米法では申込者の方が申込みが承諾されたかどうかを心配することになる。日本法では，承諾の郵便または電報の発送と同時に契約が成立するが，もし紛失などの事情で申込みの有効期限内に到着しなければ，契約は成立しなかったことになる。[20]

第8節　申込みを修正した承諾

　ここで，問題となるのは，申込みに対する回答が，承諾と称しながら（purports to be an acceptance），申込みの条項に対して，その内容を追加，制限するなど修正している場合である。この場合について，本条約の第19条第1項は，かかる回答は，「申込みの拒絶であり，反対申込み（a counter-offer）を構成する」と基本原則を宣言している。もともと，承諾は申込みの条項に全面的に同意するものでなければならず，もし申込みの条項に対する追加・変更があれば，それはもはや承諾ではなく反対申込みとなってしまうことは，各国の契約法で広く認められているところである。英米法では，これを鏡像の原則（mirror-image rule）と呼んでいる。申込みと承諾は鏡にうつる姿のように全く同じでなければならない，という意味である。申込みに対する回答は，申込みと同一でなければ，反対申込みとなり，原申込みを拒絶すると同時に，新しい申込みをしたものとして取扱われる。

　ところが，実務上は，申込みに対して承諾の通知がきた場合，申込みの条項に対する追加・変更があっても，些細なものであれば，申込者は，特に異議を述べず，その追加・変更を受入れて，そのまま契約を履行することが多い。

　そこで，本条約第19条第2項は，承諾と称する回答に申込みの条項に対する追加・変更があっても，申込みの条項を実質的に変更する（materially alter）

ものでなければ，承諾と認める旨を規定している。ただし，申込者が，不当な遅滞なく，口頭で条項の相違（discrepancy）に異議を述べるか，または，その趣旨の通知を発送すれば，この限りでない。もし申込者がこのような異議を申立てなければ，契約は申込みの条項プラス承諾に含まれている追加・修正条項によって成立する。

　もちろん，承諾と称する回答に盛り込まれている追加・修正条項が，申込みの条項を実質的に変えてしまうような重大なものであれば，この回答は，明らかに反対申込みであって，契約は成立しない。例えば，トン当り100ドルの申込みに対して，

"Accepted provided price reduced to $85 per ton."（トン当り85ドルに値引する条件で承諾した）

という返事を受取ったとしよう。これは，価格という申込みの最も重要な条項を変更しているので，到底承諾とは言えない。この場合は，『承諾した（accepted）』という単語を使うこと自体に無理があり，

"We counter-offer $85 per ton."（85ドルで反対申込みをする）

と返事すべきである。

　したがって，問題は，申込みに対するどのような修正が，申込みの条項を実質的に変更することになるか，という点に帰着する。この点について，第19条第3項は，

> 価格（price），支払い（payment），品質（quality），数量（quantity），引渡しの場所と時期（place and time of delivery），一方の当事者の他方に対する責任の限度（extent of one party's liability to the other），または，紛争の解決（the settlement of disputes）

に関する追加・変更条項は，申込みの条項を実質的に変更するものとみなす，と規定している。このリストは，条文中に「とりわけ（among other things）」という語句があるので，例示的であって，網羅的ではないと解される。したがって，この他にも申込みを実質的に変更する条項は，存在しうるが，通常契約

書に記載されている条項は，ほとんどこのリストに該当し，むしろ該当しない条項を発見するのが難しいといわれている。

　申込みに対する修正条項が実質的に申込みの条項を変更するものであれば，申込者があらためてその修正条項を含む反対申込みを承諾しない限り，契約は成立しない。しかし，もし，それにもかかわらず，申込者が契約を履行した場合には，どのように解釈すべきであろうか？　この場合には，履行行為が，第18条第3項により反対申込みの承諾となると考えられ，具体的には次の通りである[21]。

① 申込者が売主の場合

　売主は，被申込者である買主の反対申込みに対して物品の船積み（出荷）を行えば，承諾したことになる。この場合，契約の内容は，買主の反対申込み（修正条項を含む）による（本来，契約は成立していないのであるから，売主は物品を船積みする義務はない筈であるのに，船積みしたということは，承諾を意味すると解される）。

② 申込者が買主の場合

　買主は，被申込者である売主の反対申込みに対して，物品の受理または代金の支払いを行えば承諾したことになる。この場合，契約の内容は，売主の反対申込み（修正条項を含む）による（本来，契約は成立していないのであるから，買主は売主が物品を船積み（出荷）しても，これを受理しまたは代金を支払う義務はない筈であるのに，物品を受理しまたは代金を支払ったということは，承諾を意味すると解される[22]）。

　以上，申込みに対して，承諾と称しながら実は申込みの条項を修正（追加・変更）した回答があった場合に，これを承諾とみなし契約の成立を認めるべきか，あるいは，これを反対申込みとみなし，契約の成立を否定すべきか，という問題について述べた。本条約の下では，申込みに対する修正条項が実質的に申込みを変更するか否かによって，回答はそれぞれ反対申込みと承諾とにわか

れ，したがって，契約の不成立または成立が決定されることになるが，第19条第3項によりほとんどの条項が申込みを実質的に変更するものと解釈される結果，実際問題としては，反対申込みと判定される場合が多くなると考えられる。

第9節　書式の争い

　次に，契約の当事者が，各々自己の標準契約書（注文書，注文請書，売約書などのフォーム）を使用し，その内容が異なる場合について述べよう。これには，実務的に次の二つの場合が考えられる。

① 　一つは，申込みと承諾が先行せず，一方の当事者が自己のフォームを相手方に送付し，これに対して相手方も自己のフォームを送りつける場合である。通常，まず買主が注文書を売主に送り，これに対して売主が買主に注文請書を送ることが多い。

② 　もう一つは，契約はテレックス，電話，電子メールなどによる申込みと承諾によって一応成立しているが，その後に当事者が確認（confirmation）のために各々自己のフォームを相手方に送付する場合である。

　どちらの場合も，フォームの表面に記載されている主要契約条件，例えば，品名，規格，価格，数量，納期などについては一致しているが，その他の条件，特に裏面に印刷されている約款については，相互に矛盾しているのが普通である。このような場合，一体契約は成立したと言えるのか，また，もし成立したとすれば，どちらのフォームの条項が優先するのか，という問題が生ずる。この状況を「書式の争い（Battle of the Forms）」と呼ぶ。[23]

　「書式の争い」は，貿易実務家にとっては頭痛の種である。せっかく契約が成立したと喜んでいると，両者のフォームのこまかい条項に矛盾があることを発見する。当事者が徹底的に話し合って相違を解消すればよいのであるが，両者の力関係や商品の需給状況などで放置されることが多い。担当者は，「このまま放置しておいて大丈夫であろうか？　この物品は最近品不足で，この機会

を逸すとなかなか買えないかもしれない。あえて異を唱えると，売主は契約をキャンセルしてくるだろう」などと悩むことになる。幸い，実際には，この種のケースで紛争が起ることは，滅多にない。大部分の場合，契約は何事もなく履行され，トラブルは発生しない。しかし，法的には紛争の火種がここにあることは間違いなく，それが時々訴訟事件となって裁判所に持込まれる。それには，大別して次の二種の場合がある。[24]

〈1〉 当事者が契約を履行する前に，物品の価格が上下し，不利となった当事者が契約条件の相違を口実に契約から逃げようとする場合。

この場合，価格が自分に不利になった当事者（価格が急騰した場合の売主，または，価格が急落した場合の買主）が契約の不成立を理由に契約から逃げられるか否かは，本条約第19条の下では，両者のフォームの相違している条項が相手方の条項を実質的に変更していると言えるかどうかにかかってくる。ところが，同条第3項に例示されている条項を見ると，保証条項（warranty clauses），保証排除条項（disclaimer clauses），不可抗力条項（force majeure clauses），救済制限条項（limitation of remedies clauses）など通常フォームの裏面約款に見られる条項は，ほとんど実質的な変更をもたらすものとなるので，これらの条項が矛盾していることを口実に契約の成立を否定することは，比較的容易と思われる。このトラブルを避けるためには，当事者が両フォームの重要な条項について，徹底的に交渉して相違点をなくす以外ないが，全ての契約について，このような交渉を行うことは，到底無理であろうから，特に価格変動の激しい物品または市場，一定金額以上の取引，常連客との取引などについて選択的に詳細にわたる交渉をすることも一案と思われる。

〈2〉 両フォームの内容が相違しているにもかかわらず，契約は履行されたが，その後，物品の品質，性能などについて紛争が生じ，どちらのフォームの条項が適用されるかが問題となる場合。

この場合には，本条約第19条の下では，紛争に関連する両フォームの条項が相違しており，それが実質的な変更をもたらすものであれば，契約は成立しないが，それにもかかわらず契約の履行行為が行われたときは，第8節で申込

みに対する修正条項について述べたのと同様な考え方により，当事者間で最後に送付されたフォーム，すなわち，最後の反対申込みを相手方が履行行為によって承諾したと解される。(第18条第3項)

① 売主から買主へ送付されたフォームが最後に当事者間で送付されたフォームである場合には，買主はこの反対申込みを物品の受理または代金の支払いによって承諾したものとされ，売主のフォーム（注文請書）が紛争の解決に適用される。

② 買主から売主へ送付されたフォームが最後に送付されたフォームである場合には，売主はこの反対申込みを物品の船積み（出荷）によって承諾したものとされ，買主のフォーム（注文書）が紛争の解決に適用される。

この解決策では，最後に自己のフォームを相手方に送付した当事者が有利となるので，「最後に発送した者が勝つ原則（the last shot doctrine）」と呼ばれている。実際に最後にフォームを送るのは，注文書に対して注文請書を送る売主であることが多いので，この原則は，売主に有利な原則といわれており，たまたま最後にフォームを送った者が勝つというのは，大変不合理であると批判されている。この原則の犠牲になって相手方のフォームを押し付けられないようにするためには，自分が最後にフォームを送付するように心がける以外ない。相手からフォームを送ってきたら，直ちに自分の条項を明示したフォームを送っておく。こうすれば，相手がしっかりしていれば，再び自己のフォームを送ってくるであろうから，書式の争いに勝つことはできなくても，少なくとも負けることはない。

この二つのケースを通じて，当事者間の不安定要因を取除くためには，当事者が常時取引をしている間柄であれば，一度じっくりと腰を落着けて，全ての重要約款について合意した基本契約書（Basic Agreement）または包括契約書（Master Agreement）を締結しておくのが，最善である。

以上述べたように，「書式の争い」に対する本条約の対応は，「鏡像の原則」を基本原則として採用し，「実質的な変更」をもたらす条項を事実上大部分の契約条項とすることによって，修正条項を含む回答が反対申込みとなる確率を

高め,「最後に発送した者が勝つ原則」を認めている点から見て,全体として英米法のアプローチに近いものとなっており,書式の争いの解決策としては,極めて物足りない内容である。[25]

　これに対して,米国統一商法典は,普通法のアプローチでは,標準契約書が一般に使用されている現在の商取引に適応できないと判断し,第2-207条で「実質的な変更」をもたらす条項の範囲を狭く解釈することによって「鏡像の原則」を大巾に緩和するとともに,「最後に発送した者が勝つ原則」を排して,両フォームが矛盾する場合には,両フォームの共通部分プラス統一商法典の補充規定によって紛争を解決するものとした。この米国統一商法典のアプローチは,鏡像の原則よりも公平な結果を当事者にもたらすと思われたが,鏡像の原則より複雑なため,第2-207条の文章があまりうまく書けていなかったこともあって,その適用に際し裁判所の判断に混乱が起った。[26]そこで,2003年に統一商法典第2編売買編が改正され,契約の条項は,次の三者によって構成されるものとされた。

　(a)　両当事者の記録に見られる条項 (terms that appear in the records of parties)

　(b)　記録にあるか否かを問わず,両当事者が合意している条項 (terms, whether in a record or not, to which both parties agree)

　(c)　本法の規定の下で供給されまたは組み入れられる条項 (terms supplied or incorporated under any provision of this Act)

　この規定によると,いわゆるノックアウト・ルール (The knockout rule) によって,当事者の相互に矛盾する契約条項は排除され,当事者が一致している条項と,ノックアウト後の空白を埋める統一商法典の補充規定が適用されることになる。したがって,今後,判例の累積により少しずつ安定した判断が見られるようになるのではないかと考えられる。一方,ドイツの判例も同様な考え方で,書式の争いを解決しようとしており,[27]両者は正しい方向を目指していると思われる。しかし,この解決策が実際に有効に作用するためには,法律の補充規定が完備していることが必要であり,日本の民商法でこれが可能か,考え

させられるものがある。[28]

第10節　申込みの有効期間の計算方法

本条約の第20条は、承諾のために申込者によって定められた申込みの有効期間について、次のように規定している。

① 電報の場合：発信のために提出された時から計算する。
② 手紙の場合：手紙の日付、もし手紙に日付がなければ、封筒の日付から計算する。
③ 電話、テレックスその他の同時的通信（instantaneous communication）の場合：申込みが被申込者に到着した時から計算する。
④ この期間計算に当っては、（国際取引で各国の祝日を全て考えて行動することは無理であるから）休日または非営業日も計算に入れるが、期間の最後の日がたまたま休日または非営業日に当ったため、承諾の通知が配達できない場合は、申込みの有効期間は次の最初の営業日まで延長される。

この規定は、申込者が申込みの有効期間を具体的な日時によらず、期間（例えば、20日間、10時間など）で示し、その期間をどのように計算すべきかについて特別の指定をしなかった場合の解釈規定であって、申込者がこれと違う計算方法を指定することを妨げるものではない。例えば、手紙による申込みにおいて、

"You may accept this offer within one week after this letter reaches you."

とあれば、1週間という期間は手紙が被申込者に到着した時から計算することになる。なお、電子メールは、上記の同時的通信手段に該当するものと考えられる。

第11節　延着した承諾

本条約の第21条は、申込みに対する承諾が申込みの有効期間内に間に合わ

ず，遅れて到着した場合について規定している。この場合には，申込みは失効しているから，本来契約は成立しない筈であるが，本条は例外的に契約が成立する場合について規定している。

　まず，第21条第1項は，承諾が遅れて到着しても，申込者がこれを承諾と認める旨遅滞なく（without delay）被申込者に口頭で連絡するか，または，同趣旨の通知を発送すれば，有効であると規定している。各国法では，延着した承諾を反対申込みとみなし，原申込者がこれを承諾することによって契約が成立するとしているものが多いが，この第21条第1項では，申込者がその旨を通知すれば，延着した承諾そのものが有効と認められる。被申込者はその後の相場の変動などによって，契約の成立に抗議することはできない。被申込者は，次の第22条によって，承諾を一層速い通信手段により撤回することができた筈であるのに，撤回はしなかったのであるから，自己の出した承諾の通知に責任を負わねばならず，延着した承諾を申込者が承諾と認めたことに異議を唱えることはできない。

　次に，第21条第2項は，何らかの事情で承諾の手紙その他の書面が遅れて到着したが，もし意思の伝達が通常通りであれば申込みの有効期間に間に合っていたと思われる場合には，申込者が遅滞なく被申込者に口頭で申込みは失効したものとみなすと連絡するか，または，同趣旨の通知を発送しない限り，延着した承諾でも承諾として有効であると規定している。この場合，申込者が被申込者に遅滞なく連絡しなければ，遅れた承諾は期間内に到着したものとみなされ，契約が成立してしまう。申込者が延着の通知を出さないと，当然契約が成立したと信じている被申込者が思わぬ損害をこうむることがあるからである。わが国の民法第522条も同趣旨を規定している。問題は，この延着通知が被申込者に到着しなかった場合に契約は成立するか否かであるが，第21条第2項は，通知を発送（dispatch）することを要求しているので，発送した時点で契約の不成立が確定し，延着通知の不着の危険は被申込者が負担するものと考えられる。

　以上により，この第21条の下では，申込者が申込みの有効期間に間に合わ

なかった承諾を受領した時は，次のように行動することになる。[31]

① 特別の事情のない単純な延着の場合（それは手紙や電報が到着するまでにどのくらい時間がかかったか日付を見ればわかる）には，申込みは既に失効しているから，そのまま放置しておけば契約は成立しない。もし契約を成立させたければ，申込者はその旨の通知を直ちに被申込者に発送するか，または，口頭で連絡しなければならない。

② 延着した承諾の通知が日付を見ると異常に時間がかかっており，通常なら当然申込みの有効期間内に到着していたはずであることを知った場合には，①とは逆に，そのまま放置しておくと契約が成立してしまう。もし契約を成立させたくない場合には，申込者は直ちに「あなたの承諾は申込みの有効期間を過ぎて到着しましたので，契約は成立しませんでした」という通知を被申込者に発送するか，または，口頭で連絡しなければならない。

第12節　承諾の撤回

本条約の第22条は，承諾は，それが効力を発する前，または，効力を発すると同時に，撤回の通知が申込者に到着すれば，撤回することができる，と規定している。承諾は，それが効力を発生し，契約が成立してしまえば，もはや撤回できないが，それまでは一層速い通信手段を使って撤回できる。

この規定については，当事者間に次のような不公平を発生させるという批判がある。申込者は，すでに第16条について述べたように，被申込者が承諾の通知を発送した後は，申込みを撤回することができないが，一方，被申込者は，本条により承諾を撤回できる。したがって，被申込者は，例えば，一応承諾を手紙で発送して申込者をしばっておき，市況の推移を見て，価格が有利になれば，そのまま契約を成立させ，また価格が不利となれば，電話で承諾を撤回することができる。これは，明らかに不公平であり，場合によっては被申込者の投機を可能にするかもしれない。

このような投機を防ぐため，本条約第7条第1項が，本条約の解釈に当って

は，信義の遵守に留意するものとしていることを援用し，被申込者が悪意で本条を利用した場合には，承諾が有効期間内に到着しても無効である，と考えるべきであるという議論がある[32]。なお，この点については米国の契約法のリステイトメント（第2版）第41条のコメントfも「もし被申込者が通信のために認められている期間を投機的な目的に利用する場合には，信義に欠けているとされることがあり，承諾は，たとえ申込者によって定められた期間内に到着しても，時期に適していないかもしれない」と述べている[33]。

第13節　契約の成立時期

　本条約の第23条は，契約は，申込みの承諾が本条約の規定に従って効力を発生した時に成立する，と規定している。本条約の第18条第2項は，既に述べたように，申込みの承諾は，同意の表現が申込者に到着した時に効力を発生すると規定しているので，この時に契約が成立することは疑いないが，事務局の注釈によると，契約の成立時期が本条約の随所に基準として引用されているので，はっきり規定した方が良いと考えた由である[34]。また，本条は，契約の成立地については規定していないが，これは本条約には契約の成立地によって左右される規定はないからである[35]。

第14節　意思表示はいつ名宛人に到着したと言えるか

　本条約第2部は，色々の場合に或る意思表示が相手方に到着した時に効力を発生する旨規定している。念の為，それを列挙すると，下記の通りである。

第15条第1項（申込み），第15条第2項（申込みの被申込者への到着前の撤回），第16条第1項（申込みが被申込者に到着し効力を発生した後の撤回），第17条（拒絶），第18条第2項（承諾），第20条第1項（電話，テレックスその他の同時的通信手段による申込みの有効期間）および第

> 22条（承諾の撤回）

　このような場合に，意思表示はいつ名宛人に到着したことになるのであろうか？第24条は，本条約の第2部の下で意思表示が到着したことになる時について，次の通り定めている。

① 　意思表示が口頭で名宛人になされた時，または，
② 　他の何らかの手段で個人的に名宛人に配達された時，または，
③ 　営業の場所あるいは郵便送付先へ配達された時，または，
④ 　もし営業の場所も郵便送付先もない場合は，常居所（habitual residence）へ配達された時。

　会社の場合には，郵便・電報については，通常③が適用され，事務所に配達された時に，また，電話・テレックスについては，同時的であるので，①によりその意思表示がなされた時に到着したことになると思われる。会社が大規模な場合には，郵便，電報，または，テレックスが，郵便課・電報課などの受付窓口から担当の部署に配布されるまでに時間がかかり，受付窓口が受領した時点では取引担当者はまだ知らないことが予想されるが，1978年草案に対する事務局の注釈によると，この場合にも意思表示は，受付窓口に到着した時に効力を発生する[36]。これは，米国の統一商法典が，組織によって受領された通知は，その組織が正当な勤勉さを働かせた場合に当該取引を担当している人の注意を引いたと思われる時から特定の取引について効力を発生するものとして，若干の余裕を認めているのと異なる。このような余裕を認めるときりがないからであろうが，実務的には米国統一商法典の方が実状に合致していると思われる[37]。

【注】

1) John.F. Dolan, *The Law of Letters of Credit* 3.03［1］(revised edition, 1996), Boston：Warren, Gorham & Lamont.
2) 97 Eng.Rep.1035（KB 1765）.
3) 米国統一商法典改正第2編においても，詐欺防止法は第2-201条に残っている。

4) 新堀聰『アメリカ商取引法』108頁（同文舘，1963年）。
5) 2007年4月29日現在，Argentina, Belarus, Chile, China, Hungary, Latvia, Lithuania, Paraguay, Russian Federation and Ukraineの10カ国がかかる宣言を行なっている。
6) 価格については，緊急に船積みが行われ，価格は決まっていなくても契約の成立自体は疑いないような場合を救済するため，第55条に「同じような状況で販売された物品について契約の締結時に一般的に課される価格（the price generally charged）」による旨の規定がある。
7) E.Allan Farnsworth, *Contracts* 152（4th ed. 2004）, New York : Aspen.
   遠藤浩編『基本法コンメンタール「債権各論」』15頁（日本評論社，第3版，1988年）。
8) Secretariat Commentary on Article 14 of the 1978 Draft, paragraphs 4 and 5.
9) *Restatement of the Law, Contracts, 2nd* , § 87 (2).
10) Drennan v. Star Paving Co., 51 Cal.2d 409（1958）.
11) E. Allan Farnsworth, *Farnsworth on Contracts* 341-43（2d ed.1998）, New York : Aspen Law & Business.
12) A. H. Krizer, *Guide to Practical Applications of the United Nations Convention on Contracts for the International Sale of Goods* 167-68（1989）, Deventer : Kluwer Law & Taxation.
13) Secretariat Commentary on Article 15 of the 1978 Draft, paragraph 1.
14) Secretariat Commentary on Article 16 of the 1978 Draft, paragraph 4.
15) Krizer, *supra* note 12, at 173, Example 16A.
16) J. O. Honnold, *Uniform Law for International Sales under the 1980 United Nations Convention* 181（1987）, Deventer : Kluwer.
17) ただし，第18条第2項は，口頭による申込み（当事者が対座している場合または電話の場合）については，原則として，直ちに承諾せねばならないと規定している。
18) Secretariat Commentary on Article 16 of the 1978 Draft, paragraph 6.
19) Honnold, *supra* note 16, at 186-87.
20) 民法第526条第1項および第521条第2項。
21) Secretariat Commentary on Article 17 of the 1978 Draft, paragraph 15.
22) 代金の支払いまで行かなくても，買主が物品を受理すれば，承諾と考えてよいであろう。
23) 書式の争いについて，詳細は，新堀聰『貿易取引の理論と実際』第1章（三嶺書房，1993年）を参照されたい。
24) Krizer, *supra* note 12, at 181-85.
25) ウィーン売買条約第19条に対する批判については，新堀・前掲注23・91-93頁参照。
26) 裁判所が第2-207条の適用を誤ったケースとして有名なのが，Roto-Lith, Ltd.対F.P. Bartlett & Co.事件である。297 F. 2d 497, 1 UCC 73（1st Cir.1962）.
27) 新堀・前掲注23・75頁以下。
28) 同上・127-30頁。
29) 日本の民法第523条もこの趣旨を規定している。
30) 遠藤浩編『基本法コンメンタール「債権各論」』15頁（日本評論社，第三版，1988年）。
31) どちらの場合にも，申込者は契約の成否を自由に決定できるので，相場の上下によって相手を犠牲にするおそれがある，という批判があり，これを防ぐには，本条約第7条の信義遵守の条項を援用すべきであると主張する学者もいる。Honnold, *supra* note 16,

at 202.
32) C. M. Bianca and M. J. Bonell, *Commentary on the International Sales Law, the 1980 Vienna Sales Convention* 196-97 (1987), Milan : Giuffre.
33) *Restatement of the Law, Contracts, 2nd,* § 41, comment f.
34) Secretariat Commentary on Article 21 of the 1978 Draft, paragraph 1.
35) *Id.* at paragraph 2.
36) Secretariat Commentary on Article 22 of the 1978 Draft, paragraph 3.
37) Uniform Commercial Code § 1-201 (27).

第4章

売主の義務

第1節　売主の基本的義務

　次に，売買契約における当事者の権利・義務を規定しているウィーン売買条約の第3部について述べる。

　まず，本条約第30条は，売主の基本的義務を次の通り要約している。

①　物品を引渡すこと。

②　物品に関する書類を引渡す（交付する）こと。

③　物品の所有権を移転すること。

　売主は，これらの基本的義務を契約及び本条約の定めるところに従って履行しなければならないが，もし両者が矛盾する場合には，本条約第6条により，当事者は，締約国が第12条に基づき第96条の宣言をする場合（文書によることを契約の要件とする場合）を除き，本条約の適用を排除し，または，規定の適用を制限し，効力を変更できるものとしているので，契約が優先する。[1)]

　本条は，所有権の移転を売主の義務としているが，一方で，本条約は，第4条(b)で契約が物品の所有権に与える効果には関与しないと規定しているので，どのようにして所有権移転の義務が履行されるかについては，国際私法の規則によって適用される国家法によることになる。

　また，本条は，物品の引渡しを売主に要求しているが，契約に適合した物品（goods which conform to the contract）とは言っていない。したがって，契約に適合しない物品でも一応引渡しとなるが，買主は売主の契約違反に対する買主の

救済を定めている後述の第45条によって救済される[2]。

　本条約は，各国の売買法にしばしば見られるように，売買にともなう様々な局面，例えば，物理的引渡し，危険の移転，価格の支払義務などを一つの出来事に依存させることはせず，米国統一商法典と同様に個々の局面について個別に対応規定を設けている[3]。これは，判断基準を一つの出来事に求めると，特にその出来事が抽象的で目に見えないものである場合には，裁判所の判断が困難となるので，個々の問題の解決策を具体的に決めた方が実際的だからである。例えば，英国動産売買法（The Sale of Goods Act 1979）は，所有権の移転を基準として危険の移転，代金の支払義務などを判断することにしているが，所有権は抽象的な概念であるため，裁判所は所有権の所在の判定に大変手こずることになった[4]。これは，統一商法典以前の統一州法であった米国統一売買法にも引継がれたが，米国統一商法典においては，その起草時，物品売買における所有権の移転をどのように取扱うべきかについて，シカゴ大学教授のLlewellyn[5]とハーバード大学名誉教授のWilliston[6]との間で大論争の末，実際的なアプローチを採用することになり，個々の局面の判断基準を個別に規定した[7]。本条約もこの統一商法典と同様のアプローチを採っている[8]。

第2節　引渡しの場所

　売主の基本的義務の第一は，物品の引渡しであるが，本条約の第31条は，売主がどこでどのようにしてその義務を果たすべきかについて，次のように規定している[9]。

①　売買契約が物品の輸送を含む場合

　まず，第31条(a)は，契約が物品の輸送を含む場合には，売主は買主への輸送のために最初の運送人へ物品を引渡せばよい旨を規定している。これが物品の輸送が契約に含まれている場合の引渡しの大原則である。

　しかし，本条の冒頭に「売主が他の特定の場所で物品を引渡す義務を負っていなければ」という但し書きがあるので，もし売主が契約上他の特定の場所で

物品を引渡す義務がある場合には，契約の規定が優先し，売主はその特定の場所で物品を引渡さなければならない。

物品の輸送を含む契約は種々あるが，大別して，積地契約（place of shipment contract）と揚地契約（destination contract）とに分かれる。前者は輸出国側（積地側）において危険が売主から買主に移転する契約であり，後者は輸入国側（揚地側）で危険が売主から買主に移転する契約である。

現在，国際貿易で使用されている標準的取引条件のうち，FOB, CIF などが前者の典型であり，DES, DEQ などが後者に属する。[10] これらの契約においては，取引の慣習により，または，商慣習を集大成したインコタームズ（Incoterms），改正米国貿易定義などの国際規則によって引渡しの場所が具体的に決まっているので，本条の下で売主が引渡しの義務を履行すべき場所は，契約所定の場所となる。[11]

契約上引渡しの場所が特に定められておらず，かつ，物品が複数の運送人によって，次々と引継がれて輸送されることになっている，いわゆる通し運送または複合運送の場合には，本条(a)の原則が適用され，物品が最初の運送人へ引渡された時に，引渡しが行われたことになる。この規定が「最初の運送人」という表現を用いているのは，複数の運送人が順次輸送を行う場合があることを想定したものである。

② 物品が特定の場所にあるか，または，特定の場所で製造・生産される場合

次に，第31条(b)は，契約が物品の輸送を含まず，特定物あるいは特定の在庫品から引き出されまたはこれから製造もしくは生産される不特定物に関するもので，当事者が，契約成立時に，物品が特定の場所にあること，または，特定の場所で製造・生産されることを知っていた場合には，売主の引渡しの義務は，その特定の場所で物品を買主の処分に委ねること（placing the goods at the buyer's disposal）によって履行される旨を規定している。

③ その他の場合

最後に，第31条(c)は，上記の①と②に該当しない場合には，売主は，売主

の営業の場所で物品を買主の処分に委ねることによって，引渡しの義務を果たすものとしている。契約上，買主の営業の場所または第三の場所が引渡しの場所とされる場合には，第31条冒頭の但し書きにより，当然その場所が本条の下での引渡しの場所となる。

第3節　積出しに伴う売主の義務

本条約の第32条は，売買契約が物品の輸送を含む場合における売主の追加的義務を次のように定めている。[12]

まず，第1項では，運送人に引渡された物品が，荷印，運送書類その他の方法で明瞭に特定されていない場合には，売主は物品を特定する積送品明細書（notice of consignment）を買主に与えなければならない，と定めている。物品の特定は，通常，買主の住所，名称などの荷印をつけたり，買主を荷受人，または，貨物到着の際の通知先とする運送書類を取得することによって行われるが，穀物などのバラ積貨物については，これらの手段でははっきりしないことがあるので，特定のための積送品明細書の提供を売主に義務づけたものである。

次に，第2項は，売主が物品の輸送を手配する義務を負う場合には，売主は，周囲の状況に適した輸送手段により，かつ，かかる輸送にとって通常の条件で，所定の場所までの輸送に必要な契約を締結しなければならない，と定めている。貿易取引で最も頻繁に用いられるCIFおよびCFR契約においては，海上運送契約の締結は売主の義務であるが，通常，海上運送契約の締結が買主の義務とされているFOB契約でも，場合により追加的に売主の義務とされることがある。[13] 第2項は，このように売主が契約上運送契約を締結する義務を負うすべての場合に適用される。

さらに，第3項は，売主が物品の輸送に関し保険をつける義務を負わない場合には，買主の依頼により，買主が保険をつけることを可能にするために必要な全ての入手できる情報を買主に提供しなければならないと規定している。売主が付保の義務を負わない契約では，この第3項の規定は，従来，米国統一商

法典にもインコタームズにもない有用な規定といわれていたが，1990年のインコタームズからは，A10項に同趣旨の規定が追加された。[14]

第4節　引渡しの時期

次に，本条約の第33条は，物品の引渡しの時期について，次のように規定している。
  (a)　売主は，もし期日が定められているか，または，契約によって決定できる場合には，その日に物品を引渡さねばならない。
  (b)　売主は，もし期間が定められているか，または，契約によって決定できる場合には，周囲の状況により買主がある日を選ぶことになっていない限り，期間内のいつでも物品を引渡すことができる。
  (c)　その他の場合には，売主は契約の締結後合理的な期間内に物品を引渡さなければならない。

通常，貿易契約では，引渡しの時期は，例えば「7月積」というように期間で定められているのが普通であるが，その場合，売主はその期間内に物品を引渡さなければならないと同時に，その期間内であればいつ引渡しても良いのが原則である。これは，売主は物品の生産，梱包，輸送手配などの複雑な義務を負っているので，ある程度柔軟な納期を必要とするからである。[15]

しかし，場合により，契約または慣習によって，買主が輸送の手配をしたり，仕向地での在庫場所のスペースを確保するなど，個々の契約の事情により，買主による特定の引渡日の指定が認められることもあるので，(b)の規定は，このような場合を想定して書かれている。[16] もちろん，買主が引渡日を決める場合には，売主に適時にその日がいつかを通知せねばならず，もしそれを怠れば，売主がその限度において引渡日を守れなくても義務違反とはならない。[17]

第5節　物品に関する書類

　本条約第30条で定められている売主の基本的義務の第二は，買主に物品に関する書類を引渡すことであるが，第34条は，この義務について，契約で要求されている時，場所および方式に従って書類を引渡さねばならない，と規定している。この規定は，売主が具体的にどのような書類を引渡すべきかを定めていないが，売主は，船荷証券，埠頭受領証，倉庫証券などの権利証券 (document of title) や，海上運送状，航空運送状などの権利証券ではない運送書類，保険証券，商業送状，領事送状，原産地証明書，重量証明書，品質証明書など契約で要求されている書類を買主に引渡さなければならない，と解される。この第34条の規定は，契約上代金の支払いが書類と引換えになされることになっている場合に，買主の支払いまで書類を留保する売主の権利を制限するものではない。
　本条約は，書類の引渡しについては，この第34条で簡潔に規定しているに過ぎないが，国際商業会議所が制定したインコタームズには詳細な規定が見られる他，支払いが信用状で行われる場合については，同じ国際商業会議所が制定した「荷為替信用状に関する統一規則および慣例 (Uniform Customs and Practice for Documentary Credits; UCP)」（通称「信用状統一規則」）は，どのような書類が信用状取引で受理されるべきかを詳細に規定している。したがって，当事者が信用状統一規則を採用する場合には，インコタームズとともに同規則が本条約を補足することになる。現行の信用状統一規則は，2007年7月1日に実施された2007年版 (UCP600) である。
　また，第34条は，第2文と第3文で，売主が契約で定められている時より早く書類を引渡した場合には，書類が契約に合致していなくても，契約の期日前ならば，買主に不合理な不便または費用を招かない限り，売主は訂正することができるが，買主は本条約の定める損害賠償請求権を留保する旨を規定している。これは後述する第37条で定められている物品の期日前の欠陥ある引渡

しを治癒する売主の権利が書類の引渡しにも適用されることを明確にしたもので，1980年のウィーン会議の際に追加された。

第6節　契約に適合する物品を引渡す義務（売主の保証責任）

　本条約第35条は，契約に適合した物品を引渡す売主の義務について規定している。本条は，保証（Warranty）という語を使ってはいないが，実質的に売主の保証責任について規定したものであり，売主の保証責任に関する米国統一商法典の該当規定と極めて類似している。

　第35条は，まず，第1項で，売主は契約によって要求されている数量，品質および種類の，かつ，契約によって要求されている方法で容器に入れられまたは梱包された，物品を引渡さなければならない，と定めている。これは，米国統一商法典改正第2編（売買編）第2-313条第2項(a)および(b)，ならびに第2-314条第2項(e)の明示保証（Express Warranty）に相当する規定である。

　次いで，第2項は「当事者が別段の合意をしていないかぎり（except where the parties have agreed otherwise）」物品は次の条件をみたしていなければ，契約に適合しているとは言えないとしている。

(a)　同種の物品が通常使用される目的に適していること。これは，商品性の黙示保証（Implied Warranty of Merchantability）について定めている米国統一商法典改正第2編（売買編）第2-314条第2項(c)に類似の規定である。

(b)　契約の締結時に明示的または黙示的に売主に知らされた特定の目的に適していること。但し，周囲の状況から見て，買主が売主の技量または判断に依存しなかったか，または，依存することが不合理であると思われる場合を除く。これは，特定の目的への適合性の黙示保証（Implied Warranty of Fitness for Particular Purpose）について定めている米国統一商法典改正第2編（売買編）第2-315条に類似の規定である。

(c) 売主が見本またはひな型として買主に提示した物品の品質を保有していること。これは，見本またはひな型に適合している旨の明示保証（Express Warranty that the goods shall conform to the sample or model）について定めている米国統一商法典改正第2編（売買編）第2-313条第2項(c)に類似の規定である。

(d) かかる物品に通常の方法で，または，そのような方法がなければ，物品を保存または保護するのに適した方法で，容器に入れられまたは梱包されていること。これは，通常の梱包を提供する義務について定めている米国統一商法典改正第2編（売買編）第2-314条第2項(e)に類似の規定である。

但し，第3項は，買主が契約締結時に物品が適合していないことを知っていたか，または，知らなかった筈はない場合には，売主は第2項に基づく責任を負わない，と定めている。事務局の注釈によると[20]，第2項の(a)から(d)までに規定されている売主の保証責任は，通常の売買において，契約に明示的に記載されていなくても，買主は物品がかかる品質を保有していることを正当に期待していると思われるがゆえに，条約によって売主に課される。しかし，契約時にこれらの品質の一つについて，買主が不適合を知っていたか，または，知らなかった筈はない場合には，買主は後に物品がその点について適合していることを期待していたと主張することはできない，という趣旨である。このルールは，第1項の明示保証には及ばない。契約時に契約に適合していない物品を売主が引渡すことを買主が知っていたとしても，買主は売主の契約違反による救済を受けることができる。

わが国が本条約に加入した場合，これらの一連の保証に関する規定は大変重要な意味を持ってくる。日本の民法でも売主の品質に関する責任は存在していないわけではないが，大陸法の伝統を継いで隠れた瑕疵（vices caches）と明瞭な瑕疵（vices apparents）を区別し，比較的軽いタッチで取扱われており，しかも売主の瑕疵担保責任を定めた民法第570条は不特定物売買には適用されないと通説は解していた[21]。不特定物売買ならば，完全な物品の引渡しを請求するこ

とができるばかりでなく，債務不履行を理由として契約解除や損害賠償の請求ができるからである。しかし，最近では，不特定物売買でも，買主が物品を受領した時に履行がなされたものと見て，瑕疵担保責任を認める説が有力となりつつある。判例は従来から民法第570条は不特定物にも適用されると解している。内田貴教授も，民法第570条の瑕疵担保の規定は，特定物・不特定物を問わず，売買の目的物に「隠れた瑕疵」があった場合に適用される債務不履行責任の特則と見て，これを契約責任説と呼び，この説を「現在の国際的潮流にも合致するし，起草者の………起草の趣旨とも整合的な解釈である」としている。

貿易売買契約は，通常，不特定物売買であり，本条約がわが国でも用いられるようになると，本条約は当然不特定物売買に適用されるから，売主は物品が通常の目的に適していること，および，売主に知らされた特定の目的に適していることを保証することになるので，貿易にたずさわる者は注意が必要である。

問題は，売主は，契約の規定によって，保証責任を排除できるか否かであるが，本条の第2項は，「当事者が別段の合意をしていないかぎり」適用されるから，契約で合意すれば排除できる。しかし，買主は通常このような合意に容易には応じないであろう。したがって，売主は自己の裏面約款に一方的にかかる否認条項（disclaimer clause）を挿入することになるが，それが有効か否かは「書式の争い（battle of the forms）」の問題となる。

第7節　物品はいつ契約に合致していることが必要か

さて，売主は契約に合致した物品を買主に引渡す義務を負うが，それはいつの時点で契約に合致していれば良いのであろうか？

この点について，本条約は，危険が買主に移転する時（When the risk passes to the buyer）を基準として判断するものとし，売主は，この時点で存在している不適合（lack of conformity）について，たとえその事実が後になって判明した場合でも，契約および本条約に従って責任を負う旨を規定している（第36条第1項）。危険負担については後に詳述するが，物品が売主または買主の何れ

の責任でもない原因で滅失または損傷を蒙った場合に何れの当事者が損害を負担するか，という問題であり，危険が売主から買主に移転するということは，この損害の負担が売主から買主に移ることを意味するから，売主は危険が移転する時に物品が契約に適合していることを保証しなければならないと同時に，一度危険が買主に移転してしまえば，その後事故によって物品が契約に適合しなくなったとしても，その事故が売主の作為または不作為によるものでない限り，責任を負わない。したがって，この規定は，後に述べる危険負担についての第66条の規定と表裏一体をなすもので，危険負担の理論の当然の帰結である[24]。

　このように，物品が契約に適合しているか否かは，危険移転の時を基準に判断されるが，買主は危険移転の時にはまだ物品が契約に適合していないという事実を知らないことがありうる。例えば，物品を使ってみるまでは欠陥がわからないこともあるし，また，物品が輸送のために運送人に引渡された場合に，危険は運送人への引渡しの時に移転したとしても，買主は仕向地で物品を運送人から受取るまでは，物品が契約に適合しているか否かわからない。このような場合には，売主は，危険移転の後で判明しても，危険移転の時に存在していた不適合について責任を負う[25]。

　次に，危険移転の後でも，売主の契約上の義務違反によって物品が契約に適合しなくなった場合には，売主は責任を負わなければならない（第36条第2項）。売主の梱包が航海に堪えなかったために物品が損傷をうけたような場合がこの適例と思われるが，第36条第2項が特にはっきりと規定しているのは，売主がある期間物品が通常の目的または何らかの特定の目的への適合性を維持すること，あるいは，特定の品質または特質を保持することを保証した場合で，もしその期間内に保証違反があれば，売主は責任を負う。この第2項により売主の責任を問うには，第1項と異なり，契約との不適合が危険移転の時に存在していたことは必要でない[26]。

第8節　引渡期日前の欠陥ある引渡しの治癒

　本条約は，売主が契約上の引渡期日より早く物品を引渡した場合には，物品が何等かの点で契約に適合していなくても，引渡期日までは，買主に不合理な不便または費用を招かない限り，売主は欠陥を治癒することができるが，買主は本条約の定める損害賠償請求権を留保する旨を規定している（第37条）。本条にあげられている治癒の方法は，次の通りである。
　① 不足分を引渡すこと。
　② 数量の欠陥を補正すること。
　③ 欠陥のある物品の代替品を引渡すこと。
　④ 物品が契約に適合していない点を改めること。
　このうち，④は包括的な表現を用いているので，破損した物品を修理することなども含まれるし，①から③までの治癒方法も当然含んでいると考えられる。
　本条は，あくまでも引渡期日前になされた引渡しについて定めたもので，引渡期日後における欠陥の治癒については，後述の第48条に規定がある。また，既に述べたように，欠陥のある書類については，第5節で述べたように，第34条に本条と同趣旨の規定がある[27]。

第9節　物品の検査時期

　本条約はクレーム提起期間の規定に入る前に，買主による物品の検査時期について定めている。すなわち，買主がいつの時点で物品を検査しなければならないかについて，本条約の定める原則は，次の通りである（第38条）。
　［基本原則］買主は，周囲の状況に照らして実行可能な限り短い期間内に，
　　　　　　　物品を検査するか，または，検査させなければならない（第1
　　　　　　　項）。
　［特別な場合についての規定］

① 契約が物品の輸送を含む場合には，検査は物品が仕向地に着く迄延期してもよい（第2項）。
② 物品が，買主による検査の合理的な機会がないまま，買主によって輸送中に仕向地を変更されるか（redirected in transit）または転送され（re-dispatched by the buyer），かつ，契約の締結時に売主がかかる仕向先変更または転送の可能性を知っていたか，または，知るべきであった場合には，検査は物品が新しい仕向地に着く迄延期してもよい（第3項）。

したがって，例えば日本の売主が米国の買主に CIF New York で輸出する場合，通常仕向地到着まで検査の機会はないから，買主は物品がニューヨークに到着してから検査すればよく，また，もしこの物品がニューヨークで検査の機会なしに買主の指示で他の船に積みかえられてブラジルの Santos に運ばれる場合，契約の締結時に売主がその可能性を知っていたかまたは当然知るべきであったときは，サントスに到着してから検査をすればよい。このような場合，それぞれニューヨークまたはサントスに到着してからどの位の期間内に検査すればよいかについては，第38条第2項・第3項には言及されていないが，第38条第1項の基本原則に返って，到着後，「周囲の状況に照らして実行可能な限り短い期間内に」検査しなければならないと考えられる。

第10節　クレーム提起期間

次に，本条約は，上述した検査時期に関する規定を踏まえて，クレーム提起期間について，買主は，物品が契約に適合していないことを発見したか，または，発見すべきであった時から合理的な期間内に，不適合の性質の明細を示した通知を売主に与えなければ，物品の不適合に基づく権利（the right to rely on a lack of conformity）を失うと定めている（第39条第1項）。この規定は，第38条の検査の時期を前提としており，通常は第38条の「買主が物品を検査すべき時」が，第39条第1項の「物品が契約に適合していないことを発見すべきであった時」となる[28]。しかし，検査してもわからない欠陥については，買主が後

に実際に欠陥を発見した時または周囲の状況から発見すべきであった時から合理的な期間内に通知すればよい[29]。「物品の不適合に基づく権利」とは，物品が契約に適合していない場合に買主に与えられる一連の救済，すなわち，損害賠償（第45条第1項（b）），欠陥の治癒（第46条），契約の解除宣言（第49条），あるいは，代金減額（第50条）についての権利を意味する[30]。これらの救済については，後述する。買主は，合理的な期間内に通知をしなかった場合には，これらの権利を失った上，契約に適合していない物品をそのまま保有し，代金を支払わなければならない。

ただし，買主が売主へ通知しなかったことについて合理的な理由（reasonable excuse）がある場合には，買主は合理的な期間が過ぎても代金の減額と損害賠償（利益の損失分を除く）を請求することができる（第44条）。この規定は，物品の欠陥についてのクレーム期間をできるだけ短くしようとした先進国代表と第39条第1項の規定は余りに厳しすぎるとその削除を望んだ発展途上国代表との妥協の産物である[31]。ウィーン会議では，どのような理由なら合理的かについて実例は挙げられなかったが，この規定は，買主に必要以上の困難と不公平をもたらさないように特に設けられたものであり，個々の事件で裁判所が判断すべき事実問題となるが，買主が不可抗力（force majeure）のために通知ができなかった場合や，検査はしたものの，素人であったために物品に欠陥があることは通知したが，第39条第1項で要求されている欠陥の性質の明細を示すことができなかった場合などに適用されると考えられる[32]。

最後に，本条約の下では，売主が欠陥を知りながら買主に知らせなかった場合（第40条）を除いて，いかなる場合でも，買主は，物品が実際に引渡されてから2年以内に売主に通知しなければ，物品の不適合に基づく権利を失う（第39条第2項）。但し，この規定では，契約で2年以上の長期の保証がなされている場合は例外とされている。物品の欠陥に対するクレームの提起期間を最長どの位認めるかは，むずかしい問題である。隠れた欠陥から買主を保護するためには，ある程度長いクレーム提起期間を認めねばならないが，一方で，物品の引渡しから時間が経過しすぎると，クレームそのものが疑わしくなるし，

また，引渡し当時の状態について，証拠を揃えることも困難となるので，売主を保護するためには，期間を制限せざるをえない。本条の起草の際も，発展途上国代表は長期を希望したのに対して，先進国代表は2年は長過ぎると難色を示したが，発展途上国の立場が認められて，2年間のクレーム提起期間で決着した[33]。

2年間のクレーム提起期間は，多くの国家法で定められている期間より長い[34]。例えば，スウェーデン売買法は1年，スイス債務法は1年，ドイツ民法は6カ月，メキシコ商法は品質と数量については受領から5日，固有の瑕疵については受領から30日，オーストリア法は8日と規定している。わが国では，隠れた瑕疵について民法は1年の除斥期間を定めているが（民法第570条），商法は商人間の売買についてそれを6ヵ月に短縮している（商法第526条）。

しかし，本条約は隠れた瑕疵と明瞭な瑕疵とを区別していない。隠れた瑕疵については，2年間は必ずしも長いとは言えないかもしれない。例えば，米国統一商法典の第2－607条第3項の下では，隠れた瑕疵について合理的な期間の解釈として2年以上のクレーム提起期間を認める判例が見られる[35]。何れにしても，本条約の下では，第6条により当事者が別段の合意をすることを妨げないから，もし当事者が2年間では長過ぎると思えば，対象商品の特質に応じた短いクレーム提起期間を特約すれば良い[36]。なお，物品が契約に適合していないことを売主が知っていたか，または，それに気付いていない筈はない場合で，しかも，それを買主に知らせなかった場合は，売主は第38条と第39条による保護をうけられない（第40条）。この場合は悪質であって，買主は2年以上経過しても本条約の下で救済を受けることができるし，国家法によって詐欺行為に関する規定が適用されることもあると思われる[37]。

なお，売主に悪意がある場合に，買主が2年を越えていつ迄保護を受けられるかという点については，本条約に規定がないので，第7条第2項により国際私法の規則によって適用される国家法の時効ないし出訴期限法（Statute of Limitations）によることになるが，契約で特約してもよい。

終わりに，本条約における物品の検査時期および物品が契約に適合していな

い場合におけるクレーム提起期間に関する規定を要約すると，次の通りである。

① 買主の検査時期（第38条）：実行可能な限り短い期間内。
② 契約に適合していない旨の通知（第39条第1項）：発見した時または発見すべきであった時から合理的な期間内。
③ <u>例外</u> 買主がクレーム通知をしなかったことについて合理的な理由がある場合（第44条）：合理的な期間を過ぎてもよいが，救済は代金の減額，および，利益の喪失を除く損害賠償に限定される。
④ クレーム通知の絶対的制限期間（第39条第2項）：物品の引渡しから2年以内。
⑤ <u>例外</u> 売主が不適合を知っていながら買主に知らせなかった場合（第40条）：第38条および第39条の適用なし。

第11節 物品に対する第三者の権利

本条約は，次いで，売主は第三者の権利または請求権から自由な物品を買主に引渡さなければならない，と規定している。但し，買主が第三者の権利または請求権付きで物品を引取ることに同意している場合は，この限りではない（第41条）。

売主は，買主が第三者の権利または請求権という負担付きで物品を引取ることに同意していない限り，たとえ買主が第三者の権利または請求権を知っていたか，もしくは，知らない筈はなかった場合でも，責任を負う[38]。

しかし，買主は，第三者の権利または請求権を知ったか，または，知るべきであった時から<u>合理的な期間内</u>に，かかる権利または請求権の性質の明細を示して売主に通知しなければ，第41条の規定を援用する権利を失う（第43条第1項）。もっとも，売主は，第三者の権利または請求権とその性質を知っていた場合には，合理的期間内の通知を買主に要求することはできない（第43条第2項）。また，買主は，合理的な期間内に通知しなかった場合でも，合理的

な理由があれば,第50条に基く代金の減額と損害賠償(利益の損失分を除く)を要求できる(第44条)。これは,第10節で述べた物品に欠陥のある場合と同様である。

なお,第41条で言う「第三者の権利または請求権」とは,工業所有権その他の知的所有権に基く権利または請求権以外の第三者の権利または請求権であり,所有権,担保権などに基づくものである。例えば,インコタームズのDES契約では,売主は仕向港に到着した本船から物品を引渡す義務を負うが,この際第三者たる船会社が運賃の未払などを理由に貨物の上に留置権(lien)を持っていると,買主は物品を受取ることができない。売主は責任をもってかかる留置権を解除させ,物品を船会社の権利から自由にしなければならない。[39] 2003年に改正される以前の米国統一商法典第2編(売買編)第2－322条第2項(a)もEx Ship契約について同趣旨を規定していた。

工業所有権その他の知的所有権に基く場合については,第42条に別の規定が設けられており,売主は,契約締結の時に知っていたか,または,知らない筈のなかった工業所有権その他の知的所有権に基づく第三者の権利または請求権から自由な物品を買主に引渡さなければならない。(もし売主が第三者の権利または請求権の存在を知らなかったか,または,知らない筈はなかったとは言えない場合には,売主は責任を負わない。)但し,第三者の権利または請求権は次の国の法律の下での工業所有権その他の知的所有権に基くものに制限される(第42条第1項)。

(a) 契約締結の時に物品がその国内で転売されるか,あるいは,その他の方法で使用されることが当事者によって予期されていた場合には,物品が転売またはその他の方法で使用される国の法律。

(b) その他の場合には,買主が営業の場所を持つ国の法律。

また,次の二つの場合には,売主は第42条第1項に基く義務を負わない(第42条第2項)。

①契約締結時に買主が第三者の権利または請求権を知っていたか,または,知らない筈はなかった場合。

②第三者の権利または請求権が買主によって提供された技術的図面・デザイン・公式その他の明細に売主が従った結果生じた場合。

前述した第43条（合理的な期間内の通知）および第44条（合理的な理由がある場合の代金減額，および，利益の損失を除く損害賠償請求権）の規定は，工業所有権その他の知的所有権にも適用される。

第12節　売主の契約違反に対する買主の救済

売主が契約に違反した場合，本条約の下で買主に与えられる救済方法の主なものは，特定履行（specific performance），契約の解除（avoidance of the contract），損害賠償（damages），および代金の減額（reduction of the price）の四つである。本条約第3部の第2章第3節は，これらの主要救済方法について定めると共に，関連する若干の補助的な救済に関する規定を設けている。これを表で示すと次の通りである。

買主に与えられる主な救済方法	
第46条	特定履行(売主に履行を要求する権利)
第49条	契約を解除する権利
第45条	損害賠償請求権(損害賠償額の算定については 第74条から第77条による)
第50条	代金の減額

補助的な規定	
第47条	追加的な最終履行期間を定める通知
第48条	引渡期日後の治癒
第51条	物品の一部の不適合
第52条	早すぎる引渡しと多すぎる数量

売主が契約または本条約の下での義務の何れかを履行しない場合には，買主は

(a) 第46条から第52条までに規定されている権利を行使することができるし，また，
(b) 第74条から第77条までの規定にしたがって損害賠償を請求することができる（第45条第1項）。

そして，損害賠償請求権とその他の救済方法との関係については，買主は他の救済方法に対する権利を行使することにより，損害賠償を請求する権利を失わない（第45条第2項）。また，買主が契約違反に対する救済を求める場合には，裁判所または仲裁機関は売主に猶予期間を認めないものとされている（同第3項）。後述の第47条第1項は売主の履行のための追加期間について規定しているし，国際取引では通常当事者の一方と同じ国籍を持つ判事の広い裁量による恣意的な猶予期間を認めることは適当でないからである。[40]

第13節　特定履行（売主による履行を要求する権利）

それでは，次に，第46条から第52条までに規定されている買主の救済について述べよう。損害賠償額の算定に関する第74条から第77条までについては，売主と買主の義務に共通の問題として後に解説する。

まず，特定履行であるが，売主が契約上の義務を履行しない場合，買主は，既にかかる要求と矛盾する救済を求めていない限り，売主による義務の履行を要求することができる（第46条第1項）。履行の要求と矛盾する救済とは，例えば，後述する契約の解除宣言（第49条）のように理論上契約の履行要求とは両立し得ない救済を意味する。[41] 契約が解除されれば，損害賠償の問題は残るが，両当事者は契約上の義務から解放されるから（第81条），契約の履行を要求することはできない。

特定履行（specific performance）は，売主に契約上の義務を約束通り履行することを命ずる救済方法で，元来は，英米法の用語である。英米法では，売主が契約を履行しない場合，買主に与えられる救済は，伝統的に損害賠償であって，特定履行は物品がユニークで金銭による損害賠償では充分な救済とはなら

ない場合だけに認められる。例としてよく挙げられるのは，先祖伝来の家宝とか有名な画家のかいた絵画などである。このような例外的な場合は別として，通常は，買主は，契約を解消して他から物品を購入し，損害があれば，その賠償を請求することが期待されているのである。これに対して，大陸法の下では，一般に特定履行が自然な救済方法となっている。実務的には，売主が履行しなければ，買主は特定履行に固執せず，他の者から物品を手当てして，余分にかかった費用を売主に損害賠償として請求することになろうが，あくまでも約定通りの契約履行が主で，損害賠償は従となっている。[42] 特定履行を要求する権利は，売主が対象商品の唯一の供給者である場合や納期内に物品を引渡すことのできる唯一の供給者である場合に，特に重要となる。また，ソ連・東欧などの旧社会主義国の法律の下では，買主にとって特定履行が最も重要な救済方法であった。計画経済の下では損害賠償金で代替品を購入する市場がなかったからである。[43]

このように，特定履行に対する各国の国家法の態度は，区々であるので，本条約は，第46条で買主に売主に対して特定履行を要求する権利を認めると同時に，第28条では，裁判所は，本条約の適用されない同様の売買契約について自国の法律の下でも（under its own law）特定履行を認めるような場合でなければ，特定履行を認める判決を下す義務はない，と規定している。これは，従来，裁判所が国家法の下で持っている特定履行を認めるか否かの裁量権を本条約の下でも活かすことによって，第46条がこれまで特定履行を余り認めていない国々に対して与えるインパクトを和らげようとしたものである。[44] 自国の法律とは，法廷地法（law of the forum）を意味する。[45] 第46条第1項は，一般的な表現で買主に特定履行を要求する権利を認めているが，同条第2項と第3項は次の通りこれを制限する規定を設けている。

① 物品が契約に適合しない場合，買主は，かかる不適合が契約の重大な違反を構成する場合にのみ，<u>代替品の引渡し</u>を要求することができる。代替品の依頼は，第39条の下で物品の欠陥について売主に与えられる通知と共に，または，その後合理的な期間内に，行えば良い。（第46条第2項）

② 物品が契約に適合していない場合，買主は，周囲の状況から見て不合理でない限り，修理（repair）によって不適合を治癒することを売主に要求することができる。修理の依頼は，代替品の依頼と同様に行われねばならない。（第46条第3項）

ここで問題となるのは，重大な違反（fundamental breach）とは何か，であるが，これについては第25条に定義がある。すなわち，同条によると，

> 当事者の一方が行った契約違反は，相手方がその契約に基づいて期待することができたものを実質的に奪うような不利益を当該相手方に生じさせる場合には，重大なものとする。ただし，契約違反を行った当事者がそのような結果を予見せず，かつ，同様の状況の下において当該当事者と同種の合理的な者がそのような結果を予見しなかったであろう場合は，この限りでない。

この第25条は，本条約で最も重要な規定の一つである。重大な違反があった場合には，被害を蒙った当事者は契約の解除を宣言することができるからである。本条約では，当事者の救済は違反の性質に依存しており，違反が重大ならば被害をうけた当事者は契約を解除することができるが，重大な違反でなければ，その他の救済に頼らねばならない。[46]

第14節　追加的な最終履行期間を定める買主の通知

本条約の第47条は，売主の契約違反に対する買主の救済方法のうちで重要な位置を占める契約を解除する権利との関係において，買主による追加的な最終履行期間の設定について定めている。

第47条第1項は，買主は売主による義務の履行のために，合理的な長さの追加期間を定めることができる旨を規定している。この規定については，追加的な履行期間がどのような機能を果たすかを理解することが重要である。[47]

先ず，物品が引渡されていない場合には，買主が売主による引渡しの追加期間を定めると，売主がその期間内に物品を引渡さなかったときは，買主は契約の解除を宣言する権利を取得する（第49条第1項(b)）。この場合には，買主が定めた期間内に売主が物品を引渡さなかったことが，契約の重大な違反に当たるか否かは，問題にならない。すなわち，追加的な履行期間の設定が，売主の不履行が重大な違反を構成するか否かを立証する困難から，買主を解放する。これが，買主の救済方法の仕組みの中における追加期間の最も重要な機能である[48]。

　物品の引渡未済以外の売主の契約違反の場合には，買主の契約を解除する権利は，もっぱらその契約違反が第25条の意味における「重大な違反」に該当するか否かにかかっている。追加期間の設定とは無関係である。もし契約の重大な違反があれば，買主は，第49条第1項(a)に基づき契約を解除する権利を有する。ただし，買主は，契約違反を知ったときまたは知るべきであったときから合理的な期間内にその権利を行使しなければならない（第49条第2項(b)(ⅰ)）。もし買主が契約の重大な違反があっても，契約を生かすことを選択し，この合理的な期間内に契約の解除を宣言しなければ，買主は契約を解除する権利を失う。しかし，買主が第47条第1項により売主の義務履行のための追加期間（例えば，代替品引渡しのための追加期間，欠陥のある物品の修理のための追加期間など）を設定すれば，売主がその追加期間内に義務を履行しなかった場合，契約の重大な違反が存在する限り，第49条第2項(b)(ⅱ)により追加期間経過後の合理的期間内は契約の解除を宣言できるので，追加期間の設定によって，一旦失われた契約を解除する権利を再び得ることができると解釈される。これが，追加期間の第二の重要な機能である[49]。

　追加期間の設定は，契約を解除すること以外の，買主に与えられる救済方法については重要でない。特に，履行を要求する権利（第46条），代金の減額（第50条），および，一般的に損害賠償を要求する権利（第45条第1項(b)）は，追加期間の設定に依存していない。

　第47条第2項は，買主による要請を受けて，追加期間における契約の履行

を準備している売主を保護するため，買主はその期間中契約違反による救済を求めてはならない旨を規定している。ただし，売主が追加期間中に履行する意思がないことを通知してきた場合は，この限りではないし，また，買主が契約の履行遅延による損害賠償を請求することを妨げないものとされている。[50]

第15節　引渡期日後の欠陥の治癒

本条約の第48条は，売主の契約履行に欠陥がある場合，売主は，引渡期日後であっても，これを治癒できるものとし，第1項は，治癒が認められる条件として，次の三つを挙げている。[51]
① 契約の重大な違反に相当する遅延なしで，履行できること。
② 買主に不合理な不都合または買主が立替えた費用の売主による償還について不安を与えないで履行できること。
③ 売主は，買主が契約の解除を宣言する前に，欠陥を治癒する権利を行使すること。

売主は，不履行が重大な違反に相当する場合であっても，その重大な違反が履行遅滞でない限り，本条の下で不履行を治癒することができる。したがって，売主は，引渡しの時に物品の欠陥が重大な違反を構成する場合でも，買主が契約の解除を宣言することによって売主の権利を終了させていない限り，修理または代替品によって物品の不適合を救済することができる。[52]

この第48条第1項の規定は，治癒を計画している売主にとって，強力な味方で，多くのウィーン売買条約のコメンテーターによって，第49条第1項(a)と連携して，契約の重大な違反を根拠として買主が契約を解除する権利を制限するものと解釈されている。その結果，契約不適合を発見した買主は，売主の治癒の権利を無効にするために，急いで契約の解除を宣言することはできないと考えられる。すなわち，ある不適合は，迅速かつ買主に大きな不都合をもたらすことなく治癒可能ならば，合理的なチャンスを与えられる売主が治癒を試みて失敗するまでは，重大な違反とはみなされないことになる。[53]

売主が買主に履行を受入れるか否かを知らせることを要請し，かつ，買主が合理的な期間内にその要請に従わない場合には，売主はその要請に示した期間内に履行することができる。買主は，その期間中は，売主による履行と矛盾するいかなる救済も求めることは出来ない（第48条第2項）。特定の期間内に履行する旨の売主の通知は，買主の決定について知らせて欲しい旨の要請を含むものと推定される（第48条第3項）。本条第2項または第3項による売主の要請または通知は，買主によって受領されなければ効力を生じない（第48条第4項）。すなわち，第2項または第3項による売主の要請または通知の効力については，到達主義がとられているが，買主の返事には，第27条による発信主義が適用される[54]。

第16節　契約を解除する買主の権利

　売主が契約に違反した場合の買主の救済方法として，特定履行および損害賠償と並んで重要なのが，契約を解除する権利である。契約が解除されると，当事者は契約の下での義務から解放され，契約の全部または一部を履行した当事者は，供給した物品，支払った代金などの返還を求めることができるし，併せて損害賠償も請求することができる（第81条）。契約が解除された場合の効果については，本条約では第81条から第84条までに規定がある。売主と買主の義務に共通の問題として後述する。

　契約を解除するためには，宣言（declaration）が必要であり，この宣言は相手方への通知（notice）による場合にのみ有効である（第26条）。この通知は口頭で行っても文書を用いてもよいし，航空便，船便，電報，テレックス，電話，ファックス，電子メールなど周囲の状況に応じて適当な通信手段を用いればよい。その場合，本条約第三部の下では，別段の規定がない限り，遅延，誤謬または不着の危険は名宛人が負担する（第27条）。したがって，契約の解除を宣言する当事者は，その旨の通知を発送すれば良く，その通知が相手方に到着しなくてもよいと解される[55]。これが不都合であれば，契約の解除を宣言する通知

は到着を条件とする旨当事者間で特約すればよい。

　それでは，買主はどのような場合に契約の解除を宣言することができるのであろうか？本条約の第49条は，買主が契約を解除できる根拠を二つ挙げている。

　▶一つは，売主による義務の何れかの不履行が，契約の重大な違反に当たる場合。

　▶もう一つは，売主の物品引渡しが未済で，売主が第47条に基づく猶予期間の通知（Nachfrist notice）によって定められた追加期間内に物品を引渡さない場合

である。

　次に，この二つの場合について，さらに詳しく述べると，

　①　先ず，契約を解除する買主の権利が認められる典型的な場合として，売主が契約または本条約の下での義務の何れかを履行しなかった場合，それが契約の重大な違反に当るならば，買主は契約の解除を宣言することができる（第49条第1項 (a)）。

　重大な違反があれば，買主は直ちに契約の解除を一方的に宣言することができ，前もって売主に解除を宣言する旨を通知する必要はないし，違反を治癒する機会を売主に与える必要もない[56]。

　しかし，本条約は，既に第48条について述べたように，一方で，引渡期日後でも，契約の重大な違反に相当する遅延（不合理な遅延）がないこと，および，買主に不合理な不都合を招かずまたは買主が立替えた費用の売主による償還について不安を与えないことを条件として，売主に義務違反を治癒することを認めている（第48条第1項）。

　そこで，物品の引渡しの時に重大な違反があり，売主がこの違反を買主の不都合なしに迅速に治癒しようとしているとき，買主が急いで契約の解除を宣言した場合，果して第49条（契約を解除する買主の権利）と第48条（違反を治癒する売主の権利）のどちらが優先するのかという疑問が生ずるが，第48条第1項が不合理な遅延がなければ治癒を認めていることから考えて，売主が適

当な期間内に治癒することに失敗しない限り，重大な違反はないものとして，治癒を認め，適当な期間が終了する迄は，買主による解除宣言は許されないと解すべきものと思われる。[57]

② 次に，売主が物品を引渡さない場合には，買主は売主の履行のために合理的な長さの追加期間を定めることができ（第47条第1項），このような期間を定めた場合には，売主から履行の意思なき旨の通知を受領しない限り，買主はその期間内は契約違反に基く救済を求めることはできないが（第2項），もし売主がかかる追加期間内に現実に物品を引渡さず，または，追加期間内に引渡しはしないとあらかじめ宣言した場合には，契約の解除を宣言することができる（第49条第1項(b)）。この場合には，追加期間を越えて引渡しが遅れれば重大な違反に当たることを，証明する必要はない。[58]

債務者の履行が遅れた場合でも，直ちに契約を解除することは認めず，相当の期間を指定し，その期間内に債務者が履行しない場合に，はじめて契約を解除できるとするのは，ドイツ民法第326条の猶予期間（Nachfrist）の考え方であり，わが国の民法第541条でも，同様に，[59]

> 履行遅滞→催告→不履行→契約解除

という順序を踏むことになっている。[60] 本条約は売主による物品の引渡しが遅れた場合についてこの考え方を採用したものである。

このように売主が契約に従って物品を引渡さない場合，通常，買主は売主に一定の猶予期間を与えた後，その期間内に売主が物品を引渡さなければ，契約を解除することができるが，猶予期間を与えるという手続きを踏まないで，直ちに契約を解除することはできないものとされている。

しかし，一方で「重大な違反があれば契約を解除することができる」という第49条第1項(a)の原則は生きているので，納期の遅延がわずかでも許されないような場合（英米法でいう納期が本質的（of the essence）な場合で，例えば，

価格が大きく変動する相場商品の場合）には，買主は売主に猶予期間を与えることなく，契約の解除を宣言できる[61]。

しかし，貿易実務家に対するアドバイスとしては，売主が引渡しを行わないことが重大な違反に当たることが極めて明瞭な場合でない限り，買主は猶予期間を与えた上で契約の解除を宣言した方が無難である。重大な違反であると信じて契約の解除を宣言した後に，裁判所によってその判断が否定されると，買主が逆に契約違反に問われることになるからである。

　③　更に，売主が物品を引渡したが，その引渡しに重大な違反に相当する欠陥がある場合には，買主は契約の解除を宣言できるが，次の通り一定期間内に宣言しなければ，契約を解除する権利を失う（第49条第2項）。

　　(a)　契約の重大な違反が引渡しの遅延にある場合には，買主は引渡しが行われたことを知った時から合理的な期間内（第49条第2項(a)）。

　　(b)　契約の重大な違反が引渡しの遅延以外の違反による場合には，買主が違反を知り，または，知るべきであった時から合理的な期間内（第49条第2項(b)(i)）。

なお，第49条第2項(b)には，これに続いて買主の催告および売主による欠陥の治癒に関係して，次のような入念な規定が設けられている[62]。

　①　売主が引渡した物品に重大な違反に当たる欠陥がある場合，買主は，第47条第1項により追加期間を定め，もし売主がその期間内に義務を履行せず，または，義務を履行する意思がないことを宣言した場合には，契約の解除を宣言できるが，この解除宣言は，かかる期間の経過後，または，売主が義務を履行する意思のないことを宣言してから合理的な期間内に行わねばならない（第49条第2項(b)(ii)）。

　②　売主が第48条第1項に基いて引渡期日後に義務違反を治癒しようとし，治癒に必要な期間を明示して治癒を受入れるか否かを知らせて欲しいと買主に要請した場合，買主が合理的な期間内にその要請に応じない時は，売主は要請に示した期間内に治癒を実行することができ，買主はかかる期間内は売主の義務の履行と矛盾する救済を求めることはできない（第48条

第2項)。しかし，この期間が経過しても治癒が実行されない場合，または，売主の要請に対して治癒を受入れないと買主が宣言した場合には，契約の重大な違反が存在する限り，買主は契約の解除を宣言できる。但し，この解除宣言は，かかる期間の満了後，または，買主が治癒を受入れないと宣言してから合理的な期間内に行わねばならない（第49条第2項(b)(iii)）。

第17節　代金の減額

次に，本条約第50条の規定している物品の代金を減額する買主の権利について述べよう。

この規定によると，物品が契約に適合していない場合には，代金が支払済であると否とにかかわらず，買主は，実際に引渡された物品が引渡しの時に持つ価値が，契約に適合する物品がその時に持っていたであろう価値に対して有するのと同一の割合で代金を減額することができる。但し，売主が第37条または第48条によって義務違反を治癒する場合，または，買主がこれらの規定による売主の履行を拒絶する場合には，買主は代金を減額することができない。[63]

代金の減額は，買主の一方的宣言によって行われ，売主の同意も裁判所の確認も必要でない。この点で，売主または裁判所が認めることを必要とする損害賠償と異なる。また，買主の代金を減額する権利には，損害賠償請求権に適用される様々な抗弁，すなわち，予見性（foreseeability），不可抗力（force majeure）などは適用されない。

第50条の下での代金減額の結果，買主が売主に支払うべき代金の額は，次の公式で示される。

```
［買主が売主に支払うべき金額］
 ＝［引渡時における現物の価値］÷［引渡時における契約に適合する物品の価値］
  ×［契約価格］
```

これに対して，損害賠償の場合には，その金額は，後述するように，契約違反の結果として買主の蒙る利益の損失を含む予見しうる損失（foreseeable loss）が算定の基礎となる（第74条）ので，両者は相違することがありうる。どちらが有利かは一概に言えないが，相場が下落した場合には，代金の減額による値引額の方が損害賠償額よりも大きいことがあると考えられる。しかし，この場合でも，もし買主が工場の休止による損失などのいわゆる間接損害（consequential loss）を蒙った場合には，損害賠償額の方が大きいことになろう。

　したがって，代金減額が救済方法として最も効果を発揮するのは，買主が欠陥のある物品を受理し，しかも，不可抗力などの理由で売主が損害賠償責任を負わないという比較的まれなケースに限定されることになろう。

　なお，実務的には，損害賠償は売主との交渉や訴訟に手間と時間を要するのに対し，代金の減額は宣言だけで一方的に行える利点があるとされているが，売主が買主の宣言した減額に納得しなければ，結局，訴訟などに発展することになろう。

第18節　物品の一部の不適合

　売主が物品の一部のみを引渡し，または，引渡された物品の一部だけが契約に適合している場合には，欠けている部分または適合していない部分について第46条から第50条までの規定が適用される（第51条第1項）。

　この規定は，本条約の下では契約の一部に第46条から第50条までの救済が適用されること，特に，買主は条件さえ整っていれば契約の一部を解除とすることができることをはっきりさせるために設けられた規定である。

　物品の一部が欠けているか，または，一部が契約に適合していない場合に，果して契約の一部でなく，全契約を解除とすることができるかという疑問が生ずるが，買主は，売主が引渡しを完全にし，または，契約に適合させることができないことが契約の重大な違反に当たる場合にのみ，契約全体の解除を宣言することができる（第51条第2項）。物品の一部が欠けていること，または，

一部に欠陥があることが契約全体から見て重大な違反と言える場合は，契約全体を解除することができるが，そう言えない場合には，契約全体を解除することは許されず，契約の一部について第49条の要件が充たされていれば，その部分だけを解除することができる。契約の一部の引渡遅延について第47条による催告を行い，期間内に引渡しが行われなかった場合には，買主は，契約の一部を解除することはできるが，契約全体についての重大な違反に相当しない限り，契約全体の解除を宣言することはできない。[68]

第19節　早過ぎる引渡しと多過ぎる数量

　本条約は，第3部第2章（売主の義務）の最後に売主の引渡しが早過ぎる場合と引渡数量が多過ぎる場合の対応策を規定している。
　まず，売主が契約上定められた期日より早く物品を引渡す場合には，買主は引渡しを受け取っても拒絶してもよい（第52条第1項）。契約上の納期が"During September, 2008"というように期間を限定している場合には，8月に引渡せば，早過ぎることになるが, "not later than September 30, 2008"としておけば，このような問題は起らない。[69]
　次に，売主が契約数量よりも多い数量の物品を引渡す場合には，買主は超過数量の引渡しを受け取っても拒絶してもよいが，超過数量の全部または一部を受け取る場合には，契約に定められた割合で代金を支払わねばならない（第52条第2項）。
　貿易売買契約には，通常，商品の性質により若干の過不足を認める引渡数量許容差（delivery quantity allowance）が定められている（例えば，plus or minus 3%）。この場合には，上限を超えた場合にのみ，本条が適用されることになろう。
　船荷証券が一本で挙げられている場合のように，超過数量のみを拒絶することが不可能な場合には，超過の程度が余りひどければ，重大な違反を構成し，買主は契約の解除を宣言できる。それほどひどくなければ，買主は引渡しを受

けた上，蒙った損害の賠償を請求することができる。[70]

　以上で売主の義務および売主の契約違反に対する買主の救済について述べた。但し，損害賠償額の算定については，売主と買主の義務に共通の問題として後述する。次に買主の義務に入る。

【注】

1) A. H. Krizer, *Guide to Practical Applications of the United Nations Convention on Contracts for the International Sale of Goods* 226 (1989), Deventer：Kluwer Law & Taxation.
2) Id. at 227.
3) R. H. Folsom et al., *International Business Transactions in a nutshell* 83-84 (3d ed.1988), St.Paul, Minn.：West Publishing.
4) このアプローチを「所有権の所在によって当事者の紛争を一括して解決するアプローチ (lump-title approach)」と呼ぶ。
5) Karl N. Llewellyn (1893 – 1962) は，米国統一商法典の主な起草者の一人であるが，詩人としても知られている。エール大学の出身で，エール・ロースクールに在学中は，エール・ロージャーナルの編集者を務めた。弁護士事務所に勤務した後，1923年に助教授としてエール・ロースクールに戻った。1925年からはコロンビア・ロースクールでも教え始め，1951年まで教鞭をとった。コロンビア・ロースクール在任中，その時代の主要な法学者の一人として知られるようになり，Legal Realism（法現実主義）を巡る論争で中心的役割を果たした。1951年，シカゴ大学に移り，死去するまで留まった。法現実主義は，法の性質についての考え方の一つで，その主張は人により様々で必ずしも一致していないが，Llewellynは，法に対する学際的なアプローチの重要性を強調し，社会学的および人類学的アプローチに興味を持っていた。法現実主義者の活動は，1920年代から40年代にかけて最高潮に達したが，その後主唱者たちが引退するにつれて，徐々に衰えていった。現在は，これらの活動の後継を主張する多くのグループがあり，「法と経済学」の流れもその一つである。< http://encyclopedia.laborlawtalk.com/Legal_realism >.
6) Samuel Williston (1861 – 1963) は，ハーバード・ロースクールで1890年から教鞭をとった契約法・売買法の大家で，契約法のリステイトメントを執筆した記念碑的業績により，1929年，米国法曹協会から「米国法学への抜群の功績」に対する金メダルの第一回受賞者に指名された。統一商法典以前の統一州法である統一売買法（Uniform Sales Act）の起草に当たった。
7) これを「狭い問題解決型のアプローチ (narrow issue approach)」と呼ぶ。
8) 新堀聰『貿易売買』[49] [51]（同文舘，1990年）。
9) The Secretariat Commentary on Article 29 of the 1978 Draft, paragraphs 4-15.
10) 新堀・前掲書・[33] および [34]
11) インコタームスにおいては，物品の引渡しの場所と危険が売主から買主に移転する場所とが一致している。

12) The Secretariat Commentary on Article 30 of the 1978 Draft, paragraphs 1-6.
13) 新堀・前掲書・[67] 以下。
14) Kritzer, *supra* note 1, at 239.
15) J. O. Honnold, *Uniform Law for International Sales under the 1980 United Nations Convention* 245 (1982), Deventer：Kluwer.
16) The Secretariat Commentary on Article 31 of the 1978 Draft, paragraph 6.
17) *Id.* at paragraph 7.
18) The Secretariat Commentary on Article 32 of the 1978 Draft, paragraph 2.
19) *Id.* at paragraph 4.
20) Secretariat Commentary on Article 33 of the 1978 Draft, paragraphs 13 & 14.
21) 我妻栄『債権各論（中巻一）』309 頁（岩波書店，第 32 刷，1990 年）。
22) 石田穣『民法 V（契約法）』148 頁（青林書院，平成元年）。
23) 内田貴『民法 II 第 2 版　債権各論』126 頁（東京大学出版会，2007 年）。
24) Secretariat Commentary on Article 34 of the 1978 Draft, paragraph 2.
25) *Id.* at paragraph 3.
26) Krizer, *supra* note 1, at 294.
27) *Id.* at 295.
28) Secretariat Commentary on Article 36 of the 1978 Draft, paragraph 2.
29) Secretariat Commentary on Article 37 of the 1978 Draft, paragraph 3.
30) *Id.* at paragraph 2.
31) Krizer, *supra* note 1, at 307.
32) *Id.* at 308.
33) *Id.* at 310.
34) Honnold, *supra* note 15, at 281.
35) Goldstein v.G.D.Seale & Co. (1978), 62 Ill App 3d 344.
36) Krizer, *supra* note 1, at 317.
37) Honnold, *supra* note 15, at 283.
38) The Secretariat Commentary on Article 39 (1) of the 1978 Draft, paragraph 2.
39) C. M.Schmitthoff, *Export Trade* 56 (9th ed.1990), London：Stevens & Sons.
40) The Secretariat Commentary on Article 43 of the 1978 Draft, paragraph 5.
41) Honnold, *supra* note 15, at 300.
42) 日本の民法も第 414 条（強制履行）と第 415 条（損害賠償責任）で同様の構成をとっている。
43) Kritzer, *supra* note 1, at 215.
44) *Id.* at 215-16.
45) Honnold, *supra* note 15, at 223-24.
46) Kritzer, *supra* note 1, at 201.
47) Peter Schlechtriem, ed., *Commentary on the UN Convention on the International Sale of Goods (CISG)* 394－95 (2d ed. in translation, 1998), Oxford：Clarendon Press.
48) *Id.* at 395.
49) *Id.*
50) The Secretariat Commentary on Article 43 of the 1978 Draft, paragraphs 9 & 10.
51) The Secretariat Commentary on Article 44 of the 1978 Draft, paragraph 2.

52) *Id.* at paragraph 3.
53) Herbert Bernstein & Joseph Lookofsky, *Understanding the CISG in Europe* 129（2d ed. 2003), The Hague：Kluwer Law International.
54) The Secretariat Commentary on Article 44 of the 1978 Draft, paragraph 15.
55) Kritzer, *supra* note 1, at 210.
56) The Secretariat Commentary on Article 45 of the 1978 Draft, paragraph 5.
57) *Id.* at paragraph 6.
58) J. O. Honnold, *Uniform Law for International Sales under the 1980 United Nations Convention* 329（3d ed.1999), The Hague：Kluwer Law International.
59) 『現代外国法典叢書（2）ドイツ民法Ⅱ債務法』182頁（有斐閣，昭和30年）。
60) 石田穣『民法Ⅴ（契約法）』77頁（青林書院，平成元年）。
61) Honnold, *supra* note 58, at 319.
62) Honnoldは，おそらく不必要な規定であると述べている。*Id.* at 331.
63) これは，買主は売主の損害を少しでも減らすように協力すべきであるのに，協力しない場合は，代金を減額できないという趣旨であろう。
64) Kritzer, *supra* note 1, at 377.
65) Honnold, *supra* note 58, at 323-25.
66) The Secretariat Commentary on Article 46 of the 1978 Draft, paragraph 13.
67) The Secretariat Commentary on Article 47 of the 1978 Draft, paragraph 2.
68) *Id.* at paragraphs 3 & 4.
69) Honnold, *supra* note 58, at 329.
70) The Secretariat Commentary on Article 48 of the 1978 Draft, paragraph 9.

第5章

買主の義務

第1節　買主の基本的義務

本条約の下での買主の基本的な義務は，次の通りである（第53条）。
① 物品に対する代金を支払うこと。
② 物品の引渡しを受けること。

買主は，これらの基本的義務を契約および本条約の定めるところに従って履行しなければならないが，もし契約と本条約の規定が矛盾する場合には，本条約第6条により，当事者は，締約国が第12条に基づき第96条の宣言をする場合（文書によることを契約の要件とする場合）を除き，本条約の適用を排除し，または，いかなる規定の適用も制限し，効力を変更できるものとされているので，契約が優先する。[1)]

第2節　支払いを可能にする措置

本条約の第54条から第58条までの規定は，第53条で定められている買主の基本的義務のうちの一つである代金支払いの義務について更に詳細に定めている。

まず，第54条は，買主が代金の支払いを可能にするために種々の準備的な措置・手続きをとる義務を負うことを明確にしている。すなわち，買主の代金支払いの義務には，支払いが行われることを可能にするために契約または何ら

かの法律・規則の下で要求される措置をとり，かつ，手続きに従うことが含まれる。これは，具体的には，例えば，信用状または銀行の支払保証の申請，契約の政府機関への登録，必要な外貨の手当て，海外送金許可の申請などを意味する。[2]

　問題は，果して買主は，これらの措置・手続きをとった結果，実際に目的を達成する義務を負うか否かである。例えば，買主は現実に信用状の開設や政府の許可取得を実現する義務を負うのであろうか。この点について，事務局注釈は，買主はできる限りの手段をつくして申請などの手続きを行えば十分であって，結果まで引受けることが要求されるわけではない，という立場をとっている。[3] しかし，政府許可の取得については最善の努力をしても許可が下りなければ止むを得ないということもあろうが，単純に商業的な性質の信用状の開設については，これを買主の義務と解するのが妥当と思われ，多くの学者がこれを主張している。[4] 実務的には，このように説がわかれている以上，契約上支払いが信用状によることになっている場合には，買主の信用状開設義務を，いつまでに開設すべきか，期限も含めて，契約にはっきりと明記しておいた方が良い。

　また，本条約の下では，後述するように，買主の支払遅延その他の義務違反は，通常，直ちに重大な違反とはならず，猶予期間を経た後，はじめて契約の解除が認められるものとされているので，買主が信用状を契約上定められた期限までに開設しなければ，売主はこれを重大な違反とみなすことができ，従って，直ちに契約の解除を宣言できる旨を契約に明記すべきである。[5]

第3節　価格の明示されていない契約

　本条約は，物品の価格が明示されていない契約（open-price contract）について，第14条第1項と第55条に規定を設けている。

　まず，第14条第1項は，ある契約締結の申し出が，どの程度明確であれば申込みと言えるかという問題について，「ある申し出は，物品を示し，かつ，明示的もしくは黙示的に数量と価格を定め，または，数量と価格を決定するた

めの条項が設けられていれば，十分に明確である」と規定している。したがって，ある申し出が申込みと言えるためには，価格が明示的もしくは黙示的に決まっているか，または，価格決定のためのメカニズムないし公式がその申し出の中で述べられていればよい。価格は，契約成立の時に計算できなくても差し支えない。例えば，申し出に「価格は引渡しの時の市場価格による」とあれば，実際の引渡しが，何ヵ月も先に行われる場合でも，価格決定のための明示的条項が存在することになり，申込みとして十分と言える。

しかし，第14条第1項の下では，申込みは最悪の場合でも価格決定のための黙示的条項を備えていなければならない。もしこのような黙示的条項も存在していなければ，もはや申込みとは言えず，従って，これを承諾しても契約は成立しない。

ところが，一方で，第55条は「契約が有効に成立したが，明示的もしくは黙示的に価格を定めておらず，または，価格決定のための条項を設けていない場合には，当事者は，別段の意思表示がなければ，関連取引において同様な状況の下で販売された物品に契約締結時に一般的に課される価格に黙示的に言及したものとみなす」と規定している。

第14条第1項によれば，明示的もしくは黙示的に価格が定められておらず，または，価格決定のための条項もなければ，申込みとは言えないから，契約は成立しない筈であるのに，第55条は，契約は有効に成立したが，明示的にも黙示的にも価格が決まっておらず，または，価格決定のための条項もない場合の価格決定方法について論じている。そこで，第14条第1項により契約が成立しなければ，第55条は適用されるチャンスがないのではないか，という疑問が生ずる。この矛盾をどのように説明したらよいのであろうか。これについては，次のようにいくつかの説がある。

1. 事務局注釈

第14条第1項は，本条約の第2部にある規定で，申込みが十分に明確であるか否かという問題を扱っているのに対して，第55条は第3部にある規定で，

有効に成立した契約が価格について何も定めていない場合について述べている。第55条は，締約国が第2部を採用せず，第3部を採用した場合に，その国の法律では価格について明示的にも黙示的にも何も定めていなくても契約の成立を認めている場合における価格決定方法を規定したものである，と説明している[6]。

2. ホノルドの説

ホノルドは，第14条第1項と第55条は矛盾していないと，次のように主張している[7]。

「この（第14条第1項の）文言だけでは，もし申込みが明示的もしくは黙示的に価格を定めておらず，または，価格決定のための条項を設けていない場合，その申込みは承諾および契約の成立に十分な程明確ではないことを示唆することになろう。しかし，このような解釈はしりぞけられねばならない。というのは，第55条が「明示的もしくは黙示的に価格を定めておらず，または，価格決定のための条項を設けていない」場合でも，「契約は有効に成立している」ことを自明のこととみなしているからである。そして，第55条は，当事者が黙示的に言及しているとみなされる価格決定方法を規定している。」

このホノルドの説明はかならずしも明瞭ではないが，注として「若干の国々が本条約の第2部または第3部だけに従っているという事実は，二つの部分をその相互関係において解釈する必要性に影響を与えるものではない。」と述べていることから見て，一見矛盾するようにみえる二つの条文を条約全体の中で一体化して解釈することを主張しているものと思われる。なお，ホノルドは，前掲の事務局注釈の説明は適切でない，と述べている。

3. クリツァーの説

クリツァーは，本条約では，第6条が「当事者は…本条約の規定の何れの効果も軽減または変更することができる」と規定しているので，第14条第1項にもこれは適用され，もし当事者が価格の決定について契約上何も決めていな

くても，契約に拘束される意思を持っている場合には，当事者が別段の公式を選択しない限り，価格は第 55 条に従って決定されると考えてよいのではないか，と述べている[8]。

4. エオーシの説

エオーシは，次のように述べている。

「第 14 条第 1 項は申込みに関する規定であり，一方第 55 条は契約に関するものである。一度契約が成立すれば，申込みは無関係となり，契約の成立それ自身が，価格決定のための規定が設けられているかどうかにかかわらず，申込みが十分に明確であったことを立証する。申込みに集中したアプローチは，契約が成立した後は，もはや適切ではない。他の人々もこの矛盾に言及してきたが，これらの人々の結論は，第 55 条は第 14 条第 1 項に優先する，ということである[9]。」

　これらの四つの説は何れもすっきりしない。この両条文を素直に読んで何とも不自然な感じを受けるのは，第 14 条第 1 項の下で契約の成立を認めることが難しい場合について，第 55 条で突然契約の成立を当然のこととして価格決定方法を規定していることである。両者に矛盾があることは明白で，矛盾がないと説明しようとしても無理がある。

　思うに，これは実務家の眼から見れば簡単に思えるが，法律家が考えると難解なケースの一つであろう。第 14 条第 1 項の下で価格決定について何の規定もないために契約は成立し得ない場合でも，当事者が契約は成立したと信じていることは，大いにありうることであって，その場合に価格を決定する方法を第 55 条が提供しているのである。第 14 条第 1 項の下では，価格決定のための黙示的な条項さえも存在しなければ，申込みとは言えず，契約は成立しないが，それにも拘らず，契約の存在を当然のこととして売主が物品を引渡し，買主が受取れば，法的には契約の存在を追認せざるをえない。その場合，当事者が別段の決定方法を持たなければ，第 55 条が価格決定の助けとなる。第 55 条は，

本来は契約の成立を認めることはできないが、当事者がそれにもかかわらず履行行為を行なったため、契約は有効に成立したと認めざるをえない場合の価格決定方法を規定したものと解すべきである。[10]

第4節　重量の決定方法

　価格が重量によって定められている場合（例えば、$100 per metric ton）には、その重量が正味重量（net weight）であるか、または、梱包込みの総重量（gross weight）であるかが問題となる。通常は、契約ではっきりと何れかに定められていることが多いが、もし契約に規定がなく、疑わしい場合には、本条約の下では、正味重量を用いる（第56条）。すなわち、当事者が特にそう定めていない限り、買主は包装を含む総重量について支払う必要はない。[11]

第5節　支払いの場所

　次に、本条約第57条は、代金支払いの場所について規定しており、まず第1項で買主が他の特定の場所で代金を支払う義務を負っていない場合には、買主は売主に対して次の場所で代金を支払うべきものとしている。
　(a)　売主の営業の場所、または、
　(b)　支払いが物品もしくは書類の引渡しと引換えになされるべきものとされている場合には、その引渡しの場所。

　貿易契約においては、国により為替管理法規が存在していることがあるので、代金支払いの場所は、大変重要である。当事者が予め話し合って輸出国、輸入国または第三国のいずれを代金支払いの場所とするかを契約上はっきり定めておくことが望ましい。しかし、もし当事者が契約上特にこの点に触れなかった場合には、本条約の下では、第57条第1項により売主の営業の場所、または、物品もしくは書類との引換払いの契約では、物品もしくは書類の引渡しの場所が支払いの場所となる。売主の営業の場所を原則的な支払いの場所としている

のは，買主の営業の場所で支払いを受けても為替管理によって送金ができなければ売主にとって価値がないので，売主を保護するためである[12]。例外として，代金が物品または書類との引換払いとされている場合には，物品または書類の引渡しの場所が支払いの場所となる。

　当事者が特約していない場合に売主の営業の場所を支払いの場所とすることは，国際的な標準約款で広く行われている[13]。各国の国家法でも同様の規定が多く見られる。例えば，ドイツ民法第270条は，「債務者は，疑わしいときは，自己の危険と費用において，債権者の住所へ送金しなければならない。債権が債権者の営業によって生じた場合において，債権者が営業所を他の場所に持っているときは，営業所の場所が住所に代わる」と規定している。わが国の商法も第516条で債務の履行は「債権者ノ現時ノ営業所，若シ営業所ナキトキハ其住所ニ於テ之ヲ爲スコトヲ要ス」といわゆる持参債務である旨を定めている。

　これに対して，例外的なのは米国統一商法典である。同商法典は第2－310条第1項(a)で「たとえ船積地が引渡しの場所であっても，買主が物品を受領すべき場所」を支払いの場所としている。多くの国で為替管理が厳然として存在しており，外貨送金がままならない現実を考えると，この米国統一商法典の規定は，米国の国内取引の慣行に合致してはいても，国際取引には適しておらず，本条約第57条第1項(a)の規定がより現実的と思われる[14]。

　なお，第57条は，次いで第2項で，もし売主が契約締結後に営業の場所を変えた場合には，買主は売主の新しい営業の場所で支払いをしなければならないが，支払いに伴う費用の増加分は売主が負担すべきものとしている。ドイツ民法第270条第3項に同様の規定が見られる。

第6節　支払いの時期

　本条約第58条は，支払いの時期について定めている。
　まず，一般原則として，買主が他の特定の時に代金を支払う義務を負っていない場合には，買主は，売主が契約および本条約に従って物品またはその処分

を支配する書類を買主の処分に委ねた時に，代金を支払わなければならない。売主はかかる支払いを物品または書類を引渡すための条件とすることができる（第58条第1項）。

これは，特約がない限り，売主は買主に信用を与えることを要求されないことを意味する。もし売主が物品または書類を買主の処分に委ねた時に買主が代金を支払わなければ，売主は物品または書類の引渡しを拒絶することができる。逆に言うと，買主は，売主が物品または書類を買主の処分に委ねるまでは，代金を支払う義務はない。特約がなければ，前払いする必要はない。要するに，物品または書類と代金とは交換されるのであり，これを英国動産売買法第28条は同時条件（concurrent condition）と呼んでいる。わが国では，民法第533条の定める同時履行の抗弁権がこれに相当する。しかし，厳密に言うと，売主が現実に物品または書類を買主の処分に委ねた時と売主がその旨を買主に通知し，買主がそれを知った時との間に若干の時差があり，買主は売主の通知なしでは物品または書類が買主の処分に委ねられたことを知りえないから，買主はその事実を知った時にはじめて代金を支払わなければならない，と解すべきである。

次に，売買契約が物品の輸送を含む場合には，売主は代金の支払いと引換えでなければ物品または物品の処分を支配する書類を買主に引渡さないという条件で，物品を積出すことができる（第58条第2項）。これは，第1項の一般原則を物品の輸送を含む契約について敷衍したものである。もちろん，契約上売主が買主に信用を与えている場合には，物品または書類は支払いに先立って買主に引渡されることになるが，かかる特約がなければ物品または書類は代金と引換えにのみ引渡される。

買主は，前述の通り，一般原則として売主が物品または書類を買主の処分に委ねるまでは，代金を支払う義務はないが，更に，物品を検査する機会を持つまでは，代金を支払う義務を負わない。但し，当事者が合意した引渡しまたは支払いの手続きが，かかる機会を持つことと矛盾する場合には，この限りではない（第58条第3項）。代金の支払いに先立って買主に検査の機会を与えるこ

とは，売主の義務であるが，CIF 契約のように船積された商品の代金の支払いが船積書類と引換えに行われ，その時点では本船は航海中で，買主が現品の検査をすることが不可能である場合には，この矛盾する場合に該当し，買主は支払い前に検査をする権利を持たない。本条約は，どのような引渡しまたは支払いの手続きが支払い前に物品を検査する買主の権利と矛盾するかを規定していないが，現品の仕向地到着の如何にかかわらず，代金の支払いが船積書類の受渡しによって行われる契約は，その典型的な例で，貿易の標準的取引条件の中では，CIF および CFR 契約，さらに輸出取引としての FOB 契約などがこれに該当すると考えられる[15]。

第7節　買主の支払義務と売主の催告

　本条約第 59 条は，買主は，契約および本条約によって定められ，または，決定し得る日に代金を支払わねばならず，売主側からの何らかの要請または方式に従うことは必要でない，と定めている。

　買主が契約上の支払期日に代金を支払う義務を負うことは当然であるから，本条約が何のためにこのような規定を設けたのか一見不思議に思われるが，本条は大陸法系の一部の国で支払期限が到来しても遅滞となるためには売主が買主に正式の支払要求をしなければならないとしているのを否定するための規定で，国際物品売買に関する統一法（ULIS）の第 60 条を踏襲したものである[16]。本条約の下では，売主からの支払要求の有無にかかわらず，買主は期日に代金を支払わねばならない。

　期限到来後でも催告をしなければ遅滞にならないという考え方は，フランス民法第 1139 条に由来するもので，「付遅滞（mise en demeure）」という法制度であり，「期限は人に代って催告しない（dies non interpellat pro homine）」，すなわち，期限到来だけでは遅滞にならない，という中世ローマ法の格言によるものである。しかし，これでは怠慢な人を保護することになりかねないので，本条約では催告は必要ないとしたものである。日本の民法も第 412 条第 1 項で

「債務ノ履行ニ付キ確定期限アルトキハ債務者ハ其期限ノ到来シタル時ヨリ遅滞ノ責ニ任ス」と規定しており，催告は必要とされていない。ドイツ法でも中世以来「期限は人に代って催告する（dies interpellat pro homine）」という原則がとられるようになり，ドイツ民法第284条第2項は，「給付の時期を暦に従って定める場合において，債務者がその時期に給付を行わないときは，債務者は催告がなくても遅滞に陥る」と定めている。米国統一商法典第2-703条も，買主が期日に支払わないときは，単純に売主は救済手段に訴えることができるものとしている。

　この第59条の規定は，売主が買主に信用を与えた場合については容易に理解することができる。この場合には，買主は確定日に代金を支払わねばならず，売主からの催告は必要ない。売主が買主に信用を与えていない場合には，前述の第58条第1項により買主は売主が物品またはその処分を支配する書類を買主の処分に委ねた時に代金を支払わねばならないが，時系列的に厳密に言うと，まず売主が物品または書類を買主の処分に委ねたことを買主に知らしめねばならず，買主がこれを知ると同時に，買主は別段の催告なしに代金を支払わねばならないと考えられる。日本の民法が第412条第2項で「債務ノ履行ニ付キ不確定期限アルトキハ債務者ハ其期限ノ到来シタルコトヲ知リタル時ヨリ遅滞ノ責ニ任ス」と規定しているのと同様である。

第8節　引渡しを受ける義務

　本条約第60条は，買主の第二の基本的義務とされている物品の引渡しを受ける義務（obligation to take delivery of the goods）について定めている。この買主の義務は，次の二つの要素によって構成される。
　(a)　売主が引渡しをすることを可能にするため買主に合理的に期待されている全ての行為をすること，および，
　(b)　物品を引取ること。
　まず，買主は売主が引渡しを実行することができるように買主に合理的に期

待されている全ての行為を遂行しなければならない。これは，契約条件により異なるが，本船の手配，輸入許可の取得などが含まれる。

次に，売主が契約に従い物品を或る場所で買主の処分に委ねた場合，買主は物品を物理的にその場所から移動させることによって引取らなければならない。[17]

第9節　買主の契約違反に対する売主の救済

買主が契約に違反した場合，本条約の下で売主に与えられる救済方法の主なものは，買主による履行を要求する権利（right to compel performance），契約の解除（avoidance of the contract）および損害賠償（damages）の三つである。本条約第3部の第3章第3節はこれらの主要救済方法について下記の通り定めると共に，関連する若干の補助的な救済に関する規定を設けている。

売主に与えられる主な救済方法：	
第62条	特定履行（買主に履行を要求する権利）
第64条	契約を解除する権利
第61条第1項(b)	損害賠償請求権（損害賠償額の算定については第74条〜第77条による）

補助的な規定：	
第63条	追加的な最終履行期間を定める通知
第65条	不明な明細の補充

これらの売主の救済に関する規定は，先に述べた売主の契約違反に対する買主の救済に関する規定と比較すると，はるかに簡単である。これは買主の主要な義務が，支払いの義務と引渡しを受ける義務の二つしかないのに対して，売主の義務は一層複雑だからである。[18]

買主が契約または本条約の下での義務の何れかを履行しない場合には，売主は，(a) 第62条から第65条までに規定されている権利を行使することができ

るし、また、(b) 第74条から第77条までの規定に従って損害賠償を請求することができる（第61条第1項）。

そして、損害賠償請求権とその他の救済方法との関係については、売主は他の救済方法に対する権利を行使することにより、損害賠償を請求する権利を失わない（第61条第2項）。また、売主が契約違反に対する救済を求める場合には、裁判所または仲裁機関は買主に猶予期間を認めないものとされている（同第3項）。第45条第3項について述べたのと同様に、後述の第63条第1項が買主の履行のための追加期間を定めているし、国際取引で広く恣意的な猶予期間を認めることは適当でないからである。

1. 特定履行（買主に履行を要求する権利）

それでは、次に、第62条から第65条までに規定されている売主の救済について述べよう。損害賠償額の算定に関する第74条から第77条までの規定については、売主と買主の義務に共通の問題として後に解説する。

まず、買主に履行を要求する権利であるが、売主は買主に対して契約および本条約の下での義務の履行を要求することができる。具体的には、売主は買主が

① 代金を支払うこと、
② 引渡しを受けること、または、
③ その他の義務を履行すること

を要求できる。但し、売主がかかる要求と矛盾する救済を援用した場合には、この限りではない（第62条）。例えば、後述の第64条により契約の解除を宣言した売主は、物品の引渡しを受けることを買主に要求することはできない。売買取引において売主の最大の関心事は何といっても買主が期日に代金を支払うことである。もし買主が前述の第58条と第59条の下で代金を支払うべきときに支払わなければ、売主は第62条に基いて買主に支払いを要求できる。これは英米法の考え方とは異なる。英米法においては、代金について売主に与えられる救済は限定的で、たとえ買主が契約上支払いの義務を負っていても、物

品が買主に引渡されていない場合には，一般原則としては，売主は第三者へ物品を転売する合理的な努力をしなければならず，もし転売により契約価格と転売価格の差額が発生すれば，その差額について損害賠償を請求することができる。売主は第三者への転売が合理的に可能でない場合にのみ，代金の支払いを要求できる[19]。

本条約第62条の下では，買主が期日に支払いを怠った場合には，売主は転売の努力をすることなく，買主に代金の支払いを要求することができ，訴訟が提起されれば，裁判所は買主に支払いを命ずる[20]。

売主は，買主に代金の支払いを要求するとともに，支払いが遅延した場合，損害賠償を請求することができる（第61条第2項）。この場合の損害賠償は，通常，遅滞金利の形をとることになる[21]。

次いで，第62条は，売主は買主に物品の引渡しを受けること，または，その他の義務を履行することを要求できる旨を規定している。引渡しを受ける義務の内容については，前述の第60条に規定がある。

売主が第62条に基いて買主の履行を要求する場合に制約要因となるのは，第28条の規定である。この規定については，既に第46条に関して述べたが，裁判所は，本条約の適用されない同様の売買契約について自国の法律の下でも特定履行を認めるような場合でなければ，特定履行を認める判決を下す義務はない，と定めている。したがって，国家法で特定履行が認められない場合には，売主は他の救済手段に頼らねばならない。

ところで，第62条に基く代金の支払いを要求する訴訟に第28条が適用されるか否かについて，Farnsworth教授とHonnold教授の有名な論争がある。Farnsworthは，売主が買主に物品を提供した後，代金を請求する訴訟は，伝統的に衡平法（equity）ではなく普通法によるものであり，たとえまさに「特定の（specific）」と表現できる救済を買主に与えるものであっても，通常，「特定履行」を求める訴訟とは考えられていないので，第28条が「特定履行を認める判決（judgement for specific performance）」という表現を用いている以上，第28条は代金の支払いを要求する訴訟には適用されないと考えるべきである，

と主張している[22]。この考えに従うと，第62条に基く売主の履行要求のうち代金支払いの要求だけは，第28条の制約を受けないので，裁判所は国家法では認められない場合であっても，買主に代金の支払いを命じなければならないことになる。

これに対して，Honnoldは「普通法の信仰の強い者は，代金請求訴訟を物品の引渡しを要求する訴訟と同様には考えていない。しかし，本条約を解釈するのに一部の国の用語法と結び付けて考えることはできない」と主張している[23]。

私は，第28条における「特定履行」は，一般的に契約上の義務を約束通り履行することを意味し，英米法における衡平法上の「特定履行」と同じものと考える必要はないと考える。Honnoldが主張している通り，英米法の用語法をそのまま用いなければならない理由はないと思われるからである。したがって，第28条は代金請求訴訟にも適用されると考えるべきである。このように考えると，裁判所は，国家法で代金の支払いを命ずることが認められない場合には，買主にかかる支払いを命ずる必要はないことになる。

実際問題としては，売主が買主に物品を引渡済の場合には，両説の何れをとっても結論に差は出てこないと思われる。物品の引渡しを受けながら代金を支払わない買主に対する訴訟で，売主の代金支払要求を認めない国家法はないと考えられるからである。しかし，売主が物品を買主に引渡していない場合に代金の支払要求を認めるか否かについては，各国法の態度は区々である。したがって，物品の引渡しが行われていない場合については，国家法で代金の支払いを命ずることが認められている場合にのみ，裁判所はこれを認めることになろう[24]。

2. 契約を解除する売主の権利

買主が契約に違反した場合，売主は一定の条件の下で契約を解除することができる。契約を解除するためには宣言（declaration）が必要であり（第64条），この宣言は相手方への通知（notice）による場合にのみ有効である（第26条）。この通知の遅延，誤謬または不着の危険は名宛人が負担する（第27条）。

それでは，売主はどのような場合に契約の解除を宣言することができるのであろうか？

　まず，買主の契約違反が重大な違反である場合には，売主は直ちに契約の解除を宣言することができる（第64条第1項(a)）。重大な違反は，第25条により「相手方が契約に基づいて期待することができたものを実質的に奪うような不利益を当該相手方に生じさせる」契約違反と定義されている。重大な違反があれば売主は直ちに契約の解除を一方的に宣言することができ，前もって買主に無効を宣言する旨を通知する必要はない。

　問題は，買主が代金の支払い，物品の受領その他の義務を期日に履行しなかった場合に，直ちに重大な違反と言えるのかどうかという点である。これは裁判所の判断によることになるが，大部分の場合，期日が経過してもすぐには重大な違反とはされず，ある程度の期間が過ぎた後にはじめて重大な違反として契約解除の宣言を行うことが認められることになろう[25]。

　次に，買主が代金の支払いまたは物品の受領を怠り，売主が追加的な最終履行期間を買主に通知した場合に，買主がその期間内に義務を履行しないか，または，履行しないと宣言したときは，売主は契約の解除を宣言することができる（第64条第1項(b)）。この場合には，買主に重大な違反がなくても，売主は契約を解除することができる。追加的な最終履行期間については，第63条に規定があり，売主は，買主による義務の履行のために合理的な長さ（reasonable length）の追加期間を定めることができる（第63条第1項）。ここで特に合理的な長さであることが要求されているのは，この追加期間内に買主が義務を履行しない場合，売主の契約解除宣言が認められるので，ささいな遅延を口実に売主が契約を解除することのないよう合理的な長さの期間を必要としたものである。追加期間の指定は，期日（例えば，"by January 31"）または期間（例えば，"within one month from today"）を示すことによって行うことができるが，「直ちに（promptly）」というような抽象的な表現は不可である[26]。

　売主は，追加期間を定めた場合には，買主から期間内に履行しない旨の通知を受領しない限り，期間中は契約違反に基く救済を求めることはできない（第

63条第2項本文)。これは，売主の要求に応じようとして準備をしている買主を保護するためである。追加期間が買主による履行なしで過ぎてしまえば，売主は，契約を解除することができるだけでなく，他の救済手段に訴えることもできる。特に，売主は遅延によってこうむった損害の賠償を要求できる（第63条第2項但し書)[27]。

　第64条第1項(b)によると，追加期間を定めた後に売主が契約を解除することができるのは，買主が期間中に履行する意思のないことを宣言した場合の他，買主が

　① 代金支払いの義務，または，
　② 物品の引渡しを受ける義務

を追加期間中に履行しない場合であるが，具体的にどのような義務がこの二つに含まれるかが問題となる。事務局注釈によると，契約，法規などによって必要とされている政府または銀行への契約の登録，外貨の取得，信用状または銀行保証の申請などが，支払いを可能にするための措置として買主の代金支払いの義務に含まれ，もし買主が追加期間内にこれらの措置をとらなければ，売主は契約の解除を宣言することができる[28]。信用状の開設については，既に述べたように，事務局注釈は，代金支払いの義務には含まれないという立場をとっているが，多くの学者がこれに反対している。売主の利益を守るためには，契約上，信用状が期日に開設されない場合には重大な違反とする旨を明記し，直ちに契約の解除を宣言できるようにしておくことが望ましい。また，次に解説する物品の明細を提出する義務は，物品の引渡しに必要であるという意味で物品の引渡しを受ける義務に含まれると考えられる[29]。

　最後に，売主はいつまでに契約の解除を宣言しなければならないかについて述べると，<u>買主が代金を支払った場合には</u>，売主は，

　　(a) 買主による履行遅延の場合には，売主が履行がなされたことを知る前に，または，

　　(b) 買主による履行遅延以外の違反の場合には，

　　　(i) 売主が違反を知ったかもしくは知るべきであった時から，または，

（ⅱ）第63条第1項により売主が定めた追加期間が経過した後，もしくは，買主がかかる追加期間内に義務を履行しない旨を宣言した後，合理的な期間内に，

契約の解除を宣言しなければ，契約の解除を宣言する権利を失う（第64条第2項）。売主は，代金が全額支払われる迄は，契約の解除を宣言する権利を失わない。[30]

買主が代金を支払っていない場合には，売主の契約解除宣言に時間的制限はない。代金の支払いを受けていない売主の契約を解除する権利にかような時間的制約を設けることは，酷と思われるからである。[31]

3. 不明な明細の補充

契約上，買主が物品の形式，寸法その他の明細を指定することになっており，かつ，合意された期日または売主からの要請を受領した後合理的な期間内に買主がかかる明細を作成しない場合には，売主は，売主が有する他の権利を失うことなく，売主が知っている買主の必要条件に従い自ら明細を作成することができる（第65条第1項）。

売主が自ら明細を作成する場合には，売主は買主にその詳細を通知し，かつ，買主が異った明細を作成しうる合理的な期間を定めなければならない。もし，このような連絡を受けた後，買主が定められた期間内に異った明細を作成しない場合には，売主の作成した明細が拘束力を持つ（第65条第2項）。もちろん，売主は，買主に代って明細を作成する道を選択せず，損害賠償の請求（第61条第1項(b)），重大な違反に当たる場合には契約解除の宣言（第64条第1項(a)），または，追加期間（第63条第1項）を定めた後，その期間内に買主が履行しなければ契約解除の宣言（第64条第1項(b)）を行うことができる。[32]

【注】

1) The Secretariat Commentary on Article 49 of the 1978 Draft.

2) The Secretariat Commentary on Article 50 of the 1978 Draft, paragraph 2.
3) *Id.*at paragraph 3.
4) A. H. Kritzer, *Guide to Practical Applications of the United Nations Convention on Contracts for the International Sale of Goods* 389 (1989), Deventer：Kluwer Law & Taxation.
5) *Id.* at 390.
6) The Secretariat Commentary on Article 51 of the 1978 Draft, paragraphs 1 and 2.
7) John O. Honnold, *Uniform Law of International Sales under the 1980 United Nations Convention* 337-38 (1987), Deventer：Kluwer.
8) Kritzer, *supra* note 4, at 156.
9) G.Eorsi, in Bianca-Bonnell, *Commentary on the International Sales Law, The 1980 Vienna Sales Convention* 407 (1987), Milan：Giuffre.
10) 米国統一商法典第2-207条第3項が，書面の上で契約の成立が認められなくても，当事者が契約の存在を認める行動をとれば，契約を立証するに十分である，と規定しているのと同様の理論構成となる。本条約第55条も "Where a contract has been validly concluded..." ではなく，"Where conducts by both parties recognize the existence of a valid contract although it does not expressly or implicitly fix or make provision for determining the price, ..." と規定すべきであった，と思われる。
11) The Secretariat Commentary on Article 52 of the 1978 Draft, paragraph 1.
12) Honnold, *supra* note 7, at 341-42.
13) *Id.* at 342 n.4.
14) Kritzer, *supra* note 4, at 396.
15) FOB契約は，輸出国の国内の製造業者と輸出業者との間で締結されるFOB契約と輸出業者（もちろん同時に製造業者であることもある）と海外の買主との間で締結されるFOB契約とがある。前者は国内の供給取引，後者は輸出取引である。国内取引としてのFOB契約においては，買主が船積前に物品を検査した上で代金を支払うことが可能であるが，本条約の対象となる輸出取引としてのFOB契約では，買主は遠く海外に離れており，かつ，代金決済もCIFと同様に船積書類により本船の航海中に銀行経由行われるので，支払いより前に検査をすることは困難と思われる。新堀聰『貿易売買』131頁（同文舘，1990年）。
16) The Secretariat Commentary on Article 55 of the 1978 Draft.
17) The Secretariat Commentary on Article 56 of the 1978 Draft, paragraph 4.
18) The Secretariat Commentary on Article 57 of the 1978 Draft, paragraph 2.
19) The Secretariat Commentary on Article 58 of the 1978 Draft, paragraph 3. 英国動産売買法第49条／第50条および米国統一商法典第2-709条第項参照。
20) *Id.* at paragraph 4.
21) *Id.* at paragraph 7.
22) Farnsworth, "Damages and Specific Relief," 27 Am.J.Comp.L.249-50 (1979).
23) Honnold, *supra* note 7, at 357.
24) Kritzer, *supra* note 4, at 421.
25) The Secretariat Commentary on Article 60 of the 1978 Draft, paragraph 5.
26) The Secretariat Commentary on Article 59 of the 1978 Draft, paragraph 7.
27) *Id.* at paragraphs 9 & 10.
28) The Secretariat Commentary on Article 60 of the 1978 Draft, paragraph 7.

29) Kritzer, *supra* note 4, at 429.
30) The Secretariat Commentary on Article 60 of the 1978 Draft, paragraph 8.
31) Honnold, *supra* note 7, at 363-64.
32) 明細を提出する買主の義務は，第64条項(b)における物品の引渡しを受ける義務に含まれると考えられる。

第 6 章

危険の移転

第 1 節　危険負担の一般原則

　本条約の第3部第4章は，第66条から第70条までを費やして，危険の移転（passing of risk）について規定している。

　国際的な売買においては，危険はつきものである。本船の沈没，荷役中の事故など様々な理由で物品が滅失または損傷（loss or damage）[1]を蒙ることが少なくない。このような場合に損害を売主と買主の何れが負担するのであろうか？これが危険負担の問題である。

　本条約の下では，当事者の危険負担についての一般原則は，次の通りである。

① 当事者の合意があれば，それに従う（第6条）。
② 滅失または損傷が当事者の一方の作為または不作為（act or omission）によって起った場合には，かかる作為または不作為に責任のある当事者が損害を負担する。
③ 当事者の合意が存在せず，また，滅失または損傷が当事者の一方の責任によるものでない場合には，法律の規定で損害を何れかの当事者に負担させることになるが，本条約では第67条から第69条までの規定により，危険負担者を決定する。

　危険の移転とは，危険負担者が変ることを意味し，売買契約の場合には，契約前に危険を負担していた売主から買主へと取引の過程におけるある時点で危険負担者が変ることを売主から買主へ危険が移転すると表現する。上記の①と

②の場合には危険負担者がはっきりしているが，問題は，③の場合において，売主または買主の何れが損害を負担するのか，あるいは，いつの時点で売主から買主への危険の移転を認めるかである。これについては，各国で様々な立法主義が見られ，本稿では詳細には立入らないが，本条約において危険配分の基礎となっている考え方は，次の二つである。

① 危険負担者を所有権の所在によって決定せず，個々の状況に応じて個別に定めるアプローチを採用している。これは米国統一商法典の採用したアプローチと同じである。狭い問題解決型アプローチ（narrow issue approach）または類型的アプローチ（typological approach）と呼ばれている[2]。

② 貿易取引では，通常，物品には保険がかけられているので，売主と買主のどちらが保険会社に求償するのが実務的に見て一層容易かによって危険負担者を決定する。例えば，普通の場合，物品が到着した際，最も早く損害を発見するのは買主であり，買主が保険会社と交渉するのが実際的であるから，買主に危険を負担させるという考え方である。この危険配分のモデルは，従来の各国法では見られなかったもので，当事者の何れが危険を負担した方が便宜かによって危険負担者を決定することになる[3]。

危険が売主から買主に移転すると，買主はその後に滅失または損傷が発生しても，物品の代金を支払わなければならない（第66条）。但し，上述した通り，滅失または損傷が売主の作為または不作為による場合は，この限りではない。物品の滅失または損傷は，契約上の義務違反とは言えない売主の作為または不作為によっても起りうる。例えば，FOB契約では，通常，危険は物品が本船の手すりを越えた時に移転するが，売主が仕向港でコンテナを回収しようとして物品を傷つけることがある。この場合，物品への損傷は，契約違反ではなく，不法行為（tort）であるが，買主は代金の全額を支払う義務はなく，不法行為法によって計算される損害賠償額を代金から差引くことができると考えられる[4]。

危険が売主から買主に移転する前に，物品が滅失または損傷をうけた時は，売主は，滅失の場合は代替品を準備し，また，損傷の場合は修理等によって完全なものにしなければ，買主に対して責任を負う。これは，売主は危険移転の

時を基準として契約に適合した物品を買主に引渡す義務を負うことを意味し，本書では既に売主の義務に関して第36条について詳説した。

第2節　輸送を含む売買契約における危険の移転

　それでは，本条約の下では，当事者が別段の合意をせず，かつ，滅失または損傷が何れかの当事者の責任によるものでない場合に，危険はいつ売主から買主に移転するのであろうか？

　まず，第67条は売買契約が輸送を含む場合における危険の移転について定めている。1978年草案の第79条に対する事務局注釈によると，<u>売買契約は，売主が物品を積出すことが要求されているか，または，物品を積出す権限を与えられておりかつ事実積出しを行う場合に，物品の輸送を含むと言うことができる</u>。売買契約は，たとえその場所から運送人によって積出される必要があっても，買主が売主の営業の場所で物品の引渡しを受ける場合，または，買主が物品の積出しの手配を行う場合には，物品の輸送を含むとは言えない。[5]

　この定義は，表現がやや曖昧であるが，次のように解釈すべきものと思われる。

① 　買主が売主の営業の場所において物品の引渡しを受ける場合または買主が自ら輸送の手配を行う場合には，契約は輸送を含むとはいえない。インコタームズのEXW（Ex Works）契約はこの例である。国際貿易では買主が輸出国で売主から物品を引取り，自ら輸送の手配をすることは，極めてまれと言って良い。

② 　圧倒的多数の場合，物品の積出し手配は契約により売主によって行われ，物品は独立した運送人によって売主から買主へと輸送される。この場合，売買契約は物品の輸送を含むという。標準的取引条件でいうと，インコタームズのCIF, CFRなどの積地契約（place of shipment contracts）もDES (Ex Ship), DEQ (Ex Quay) などの揚地契約（destination contracts）も等しく物品の輸送を含む売買契約である。

物品の輸送を含む売買契約は，売主から買主へ危険が移転する時点を決める場合，本条約の下では次の三つのカテゴリーに分かれる。

① <u>売主が（積出地以外の）特定の場所で（買主または運送人に）物品を引渡す義務を負っていない場合。</u>

この場合には，危険は，売買契約に従って買主への輸送のために最初の運送人に物品が引渡された時に（when the goods are handed over to the first carrier）買主に移転する（第67条第1項第1文）。これは，売買契約が積出しの時に物品が存在している売主の営業地その他の場所からの物品の輸送を定めているが，輸送が始まる場所以外の場所で売主が買主または運送人に物品を引渡すことを要求されていない場合である[6]。

この規定について，まず注目されるのは，<u>危険は物品が運送人に引渡された時に移転する</u>ものとされており，実際に輸送手段に積込まれること，本船の手すりを越えることなどは必要とされていないことである。これは，最近の貿易取引では穀物，鉱石，石炭などのバラ積み貨物を除きコンテナによる輸送が多くなっており，陸海空何れの輸送手段による場合でも，積込みに先立って運送人のコンテナヤード，荷主の工場などで物品を運送人に引渡すのが普通となりつつあることを反映したものである。

また，この規定では，危険は物品が<u>最初の運送人に引渡された時</u>に移転するものとされているが，これは，買主への輸送が複数の運送人によって次々と引継がれて行われることを予想したものであって，同種または異種の輸送手段を用いて複数の運送人が行う「通し運送（through transport；through carriage）」に対応している。通し運送には，各運送区間で同一の輸送手段を用いる「単純通し運送（unimodal through transport）」と，各運送区間の輸送手段の種類が異なる「複合運送（combined or intermodal or multimodal transport）」があり，近年では，アメリカ・ランド・ブリッジ（海→陸→海），シベリア・ランド・ブリッジ（海→陸）などの国際複合運送が盛んとなっている。輸送は，単独の運送人によって行われることも多いが，もし複数の運送人によって行われる場合に

は，本条約の下では，最初の運送人に物品が引渡された時に危険は売主から買主に移転する[7]。

② 売主が（最初の積出地または最終仕向地以外の）特定の場所で運送人に物品を引渡す義務を負っている場合。

この場合には，物品が特定の場所で運送人に引渡されるまで（until the goods are handed over to the carrier at that place）危険は買主に移転しない（第67条第1項第2文）。これは，物品の輸送を含む売買契約で，売主が物品の最初の積出地または最終仕向地以外の場所（中間地点）で物品を運送人に引渡すことを求められている場合である[8]。例えば，日本の内陸の売主が"Carriage and Insurance Paid to NewYork"，すなわち，インコタームズのCIP New Yorkで契約し，物品を横浜港で船会社に引渡すことを約束したような場合で，売主は横浜港までの輸送を自らまたは第三者に依頼して行わねばならず，横浜港で物品を船会社に引渡すまでの危険は売主が負担する。この場合，内陸輸送をトラック会社に依頼するとすれば，船会社は「最初の運送人」ではなく，「第二の運送人」となるが，危険は船会社に引渡された時に移転する。

③ 売主が特定の仕向地で物品を買主に引渡す義務を負っている場合。

この場合には，後述するように第69条第2項の規定が適用されて，危険は，物品が仕向地に到着した後，引渡期日が到来し，かつ，物品がその場所で買主の処分に委ねられたという事実を買主が知った時に，買主に移転する。例えば，DES（Ex Ship）契約などの場合がこれに当たる。危険移転の厳密な時期について本条約の規定とインコタームズとの間に表現の差があるが，これについては後述する[9]。

さて，国際売買においては，売主は，契約上買主に信用を与えていない限り，買主が代金について為替手形の支払いまたは引受けを行うまで船積書類を担保として留保することが多い。しかし，このように売主が物品の処分権を支配す

る書類を留保する権限を持つ場合でも危険の移転には影響しない（第67条第1項第3文）。例えば，上記の①の場合，危険は最初の運送人への引渡しの時に移転し，その後売主が船積書類を留保して，買主に銀行経由代金決済を求めた時に，物品が既に滅失していても，買主は代金を支払わねばならない。この規定は，米国統一商法典第2-509条第1項(a)と軌を一にするが，英国動産売買法第18条の規則5(2)に反対の趣旨と解される規定があり，英法系の国々でかなりの混乱を招いているので，<u>危険は船積書類の留保如何にかかわらず移転することをはっきりさせるために設けられたものである</u>[10]。

なお，危険は，物品が荷印，船積書類，買主への通知その他によって契約の対象物として明瞭に識別されるまでは，買主に移転しない（第67条第2項）。これは，物品に事故が起った後に，実はこの物品は買主の買ったものであると売主が虚偽の主張をすることを防ぐための規定であるといわれている[11]。したがって，荷印などは契約の対象物であることをはっきりと示していれば十分と考えられる。1978年草案では，荷印として住所などの記載が要求されていたが，1980年のウィーン会議で削除された。何れにしても，物品が契約の対象として確定していなければ，危険は移転しようがないので，当然の規定であろう。

第3節　輸送中に売買された物品の危険の移転

輸送中に売買された物品についての危険は，契約締結の時から買主に移転する（第68条第1文）。この原則には，次の二つの例外が認められている。

① 周囲の状況がそのように示している場合には（if the circumstances so indicate），危険は，<u>運送契約を包含している書類を発行した運送人に物品が引渡された時から</u>（from the time the goods were handed over to the carrier who issued the documents embodying the contract of carriage），買主が負担する（第68条第2文）。

② もし売主が，契約締結の時に，物品が滅失または損傷を被っていることを知っており，または，知るべきであったが，これを買主に明らかにしな

かった場合には，滅失または損傷は，売主の危険に属する（第68条第3文）。

したがって，契約締結の時に物品が滅失または損傷を受けていることを売主が知らないか，または，知るべきでなかった場合には，<u>危険は契約締結の時に移転する場合と周囲の状況によっては物品が運送人に引渡された時に移転する場合との二つの場合がある</u>ことになる。しかし，物品が運送人に引渡された時から危険を買主が負担していることを示す周囲の状況とは，具体的に一体どのような状況を指すのであろうか？この点はあまりはっきりしていないが，ホノルドによると，例えば，当事者が被保険者の指図式で発行されかつ買主宛に裏書された保険証券を含む標準的な船積書類を買主に譲渡することによって取引を行った場合が，これに当るという。裏書によって，買主はその保険証券の下で請求権を行使できる唯一の者となるので，これは買主に航海の全体の危険を移転する意思の明瞭な証拠であるというのである。¹²⁾輸送中の物品の売買について困難なのは，物品に対する損害がいつ起ったのかという判定である。火災，嵐，貨車・トラックの衝突などのはっきりした事故の場合には，判定は容易であるが，水漏れや過熱などによる損害については，損害発生の時期を確定することは大変むずかしい。¹³⁾

そこで，本条約の1978年草案第80条では，このような困難を避けるために，「輸送中に売買された物品についての危険は，物品が…運送人に引渡された時から買主によって負担される」と，輸送の途中で売買されても，危険は　物品が輸送のはじめに運送人に引渡された時に遡及して買主に移転する旨を規定していた。ところが，1980年のウィーン会議では，発展途上国代表から危険が遡及して買主に移転するのは不合理であるという反対論が出て，議論が紛糾し，結局，妥協の産物として現在の第68条第1文の原則が追加され，多数決で承認された。¹⁴⁾

しかし，契約締結時を危険移転の時期とする原則に対して，どのような場合に例外①が適用され，物品が運送人に引渡された時に遡及して買主が危険を負担するのか，必ずしも明瞭でないので，この第68条の規定は，各国の裁判官

により恣意的に適用されるおそれがある。したがって，輸送中の物品を売買する当事者は，第 6 条を援用して，危険移転の時期を輸送の始めまたは終りとする旨を契約ではっきりと特約しておくことが望ましい。[15]

第 4 節　その他の場合における危険の移転

　本条約では，上述した第 67 条と第 68 条に該当しない場合には，危険は<u>買主が物品を引取った時に</u>（when he takes over the goods）買主に移転する（第 69 条第 1 項前段）。

　この規定が適用されるのは，買主が売主の営業の場所で物品の引渡しを受け，その後の必要な輸送を自ら手配する場合である。[16] 買主が売主の工場で物品を受取るインコタームズの EXW（Ex Works）契約の場合がこれに当たる。

　しかし，買主が売主の営業の場所で物品を受取る義務を負っており，かつ，売主が物品を買主の処分に委ねたにもかかわらず，買主が物品を適時に引取らなかった場合には，危険は，<u>買主が物品を引取らないことによって契約違反となった時から</u>（from the time when the goods are placed at his disposal and he commits a breach of contract by failing to take delivery）買主に移転する（第 69 条第 1 項後段）。1978 年草案の事務局注釈には，次のような例が挙げられている。[17]

　　［例 81A］　買主は売主の倉庫で 7 月中に 100 箱のトランジスターの引渡しをうけることになっていた。7 月 1 日，売主は 100 箱に買主の名前を付け，倉庫の積出し準備完了品に当てられた場所に置いた。7 月 20 日，買主は 100 箱の引渡しを受けた。したがって，危険は，7 月 20 日，物品が買主によって引取られた瞬間に，買主に移転した。

　　［例 81B］　例 81A で述べた契約において，買主は 8 月 10 日まで 100 箱を引取らなかった。危険は，買主が引渡しを受けなかったために契約違反となった瞬間，すなわち，7 月 31 日の営業終了時に買主に移転した。

　　［例 81C］　例 81A で述べた契約において，売主は，買主が 7 月中いつ

でも引渡しを受けることができるように100箱を準備しておくべきであったが，9月15日まではどの箱も買主の名前をつけたり，または，その他の方法で契約に充当されなかった。買主は9月20日に引渡しを受けたが，これは物品の準備ができている旨通知をうけてから合理的な期間内であった。危険は，買主が物品の引渡しを受けた時，すなわち，9月20日に買主に移転した。この結果が，例81Bの結果と異なるのは，買主は9月20日以前に引渡しを受けなくても契約違反ではなかったからである。

このように，本条約は物品が売主の営業の場所にあって売主が物品を物理的に占有している場合には，たとえ物品が買主の処分に委ねられていても，買主が実際に物品を引取るか，または，契約で定められた買主の引取期間が経過するまでは，売主が危険を負担するものとしている。これは，売主の占有下にある物品は，売主が管理するのが最善であり，売主が物品に保険を付け，事故があれば求償するのが自然であるとの考え方に基くものである[18]。

しかし，物品が売主の営業地以外の場所にある場合には，事情が違ってくる。この場合には，物品は第三者の管理下にあるので，売主は買主に比較して特に物品を良く管理できる立場にあるわけではなく，付保・求償についても両者に差はない。したがって，本条約は，買主が第三者の管理している物品を引取ることのできる立場に立った時に危険が移転するものとした[19]。すなわち，買主が売主の営業地以外の場所で物品を引取る義務を負っている場合には，危険は，引渡期日が到来し，かつ，物品がその場所で買主の処分に委ねられたという事実を買主が知った時に (when the delivery is due and the buyer is aware of the fact that the goods are placed at his disposal at that place) 移転する（第69条第2項）。この場合，危険は，買主による実際の物品の引取りに先立って，また，引取期間が経過していなくても，物品が買主の処分に委ねられたことを買主が知った時に移転する。なお，この第69条第2項の規定は，売主が輸送の終りに仕向地で物品を買主に引渡す義務を負っている場合にも適用される。これは，上述した物品の輸送を含む売買契約の第三のカテゴリーに相当する。例えば，インコ

タームズの DES（Ex Ship）契約は，その典型的な例である[20]。

物品は，買主が引渡しを受けるのに必要な行為を売主が完了した時に，買主の処分に委ねられたということができる。通常，これには，引渡しの対象となる物品の識別，売主の行う梱包などの引渡前の準備，および，買主への通知が含まれる[21]。物品が契約の対象として識別されていない場合には，明瞭に識別されるまでは，買主の処分に委ねられたとはみなされず（第69条第3項），したがって，危険も買主に移転しない。

ここでウィーン売買条約における物品の危険移転の時期をとりまとめて，表にすると次の通りである。

ウィーン売買条約における物品の危険移転の時期

	前提条件	条文	買主への危険移転の時期
物品の輸送を含む契約	売主が特定の場所で引渡す義務を負っていない場合	第67条第1項第1文	最初の運送人に引渡された時
	売主が特定の場所で運送人に引渡す義務を負っている場合	第67条第1項第2文	運送人に引渡された時
	売主が特定の仕向地で買主に引渡す義務を負っている場合	第69条第2項	引渡しの期日が到来し，かつ，物品が買主の処分に委ねられた事実を買主が知った時
輸送中の物品の売買	原則	第68条第1文	契約締結の時
	周囲の状況が運送人に引渡された時から買主が危険を負担していることを示している場合	第68条第2文	運送人に引渡された時
その他の場合	買主が売主の営業の場所で物品を引取る義務を負っている場合	第69条第1項	買主が物品を引取った時，または，物品が買主が適時に引取らず，契約違反となった時
	買主が売主の営業の場所以外の場所で物品を引取る義務を負っている場合	第69条第2項	引渡しの期日が到来し，かつ，物品が買主の処分に委ねられた事実を買主が知った時

第5節　売主に契約違反があった場合の危険の移転

　買主が適時に物品を引取らないことにより契約違反を犯した場合の危険の移転については，第4節で述べた通りであるが，本条約は第3部第4章の最後に売主の契約違反と危険の移転との関係について，もし売主の違反が契約の重大な違反に当る場合には，第67条，第68条および第69条の規定は，その違反を理由に買主が援用できる救済を害しない旨を規定している（第70条）。したがって，買主は，売主の違反が重大な違反に相当する場合には，第67条，第68条および第69条の下で危険が買主に移転した後，物品が滅失または損傷を蒙った場合でも，第46条第2項により代替物の引渡しを売主に要求することができるし，また，第49条第1項(a)により契約の解除を宣言することができる。[22]

　1978年草案の事務局注釈には，次の様な例が見られる。[23]

［例82A］契約は例81Aと同じであった。買主は7月中に売主の倉庫で100箱のトランジスターの引渡しを受けることになっていた。7月1日，売主は100箱に買主の名前を付け，倉庫の積出し準備完了品に当てられた場所に置いた。7月20日，買主は100箱の引渡しを受け，代金を支払った。したがって，第69条第1項（1978年草案の第81条第1項）の下で危険は7月20日に買主に移転した。7月21日，買主が第38条（同じく第36条）の下で要求されている検査をする前に50箱が火災によってこわれてしまった。買主が残りの50箱の中味を検査したところ，トランジスターは，契約に合致しておらず，不合致の程度は契約の重大な違反を構成するものであった。危険が移転した後に発生した火災のため買主は100箱全部を返却することはできないけれども，契約を解除して，支払った代金を回復することができた。

　第67条，第68条および第69条の規定によって買主に移転した危険は，売主に重大な違反がある場合には，第70条によって買主が契約の解除を宣言すれば遡及して売主に戻ることになり，上記の例で言えば，売主は契約に適合し

ていないことが判明した50箱の代金のみならず，火災にあった50箱の代金も返済しなければならない。このように契約の解除宣言は，危険を売主に戻すという強力な効果を持つが，売主に重大な違反がある場合に買主に与えられているもう一つの救済である代替物の引渡要求（第46条第2項）の場合には，契約不適合の50箱分については代替品を要求できるが，火災にあった50箱については買主が損害を負担しなければならないという欠点がある。これは，第70条が売主に重大な違反がある場合には危険は売主に残ると規定せず，買主の救済を害しないと定めているからである。代替品の引渡しを要求する場合には，危険は買主に移転したままとなっていると解釈せざるをえない。買主がこのような結果を避けようとすれば，契約を解除する以外ない。これでは，何とか契約を救おうという意思のある買主の善意が活かされないという意見もあり，ホノルドは，ウィーン会議で，このような場合，買主が契約の解除を宣言する権利を持つ限り危険は買主に移転しない旨の修正を提案したが，受け入れられなかった。[24]

なお，売主の契約違反が重大な違反に相当しない場合には，買主は，契約の解除を宣言することはできないから，第67条，第68条および第69条の規定によって買主に移転した危険を売主に戻す手段はないが，売主に欠陥品の修理（第46条第3項），代金の減額（第50条）または損害賠償（第74条－第77条）を要求することができる。[25]

第6節　危険の移転に関するインコタームズの規定

ウィーン売買条約は，上述した通り，危険の移転について，極めて一般的な簡潔な規定を設けているに過ぎないが，国際商業会議所制定のインコタームズには一層詳しい規定がある。本条約の下では，第6条の当事者自治の原則により，本条約の規定を変更できるので，当事者は契約で特約することにより，インコタームズを採用することが望ましい。インコタームズ2000の規定する各取引条件における危険移転の時期は，下記の表の通りである。危険の移転につ

いてのウィーン売買条約とインコタームズの規定が異なる場合には，契約で採用したインコタームズの規定が優先する。

インコタームズ 2000 における物品の危険移転の時期

インコタームズ 2000 の標準的取引条件	危険移転の時期（物品が下記の状況におかれた時危険が買主に移転する）
EXW	売主の施設で買主の処分に委ねられた時
FCA	運送人に引渡された時
FAS.	船側で引渡された時
FOB	本船の手すりを通過した時
CFR	同　　上
CIF	同　　上
CPT	運送人に引渡された時
CIP	同　　上
DAF	国境で買主の処分に委ねられた時
DES	本船上で買主の処分に委ねられた時
DEQ	埠頭上で買主の処分に委ねられた時
DDU	仕向地で買主の処分に委ねられた時
DDP	同　　上

各取引条件について，さらに詳しく述べると，次の通りである。

[EXW]

この条件では，売主は，自己の施設で物品を買主の処分に委ねればよく，引取りのための輸送手段の手配は買主が行う。したがって，EXW 条件は，物品の輸送を含む契約ではない。この契約は，ウィーン売買条約の第 69 条第 1 項が規定する「買主が売主の営業の場所で物品を引取る義務を負っている場合」に該当するので，買主への危険移転の時期は，

買主が物品を引取った時，または，物品が買主の処分に委ねられたが，買主が適時に引取らず，契約違反となった時

である。

しかし，インコタームズの EXW 条件では，危険は

物品が買主の処分に委ねられた時

に移転するものとされている。すなわち，インコタームズでは，買主が実際に物品を引取っていなくても，また，引取期間が経過していなくても，買主の処分に委ねられた時に移転することになるので，両者間に相違がある。契約で「危険は買主が実際に物品を引取った時に移転する」旨合意しておくことが望ましい。

FCA・FAS・FOB

これらの条件では，いずれも運送契約は買主が手配するものとされており，物品の輸送を含む契約ではない。ウィーン売買条約では第69条第2項の「買主が売主の営業の場所以外の場所で物品を引取る義務を負っている場合」に該当し，危険は，

> **引渡しの期日が到来し，かつ，物品がその場所で買主の処分に委ねられた事実を買主が知った時**

に買主に移転する。

しかし，インコタームズでは，物品が

FCA：運送人に引渡された時
FAS：船側で引渡された時
FOB：本船の手すりを通過した時

に買主に移転する。

CFR以下の9条件

これらの条件では，売主が運送契約を手配するので，何れも輸送を含む契約である。

さらに，このうちCFR・CIF・CPT・CIPの4条件は，「売主が特定の場所で物品を引渡す義務を負っていない場合」に該当し，ウィーン売買条約では，第67条第1項第1文により，

> **物品が最初の運送人に引渡された時**

に危険が移転する。
　一方，インコタームズでは，危険移転の時期を
　　CFR と CIF については，**物品が本船の手すりを通過した時**
　　CPT と CIP については，**物品が運送人に引渡された時**
としている。
　DAF 以下の5条件は，「売主が特定の仕向地で買主に物品を引渡す義務を負っている場合」に該当し，ウィーン売買条約では，第69条第2項により，
　　引渡しの期日が到来し，かつ，物品がその場所で買主の処分に委ねられた事実を買主が知った時
に危険が移転する。
　一方，インコタームズでは，DAF, DES および DEQ 条件のそれぞれで，国境，本船上および埠頭上において，また，DDU と DDP 条件では仕向地において，
　　物品が買主の処分に委ねられた時
に危険が買主に移転するものとされている。売主の通知により物品が買主の処分に委ねられた事実を買主が知った時に物品ははじめて買主の処分に委ねられたものと考えれば，両者に差異はないといえる。

第7節　日本民法との比較

　わが国の民法は，第534条第1項で「特定物ニ関スル物権ノ設定又ハ移転ヲ以テ双務契約ノ目的ト爲シタル場合ニ於テ其物カ債務者ノ責ニ帰スヘカラサル事由ニ因リテ滅失又ハ毀損シタルトキハ其滅失又ハ毀損ハ債権者ノ負担ニ帰ス」と規定している。この規定は危険負担における債権者主義を定めたもので，所有権の移転を目的とする双務契約である売買契約に適用される。危険負担における債権者主義とは，双務契約の締結後に当事者の一方の債務が，債務者の責に帰すべからざる事由によって履行不能となり消滅した場合に，他方の当事者の債務は存続するとするもので，消滅した債務の債権者は反対給付を受ける

ことなく自己の債務のみを履行せねばならないから，債権者が危険を負担することになる。これに対して，他方の債務も消滅するとすれば，履行不能となった債務の債務者は，反対給付を受けることなく，損失を甘受せねばならないから，債務者が危険を負担することになり，これを危険負担における債務者主義という[26]。第534条第1項を物品の売買契約に当てはめると，特定物の売買において物品が売主の責に帰すことのできない理由で滅失または損傷を蒙った時は損失は買主が負担することになる。そして，この規定の下では，物品の引渡しがなくても契約締結時から買主が危険を負担すると解され，起草者もそのように考えていたようである[27]。

一方，民法は，不特定物の売買については，第534条第2項で「不特定物ニ関スル契約ニ付テハ第401条第2項ノ規定ニ依リテ其物ガ確定シタル時ヨリ前項ノ規定ヲ適用ス」と定めており，目的物が特定した時に危険が買主に移転する。

このように，わが国の民法では，特定物の売買では，契約の締結時に，また，不特定物の売買では，目的物が特定した時に，危険が売主から買主に移転するものとしているが，民法の採る債権者主義に合理的な根拠なしとして批判的な最近の学説は，物品の引渡しの時から第534条第1項が適用され，買主が危険を負担すると解している[28]。この解釈によると，引渡しがなされる迄は売主が危険を負担し（第536条第1項），引渡しを境にして危険は買主に移転することになる。また，売主が弁済提供しても買主が受取らない場合には引渡しが実現しないが，この場合には「債権者ノ責ニ帰スベキ事由」に当たる買主の受領遅滞によって民法第536条第2項により危険が買主に移転すると解している[29]。

しかし，このような学説には民法の明文に照らして解釈論としてかなりの無理があり，判例にも採用されるに至っていない[30]。ただ，契約の締結，または，目的物の特定だけでは，未だ物品の引渡しを受けていない買主は[31]，物品を自己の支配下に納めておらず，使用・収益もできないのに何故に危険を負担しなければならないのか，債権者主義が合理的根拠に乏しいことは，学説の主張する通りであるから，実務的には当事者は第534条と異なる特約により物品の引渡

しの時に危険が移転する旨合意することが多い。民法第534条は任意規定であるから当事者がこれと異なる特約をすることは可能だからである。半田教授が述べておられるように,「民法534条1項は法文上もまた沿革上も明らかに引渡主義とは対蹠的な原則である買主負担主義を定めているにもかかわらず,同法条から引渡主義を解釈論として導き出すというのは,制定法規を無視することになり,解釈論として妥当でないと批判されうる。より率直には534条1項の定めている買主負担主義が適用されないで,当事者間の合意または慣行に基いて引渡主義が導入されているというべきであり,民法典の定めている危険負担原理が合理的ないわば生ける法によって有名無実化されているとみる方が正しい。」[32]と考えられる。

　要するに,契約締結の時(特定物)または目的物特定の時(不特定物)に危険が移転すると定めている民法の規定は,実務的に受入れ難いので,当事者が特約によって物品の引渡しの時に危険が移転する旨合意しているというのが,商取引の現状である。このような現状を踏まえて,ウィーン売買条約の危険移転に関する規定を見ると,輸送中の物品の売買という特殊な場合を除き,契約が輸送を含むか否かによって,物品の運送人への引渡しの時,あるいは,買主の引取りの時または買主が受領遅滞となった時もしくは物品が納期に買主の処分に委ねられたことを買主が知った時に危険が移転するものとされており,きわめて合理的で取引の実情にも合致している。国際売買の当事者は,ウィーン売買条約の規定をベースとしつつ,更にインコタームズの採用により一層厳密な危険移転の時期を特約することによって商取引を円滑に遂行することができよう。

【注】
1)　日本の民法では,「滅失又ハ毀損」という表現が用いられている(民法第534条)。
2)　B. von Hoffman, "Passing of Risk in International Sales of Goods," in Sarcevic and Volken, *International Sale of Goods*: *Dubrovnik Lectures* 278 (1986), New York : Oceana Publication).
3)　*Id.* at 297-98.

4) The Secretariat Commentary on Article 78 of the 1978 Draft, paragraph 6.
5) The Secretariat Commentary on Article 79 of the 1978 Draft, paragraph 2.
6) *Id.* at paragraph 4.
7) 本条約の第 67 条および第 68 条では，物品の運送人への引渡しについて hand over という表現が用いられている。
   J. O. Honnold, *Uniform Law for International Sales under the 1980 United Nations Convention* 376（1987）, Deventer：Kluwer.
8) The Secretariat Commentary on Article 79 of the 1978 Draft, paragraph 7.
9) *Id.* at paragraph 8.
10) *Id.* at paragraphs 9 & 10. Honnold, *supra* note 7, at 377.
11) Honnold, *supra* note 7, at 378.
12) *Id.* at 380.
13) *Id.* at 379.
14) A. H.Kritzer, *Guide to Practical Applications of the United Nations Convention on Contracts for International Sale of Goods* 447（1889）, Deventer：Kluwer.
15) *Id.* at 448. Honnold, *supra* note 7, at 372.
16) The Secretariat Commentary on Article 81 of the 1978 Draft, paragraphs 1 & 2.
17) *Id.* at paragraph 3.
18) *Id.* at paragraph 4. Honnold, *supra* note 7, at 382.
19) The Secretariat Commentary on Article 81 of the 1978 Draft, paragraphs 5 & 6.
20) Honnold, *supra* note 7, at 384.
21) The Secretariat Commentary on Article 81 of the 1978 Draft, paragraph 7.
22) The Secretariat Commentary on Article 82 of the 1978 Draft, paragraph 2.
23) *Id.*, Example 82A.
24) *Official Records*, Ⅱ, 407-408, First Committee Deliberations, 32nd Meeting.
    Honnold, *supra* note 7, at 388.
    Nicholas, in C. M. Bianca & M. J. Bonell, *Commentary on the International Sales Law, The 1980 Vienna Sales Convention* 510（1987）, Milan：Giuffre.
25) *Id.* at 508-509.
26) 谷口知平編『注釈民法（13），債権（4）』283 頁（有斐閣，昭和 41 年）。
27) 民法修正案理由書 532 条参照。
28) 鈴木・髙木編『動産売買法』107-108 頁（有斐閣，昭和 51 年）。
29) 同上，108 頁。
30) 判例は一貫して第 534 条を厳格に適用している。最判昭和 24 年 5 月 31 日民衆 3 巻 6 号 228 頁（蚊取線香売買事件）。
31) 不特定物売買における目的物の特定は目的物の引渡しによって生ずると主張する学者もある。（鈴木・髙木編，前掲書，113 頁参照。）鉱石，穀物などのいわゆるバラ積み貨物については，たしかに引渡しによって目的物が特定することになろう。しかし，一般の製品については，引渡しに先立って荷印を付すなどの作業により目的物が特定することが多いと思われる。この場合，契約の締結→目的物の特定→引渡しという順序を経て，契約が履行されることになる。
32) 半田吉信「危険負担」98 頁（編集代表　星野英一『民法講座，5 契約』（有斐閣，1985 年）所収。）

第7章

売主と買主の義務に共通の規定

第1節 期限前の契約違反および分割引渡契約

　本条約第3部の第5章は売主と買主の義務に共通の規定に当てられており，その第1節（第71条－第73条）は履行期限前の契約違反（Anticipatory Breach）と分割引渡契約（Installment Contracts）について定めている。これらの規定は，実務上，契約履行の微妙な場面を反映しており，貿易実務家にとっては大変重要と思われる。

1. 履行の停止
　当事者は，契約の締結後，他の当事者が次の事由の結果としてその義務の実質的な部分を履行しないことが明らかとなった場合には，自己の義務の履行を停止することができる（第71条第1項）。
　(a) 履行能力または信用の重大な欠陥。
　(b) 契約履行の準備行為または履行行為。
　この規定は，両当事者の何れか一方による契約不履行のおそれが客観的に明らかな場合，例えば，次のような場合に適用される。[1]
　① 売主が後日支払いを受ける条件で買主に物品を引渡すことに同意していたが，物品の引渡前に買主が支払不能に陥るなど支払能力のないことがはっきりした場合。この場合，売主は物品の引渡しを停止することができる。
　② 買主が前金を支払うことに同意していたが，売主が支払不能に陥るか，

または，その他の事情で，物品を引渡さないことが明らかとなった場合。

この場合には，買主は支払いを停止できる。

また，この規定は，当事者に単に物品の引渡しまたは代金の支払いの停止を認めるだけでなく，物品の引渡しまたは代金の支払いを可能にする準備行為の停止をも認めているものと解される。例えば，契約を履行するために売主が物品の買付けまたは生産をする必要がある場合に，買主が代金を支払えないことがはっきりしたときは，売主は物品の買付けまたは生産を停止することができる。また，売主が物品の引渡しを実行できないことが明らかとなったときは，買主は信用状の開設などの支払いへ向けての準備措置を停止することができる。しかし，この規定の下では，売主は買主への引渡しを停止した物品を他へ処分することはできないし，また，買主は売主への支払いを停止した資金を使って他から物品を購入することはできない[2]。このような救済は，契約が解除された場合にのみ与えられるもので，後に第75条について詳述する。

次に，具体的にどのような事由の結果として義務の履行の停止が認められるかであるが，これについてベネットは次のような例を挙げている[3]。

① 売主の履行能力の欠陥

売主の工場での生産がストライキによって停っており，それがかなりの期間続くと予想される場合，買主は，前金の支払い，信用状の開設などを停止することができる。

② 買主の信用の欠陥

買主の売主への支払いが他の契約で遅延している場合，買主の信用の重大な欠陥を示すものとされ得る。このような欠陥の結果，売主が契約上他から買付けて供給しなければならない物品に対する代金を買主が支払わないことが明らかとなった場合には，売主は物品の買付けおよび供給を停止できる。

③ 契約の履行行為

売主が最近他の顧客に供給した製品に欠陥があり，それが売主の使用している原料に基因している場合に，売主がもし同じ原料を使用した製品を買主にも供給しようとしているときは，買主は自己の義務の履行を停止できる。

ところで，第71条第1項では，上述の通り当事者は相手方が契約上の義務の実質的な部分を履行しないことが「明らかとなった（becomes apparent）」場合に，自己の義務の履行を停止できるものとされているが，1978年草案の第62条第1項では，契約の履行能力の悪化などが，相手方が契約上の義務の実質的な部分を履行しないとの「結論を下すに十分な根拠を与える（gives good grounds to conclude）」場合に，義務の履行を停止できると定めていた。しかし，1980年のウィーン会議では，発展途上国の代表から，これでは当事者の一方が主観的に十分な根拠があると判断すれば一方的に義務の履行を停止できるとの反対論が出た。すなわち，エジプトのシャフィク代表は，まず，第62条と第63条（重大な違反が明瞭な場合の契約解除宣言を定めている）は発展途上国にとってきわめて重要であると述べた後，「エジプト代表団の意見では，状況についての純粋に主観的な評価だけで，かつ，裁判所の何の監督もなしに，当事者が義務から身を引く権限を持つのは，大変危険である」と規定をより客観的なものに改めることを主張した。そして，議論の末，10カ国からなるワーキング・グループで作成した妥協案が本条約の第71条として採用された。したがって，「明らかになった」場合というのは，履行を停止する当事者の単なる主観的な判断ではなく，不履行の高い確率を示す客観的な根拠の存在が必要と解される。実際問題としては履行の停止を決定する当事者の判断にはある程度の主観的要素が入って来ざるを得ないが，履行の停止が認められるためには，かかる判断は適当な客観的事実に裏付けられていなければならない。

また，第71条第1項の下では，履行の停止は，「相手方が義務の実質的な部分（a substantial part of his obligation）」を履行しないことが明らかとなった場合に認められるが，本条約は実質的な部分とは何かについて規定していない。しかし，重大な違反が明瞭な場合に履行期限前でも契約の解除宣言を認めている第72条との比較において，実質的な部分とは，契約の重要な部分ではあるが，かならずしもその違反が重大な違反（第25条）を構成する程重要なものでなくても良いと解される。

なお，義務の履行の停止を定めている第71条第1項に対して，第72条第1

項では契約の解除宣言という一層強い救済を認めているので，両者の表現には意図的に差がつけられており，第72条の方が強い表現となっている。

	英文テキスト	仏文テキスト
第71条 第1項	it becomes apparent that the other party will not perform a substantial part...	il apparaît... que l'autre partie n'exécutera pas une partie essentielle...
第72条 第1項	it is clear that one of the parties will commit a fundamental breach ...	il est manifeste qu'une partie commettra une contravention essentielle...

すなわち，両者の英文及び仏文のテキストを比較すると，上の表の通りであるが，両者の差は特に仏文のテキストではっきりしている。第71条の"il apparait（明らかになる）"は"il est etabil（確かである）"と同義で，客観的な意味を持っていると言われているが，一方，第72条では，"il est manifeste（明白である）"という一層強い表現が使用されている。[8]

2. 売主の運送品差止め

本条約は，次いで，第71条第1項で述べた根拠がはっきりする前に売主が物品を発送済の場合には，たとえ買主が彼に物品を取得する権利を与える書類を保有していても，買主への物品の引渡しを差止めることができる旨を規定している（第71条第2項第1文）。但し，この規定は，買主と売主との間における物品についての権利のみに関するものである。（同第2文）。

この規定が適用されるのは，

① 代金の支払いを受けられないおそれがあることが，物品の発送後，しかし，物品が買主に引渡される前に判明し，かつ，

② 売主が流通可能船荷証券の留保などによって物品への支配権を留保していない場合に限られる。[9] 売主が買主を信用して代金を後日払として船荷証券を引渡したが，物品が仕向地へ着く前に買主の支払不能を知った場合が，典型的な例となろう。この場合，売主は，たとえ買主が船荷証券を持って

いても，また，当初，買主に後日払を認めた場合でも，買主との関係においては，運送人に対して買主へ物品を引渡さないよう指示することができる[10]。しかし，この規定は，買主と売主との間における物品に対する権利関係についてだけ適用されるので，物品の引渡請求権を買主に与える運送証券を買主が持っている場合に，売主から指示を受けた運送人がその指示に従うべきか否かは，運送手段の種類によりそれぞれに適用される条約および国家法による[11]。また，第4条(b)により，本条約は，契約が売買された物品の所有権に与える効果には関与しない，とされているので，第三者が買主から物品に対する権利を取得した場合に，果して第三者の権利が売主の運送品差止権に優先するか否かについては，適用される国家法によって判断される[12]。

3. 履行停止の通知および履行の確約

本条約は，続いて，物品の発送の前後を問わず，履行を停止した当事者は，直ちに相手方に対しその旨を通知しなければならない，と規定している（第71条第3項前段）。これは，本条の第1項により履行を停止した当事者も，また，第2項により運送中の物品を差止めた当事者も，直ちに相手方に通知しなければならないことを意味する。そして，もし相手方が義務の履行について適当な確約（adequate assurance）を与えた場合には，履行を停止した当事者は，履行を継続しなければならない（第71条第3項後段）。

問題は，どのような確約なら適当と言えるかであるが，

① 相手方が事実義務を履行するであろうこと，または，
② 履行を停止した当事者が履行を進めることによって蒙る全ての損害が補償されるであろうこと

について合理的な保障を与えるものでなければならない[13]。

1978年草案第62条の事務局注釈には，次のような例が挙げられている[14]。

[例62E] 売買契約によると、買主は物品が買主の営業地に到着した後、30日目に代金を支払うことになっていた。契約締結後、売主は買主の信用状態に関する情報を入手した。それは売主に第1項の規定に従って履行を停止することを許すものであった。売主が履行を停止して買主にその旨を通知したところ、買主は、
　① 書類と引換えに支払うという新しい支払条件、
　② 信用のある銀行の開設する信用状、
　③ 買主が支払わない場合には代って支払う旨の信用ある銀行その他による保証、または、
　④ 売主への償還を確実にする買主所有の十分な物品に対する担保利益の何れかを提供した。これらの4つの申し出の何れもが多分売主に支払いについての適当な確約を与えるものと言えると思われるので、売主は履行の継続を要求されるだろう。

　[例62F] 売買契約は、買主がハイテク機械の組立てに使用する精密部品の引渡しを要求していた。売主が期日に必要な品質の物品を引渡さないと、買主に大きな損失をもたらすことが予想された。買主はその部品を他社に製造させることはできるが、その場合には契約に署名してから最低6ヶ月を要した。契約によると、買主は、売主が物品を製造している期間中に時々代金を前払いすることになっていた。買主は、売主が納期に引渡しできないだろうという情報を入手したとき、売主に支払いを停止する旨通知した。売主は、契約通りの品質の物品を納期に引渡すと書面で確約し、かつ、もし義務を履行しなかった場合には契約によってなされた全ての支払いの償還について銀行保証を提供した。この場合、売主は履行について適当な確約を与えてはいない。履行する旨の売主の言明は、売主が納期に引渡さないだろうという情報についての十分な説明を伴わなければ、単に契約上の義務を繰り返して述べているにすぎない。契約上の支払いの償還についての銀行保証の提供も、契約の期日に物品を必要とする買主にとっ

> ては適当な確約とは言えない。

当事者の一方が義務の履行を停止すると、次の何れかが起こるまでは履行停止の状態が継続する[15]。

① 相手方による義務の履行→この場合、履行を停止した当事者は履行を継続しなければならない。
② 相手方による適当な履行の確約→この場合も履行が継続されることになる。
③ 履行を停止した当事者による契約解除宣言（第25条、第49条、第64条、第72条および第81条）→契約が解除されれば、契約上の義務は消滅する。

一方の当事者が義務の履行を停止して相手方に通知しても、相手方が自己の義務を履行せず、また、履行の確約もしない場合には、期限前または期限後に重大な違反を理由に契約の解除が宣言されることが多いと思われる[16]。

もし、相手方が適当な確約をしなかったために履行を停止した当事者が損害を蒙った場合には、契約の解除宣言の有無にかかわらず、損害賠償を請求することができる。上の例で、［例62F］の買主が契約の解除を宣言して、代品を他社から高い価格で買った場合には、契約価格と他社からの買値との差額を求償できる[17]。

4. 期限前の契約解除宣言

契約の履行期日に先立って、当事者の一方が契約の重大な違反を犯すことが明白な場合には、他の当事者は契約の解除を宣言することができる（第72条第1項）[18]。将来における重大な違反は、契約の履行拒絶（repudiation）を構成する当事者の発言または行為によって明白なこともあるし、また、将来の履行を不可能にする火災による売主の工場の焼失や輸出禁止・金融制限の実施などの客観的事実によって明白なこともある。履行停止の通知を受けた当事者が第71条第3項により適当な確約を与えなければ、重大な違反を犯すことが明白と解釈され得る[19]。

138　第7章　売主と買主の義務に共通の規定

　この規定にしたがって契約の解除を宣言しようとする当事者は慎重に行動しなければならない。というのは，もし期日が来たときに事実として重大な違反が存在しなければ，はじめの期待は明白ではなかったことになり解除宣言そのものが無効となる。このような場合，契約を解除しようとした当事者は彼自身の不履行について契約違反に問われることになりかねない。[20]

　次に，もし時間が許せば（if time allows），契約の解除を宣言しようとする当事者は，他の当事者が履行について適当な確約を行うのを許すため，他の当事者に合理的な通知をしなければならない（第72条第2項）。但し，この要求は，他の当事者が自己の義務を履行しないと宣言した場合には，適用されない（第72条第3項）。

　この第72条の第1項は，1978年草案の第63条と同じと言ってよいが，[21] 第2項と第3項は1980年のウィーン会議で追加された。ウィーン会議では，発展途上国の代表は1978年草案の第62条と同様に，第63条についても濫用されるおそれがあると指摘し，契約の解除を宣言しようとする当事者は，相手方が適当な履行の確約をするのを許すために，相手方に契約の解除を宣言しようとする意思を事前に通知すべきである，と主張した。先進国の代表は，履行の停止と契約を解除する権利とを混同しているとして，これに反対したが，結局ワーキング・グループによる妥協案が作成され，相手方に適当な確約をする機会を与えるために事前の通知を必要とすると共に，この通知は時間が許す場合，すなわち，時間的余裕がある場合だけに行えばよいものとした。これが第2項である。しかし，例外として，もし相手方が義務を履行しないことを宣言した場合には，事態ははっきりしているわけであるから，通知は必要ないものとする第3項が追加された。[22]

5.　分割引渡契約における解除宣言

　次に，本条約は，契約が物品の分割引渡しを定めている場合における契約を解除する権利について規定している（第73条）。契約は，別々の荷口で物品を引渡すことを要求しているか，または，このような引渡しが認められている場

合に，分割引渡しを定めていると言うことができる[23]。例えば，鋼材 120 トンの契約で，40 トン宛 3 回にわけて船積みする場合などが，これに当たる。

分割引渡契約においては，一つまたはそれ以上の引渡分について当事者に契約違反があると，他の当事者に次のような影響を与える。

① その引渡分に対する影響
② 将来引渡される部分に対する影響
③ 既に引渡された部分に対する影響

第 73 条の各項はこれらのおのおのに対応している[24]。

まず，当事者は，他の当事者が一つの引渡しについて重大な違反を犯した場合，その部分について契約の解除を宣言することができる（第 73 条第 1 項）。1978 年草案の第 64 条に対する事務局注釈には，次のような例が挙げられている[25]。

［例 64A］契約は第 1 等トウモロコシ 1,000 トンを 10 回に分割して引渡すことを要求していた。第 5 回分が引渡された時，そのトウモロコシは人間の消費には適さなかった。契約全体から見れば，一つの引渡しにこのような欠陥があっても全契約について重大な違反を構成するとは言えないが，買主は第 5 回目の引渡分については契約を解除することができる。結果として，契約は事実上 900 トンの引渡契約に修正され，代金もそれに比例して減額されることになる。

分割引渡しの各々の部分が，例 64A の場合のように他の部分と独立して使用可能，または，転売できる場合には，一つの部分についての違反が重大か否かを決定するのに，特に困難はない。これに対して，各部分が不可分の全体の一部である場合には，困難なことがあり得る。例えば，大きな機械の売買で，いくつかのセグメントにわけて出荷され，買主の営業地で組立てられるような場合が，これに当たる。このような場合には，或る引渡分についての違反が重大か否かの決定は，個々の引渡分の欠陥が修理または取替えによって容易に救済され得るか否かという点を含め，契約全体から見て買主が蒙る損害に照らして行われなければならない。もし違反が重大であり，かつ，各部分の相互依存関係（interdependence）の故に，既に引渡された部分または今後引渡される部

分が，契約締結時に当事者が考えていた目的に使用できない場合には，買主はこれらの引渡分について契約の解除を宣言することができる（第73条第3項）[26]。

次に，当事者の一方が或る引渡分について契約上の義務を履行しなかった場合に，将来の引渡分について重大な違反が起こるであろうと他の当事者が結論を下す十分な根拠がある（good grounds to conclude）ときは，将来にわたり契約の解除を宣言することができる（第73条第2項）。

ここで注意しなければならないのは，第73条第2項の下で分割引渡契約の将来にわたる履行分について契約を解除することが許されるのは，重大な違反が起るだろうと結論を下す十分な根拠があれば良く，第72条の下で要求されているように将来契約の重大な違反のあることが明白（clear）でなくてもよいことである[27]。これは第72条より寛大かつ主観的であるが，一部の引渡分について契約違反が既に発生しているからであると解される[28]。また，第73条第2項の下で，契約を解除することができるかどうかは，一つの引渡分が履行されなかったことが，相手方に将来の引渡分について重大な違反があるであろうと心配させる十分な理由を与えるかどうかによって決まる。この判断は，現在或る部分について起っている違反の重大さによるというより，違反が続発して，その一つ一つを見ると重大とは言えず，また，将来の重大な違反を心配させる十分な理由とはならなくても，全体として見ると将来重大な違反が発生するという不安を与えるような場合に，特に重要な意味を持ってくる[29]。

最後に，上述の第73条第3項の下で過去および未来の引渡分について解除宣言を行う場合には，現在の引渡分についての解除宣言と同時に行わねばならない[30]。また，物品が相互依存的と言えるためには，必ずしも上述の機械の場合のように不可分の全体の一部である必要はない。例えば，買主に引渡される原料が全て同じ品質であることを要求されることがあり，同一の供給源から出荷しなければならないことがある。このような場合には，複数の荷口は相互依存的であり，第73条第3項が適用されると解される[31]。なお，第73条は，物品の分割引渡契約（contract for delivery of goods by installments）という表現を使っているが，第1項と第2項は買主による代金の分割払いにも適用されると解され

ている。[32]

第2節 損害賠償

1. 損害賠償額を算定する一般原則（Hadley 対 Baxendale 事件）

　本条約第3部の第5章第2節（第74条－第77条）は損害賠償額の算定について規定している。

　まず，損害賠償額算定の一般原則を定めている第74条は，英法における損害賠償についての指導的判例である1854年のHadley 対 Baxendale 事件に由来するので，この英国の古典的判例について触れておこう。[33]

　この事件では，ハドリーはスチームエンジンを使って製粉工場を営んでいたが，エンジンのクランク・シャフトが破損したため，仕事ができなくなってしまった。そこで，ハドリーは，運送業者であるバクセンデールに修理屋までのシャフトの運送を依頼したが，バクセンデールの過失により，運送が遅延した。ハドリーは，この遅延により，その期間工場が動いていれば得たであろう小麦粉の売却による利益を失い，無駄な賃金の支払いをしなければならなかったとして，100ポンドの損害賠償を要求した。下級審では，陪審の答申に基づき，ハドリーがバクセンデールに支払った運賃2ポンド4シリングと他に25ポンドの損害賠償が認められたが，バクセンデールはこれを不満として，財務府裁判所（Court of Exchequer）に再審を要求する上訴を行った。かくして，財務府裁判所のアンダーソン判事が，有名な損害賠償の範囲に関する一般原則を宣言することになる。すなわち，アンダーソン判事は，先ず，「本件については，再審が必要であると考えるが，再審に際して損害賠償額を見積もる場合に，判事が陪審に説示すべき原則を明白にしておくことが，審理の迅速化に役立ち，かつ必要と思う。陪審が，よるべとなる明確な原則なしで放置されれば，本件のような事件において，大きな不正を引き起こすことになろう」と述べた後，次のように一般原則をうちたてた。

　契約違反によって損害を被った当事者が要求できる損害賠償の額は，

① ある違反から自然に，すなわち，事物の通常の成り行きにしたがって発生すると公正かつ合理的に判断される損害，および，
② 当事者が，違反があれば起こり得る結果として契約締結時に予測していたと合理的に考えられる損害の範囲に限られる。事物の成り行きによらない特別の事情に基づく損害は，当事者がその事情を知っていて，予測可能であった場合にのみ回復できる。

続いて，アンダーソン判事は，この原則を本事件に適用して，要旨次のように判決した。

「さて，本件に上述の原則を適用すれば，我々は，契約締結時にハドリーがバクセンデールに伝えた周囲の事情は，運送する物が工場の破損したシャフトであることおよびハドリーがその工場の経営者であることだけであったのを知っている。これだけのことしか知らないのに，運送人による壊れたシャフトの第三者への引渡しが遅延すれば，工場の収益が止まってしまうと考えることができようか。ハドリーはその時予備のシャフトを持っていて，壊れたシャフトを単にメーカーに送り返すことを望んでいるとバクセンデールが考えたとしても不思議はないし，この場合には工場の利益に全く影響を与えない。本件では，破損したシャフトは，新しいシャフトの雛型として用いるために送り返され，新しいシャフトが来ないことが工場の停止の唯一の原因であって，新シャフトの遅延により工場の利益が失われ，その遅延は破損したシャフトの引渡しの遅延に基づくものであった。しかし，通常，工場主が運送人に依頼して，破損したシャフトを第三者に送る場合，このような結果は十中八九起こらないことが明白である。そして，これらの特別の事情は，本件ではバクセンデールに伝えられていなかった。したがって，工場の利益の喪失は，本件において，契約時に当事者によって予想されていたとは言えず，また，この種の違反から通常の状況の下で自然に発生する損害とも言えないから，バクセンデールの損害賠償責任の範囲に入らない。裁判官は，陪審に対して，損害賠償額を算定するに当たり，工場の利益の喪失を考慮に入れるべきではない，と説示すべきである。」

この事件でアンダーソン判事が述べた原則は，その後，英米契約法の最も重要な原則の一つとして，確固たる地位を占めている。この原則の主旨は，要するに予測可能性にある。予測が可能であったなら，違反に基づく損害につき責任を負うべきである。しかし，予測には二つの場合がある。通常人が経験則によって予測可能な場合と，特別の事情を知っているがために予測可能な場合である。この二つの区別が，ハドリー事件の二つの原則にあらわれているのであるが，この両者は結局一つの原則に帰着する。すなわち，通常人の経験則によって予測できまたは予測すべきであったにせよ，また，特別の周囲の事情を知っていたが故に予測できまたは予測すべきであったにせよ，契約時に予測可能であれば，違反による損害は賠償責任の対象となる。ただ，便宜上，ハドリー事件の第一の原則によって与えられる損害賠償を一般的損害賠償額（general damages）と呼び，第二の原則によるものを特別損害賠償額（special damages）と呼んで区別することがある。

2. 損害賠償額を算定する一般原則（ウィーン売買条約第74条）

さて，次に，ウィーン売買条約においては，損害賠償額を算定する一般原則は，どのように規定されているであろうか。

まず，本条約第74条の規定によると，<u>被害を受けた当事者は，利益の損失を含めて契約違反の結果として被った損失に等しい金額を損害賠償として回復することができる</u>（第74条第1文）。

これは，ハドリー事件の第一の原則による一般的損害賠償額に相当する規定である。本条約における損害賠償の基本的哲学は，被害を受けた当事者を契約が履行された場合と同じ経済的地位に置くことにある。この条文で利益喪失分について特に触れているのは，国により損失（loss）というコンセプトに利益の損失を含まない法体系があるためである。本条は，売主と買主の双方による損害賠償請求に適用され，これらの請求は様々な状況から生まれてくるので，どのようにして違反の結果としての損失を決定するかについて特定の方法を示していない。裁判所は事件の状況に最も適した方法で損失額を計算しなければ

ならない。なお，後述の第75条と第76条は，よく起こるケースを想定して損失の計算方法を示唆している[35]。

売主が物品を製造または買付ける前に買主による違反が起った場合には，売主は契約の履行によって得たであろう利益プラス契約の履行のために支出した費用を回復することができる。買主の違反により失われた利益には，契約の履行から生じたであろう間接経費（overhead）への貢献も含まれる。1978年草案第70条に対する事務局注釈は，次のような例を挙げている[36]。

［例70A］ 契約によると売主によって製造される工作機械100台を5万ドルFOBで売買することになっていた。しかし，買主は機械の製造開始前に契約の履行を拒絶した。もし契約が履行されていれば，売主のコストは4万5千ドルで，このうち4万ドルはこの契約のために発生するコスト（例えば，材料，エネルギー，この契約のために雇われまたは生産単位によって支払われる労働力），また，5千ドルは企業の間接経費のこの契約に対する割当分（借入金の金利，一般管理費，工場・設備の償却費）であった。買主が契約の履行を拒絶したので，売主はこの契約によって発生した筈の4万ドルのコストは支出しなかった。しかし，この契約に割当てられた5千ドルの間接経費は，この契約の存在とは直接関係のない経費であった。したがって，これらの経費は削減することができず，売主が当該期間の全生産能力を使用する他の契約を結ばないかぎり，買主の違反の結果として，売主は，もし契約が履行されていれば受領したであろう間接経費分の5千ドルを失った。かくして，この例で買主が責任を負う損失は1万ドルである。

契約価格	$50,000
支出しなかった履行費用	$40,000
違反から生じた損失	$10,000

［例70B］ 例70Aにおいて，もし買主の履行拒絶前に売主が契約の一部を履行するため回収不能な経費を1万5千ドル既に使っていたとすれば，

損害賠償の総額は2万5千ドルとなる。

　［例 70C］　例 70B において，もし一部履行によって作られた物品が5千ドルで第三者に売れたとすれば，売主の損失は2万ドルに減額される。

　売主が引渡した物品に欠陥があったが，買主が契約を解除せずに物品を保有している場合には，買主の損失を算定する方法は色々ある。例えば，もし買主が欠陥を治癒することができれば，修理費用が損失とされよう。もし物品が工作機械なら，買主の損失には機械が使用できなかった期間の減産から生じた損失も含まれることになろう。[37] 物品が相場商品のように価値が変動する商品の場合には，買主の損失は，現存する物品の価値ともし契約に定められた通りの物品であったとしたら物品が持っているであろう価値との差額である。この公式は，契約が正しく履行されていれば買主が得ていたであろう経済的地位に買主を復帰させようとするものであるから，契約価格は損害賠償額の計算の要素とはならない。このように計算された金額に，違反の結果として生じた追加費用が加算されることもある。[38]

　［例 70D］　契約によると5万ドル FOB で 100 トンの穀物を売買することになっていた。引渡された時，穀物は契約の規定で許されているより多い水分を含んでおり，そのため品質が若干低下していた。穀物を乾燥させるために買主が要した費用は 1,500 ドルであった。もし穀物が契約通りの品であれば，5万5千ドルの価値があったが，水分のために品質が悪くなっていたので，乾燥させた後の価値は，5万1千ドルしかなかった。

契　約　価　格	＄50,000
契約通りの品の価値	＄55,000
引渡された穀物の価値	－) 51,000
	4,000
乾　燥　費	＋) 1,500
違反から生じた損失	＄5,500

　次に，相手方の契約違反によって被害を受けた当事者が，その損害額を全て

回復できるという原則には，重要な例外がある。それは，先見性（foreseeability）による損害賠償額の制限である。すなわち，

<u>損害賠償の額は，契約に違反した当事者が契約違反のありうる結果（a possible consequence）として知っていたかまたは知るべきであった事実および事項に照らして，契約締結時に予見していたかまたは予見すべきであった損失を越えることはできない</u>（第74条第2文）。

これは，ハドリー事件の第二の原則による特別損害賠償額に相当する規定である。一方の当事者が，契約の締結時に，相手方が契約に違反すると例外的に大きな損失または異常な性質の損失を蒙ると考えた場合には，相手方にこのことを知らせておけば，結果としてこのような損失が現実に発生したとき，損害賠償を請求することができる。異常な損失であっても相手方が予見していたからである。予見できない損失を損害賠償の対象範囲から排除するこの原則は，多数の法体系に見られる。[39] この考え方の起源については，上述のハドリー事件を中心とする英米法の判例に遡るのが一般的であるが，フランス民法典第1150条にも同様な規定が見られる。[40] 特に，ハドリー事件の判決の中で，予見可能な範囲に損害賠償額を限定するフランス民法典第1150条の規定が引用されていることは，大変興味深い。わが国の民法第416条も，まずその第1項において債務不履行の場合通常生ずべき損害の賠償を規定し，次いで，第2項において特別の事情によって生じた損害についても，当事者が予見可能であった場合には，賠償を請求し得るものとしている。この条文の構成は，ハドリー事件の判旨と類似している。

若干の法体系においては，先見性による損害賠償額の制限は，契約不履行が違反した当事者の詐欺（fraud）による場合には適用されない。[41] 本条約にはこのような規定はないが，本条約は第4条で契約またはその条項の有効性には関知しないものとしており，詐欺による契約の有効性もこれに該当すると考えられるので，詐欺の場合には国家法によって更に責任を追及する道が残されている。[42]

3. 間接的損害

　ある行為を原因として直接発生した損害ではなく，ある行為の結果を原因として発生した損害を間接的損害（consequential damage）と言う。問題は，このような間接的損害が本条約の下で損害賠償の対象になるか否かであるが，第74条の表現で判断する限り，違反のありうる結果として予見できた損失については，たとえ間接的損害であっても求償可能と考えられる。

　しかし，間接的損害は場合により青天井で拡大し，契約金額を超過して巨額に達するおそれがあり，通常の売買契約の当事者がよく経済的に負担しうるものではない。このような危険を負担するとすれば，売主は代金を高額に設定しなければならないが，それでは商取引が成立しないであろう[43]。クリツァーは，「輸出業者が或る政府に発電所を供給する契約を結んだ。この設備は発電に用いられるが，作られた電気は灌漑システムの動力として用いられる。停電があり，政府は，責任は輸出業者にあるので，停電による収穫の減少その他の損失を損害賠償額として計算すると主張している」という例を挙げている[44]。このような損失まで負担するというのは，明らかに論外であるから，裁判所は予見可能性なしとして原告の主張を斥けることになろうが，売主は輸出契約の中に明文で責任制限条項（a limitation of liability clause）を入れておくことが必要である。責任制限条項は，本条約と異なる契約を許容する第6条により認められるが，一方，契約の効力には関知しないとする第4条によって国家法が適用される場合，内容が極端に不合理であれば否定されることもありうる。例えば，米国統一商法典第2-719条第3項は，間接的損害は，制限または排除できるが，非良心的（unconscionable）であってはならないと規定している[45]。日本の民法の下でも不合理な条項であれば公序良俗に反するものとして無効とされることがありえよう（日本民法第90条）。

4. 代替取引によって決定される損害賠償額

　本条約の第75条と第76条は，契約が解除された場合における損害賠償の算定方法について定めている。

まず，契約が解除され，そして，もし合理的な方法でかつ契約が解除された後合理的な期間内に，買主が代替品を買付け，または，売主が物品を転売した場合には，損害賠償を請求する当事者は，契約価格と代替取引における価格との差額を回復することができ，更に第74条の下で回復可能な損害賠償額も請求できる（第75条）。この場合，請求可能な損害賠償額の公式は，下記の通りとなる。

> ［買主に与えられる損害賠償額］＝［代替品の買付価格］－［契約価格］
> 　　＋［第74条による追加賠償額］
> ［売主に与えられる損害賠償額］＝［契約価格］－［転売価格］
> 　　＋［第74条による追加賠償額］

代替取引が，契約の定めていたはじめの取引とは異なる場所で，または，異なる条件で行われる場合には，運賃の増加などコストの上昇から違反の結果として節約できた費用を差引いて，損害賠償額を調整しなければならない。[46]

代替取引は，合理的な方法で（in a reasonable manner）行われなければならない。これは具体的には，転売は与えられた環境下で合理的に可能な最高値で行われねばならず，また，代替品の買付は合理的に可能な最低値で行われねばならないことを意味する。[47] また，代替取引は，契約が解除された後合理的な期間内に（within a reasonable time after avoidance）行われなければならない。この期間は，損害賠償を請求する当事者が実際に契約の解除を宣言しなければ，始まらない。[48]

もし代替取引が合理的な方法でまたは契約が解除された後合理的な期間内に行われなければ，損害賠償額の算定は，あたかも代替取引がなかったかのように行われ，前述の第74条または次に述べる第76条によることになる。[49]

代替取引の価格と契約価格との差額では補填されない損害がある場合には，第74条に基づいて更に追加して損害賠償が認められる。典型的な例として，代替品の引渡しが当初の契約の引渡日に間に合わず，損失を蒙った場合が考え

られる。[50]

5. 時価に基づく損害賠償額

次に，契約が解除され，かつ，物品に時価（current price）がある場合には，損害賠償を請求する当事者は，もし第75条の下で代替品の買付または転売をしていなければ，契約で定められた価格と契約を解除した時の時価との差額を回復することができ，更に第74条の下で回復可能な損害賠償額も請求できる（第76条第1項第1文）。この規定は，契約が解除されたが，代替取引が行われない場合における損害賠償額を算定する方法を定めている[51]。この場合，損害賠償額の公式は，下記の通りとなる。

［買主に与えられる損害賠償額］ ＝ ［時価］ － ［契約価格］
　　＋ ［第74条による追加賠償額］

［売主に与えられる損害賠償額］ ＝ ［契約価格］ － ［時価］
　　＋ ［第74条による追加賠償額］

契約解除の効果については後に詳述するが，契約が解除されれば，当事者は以後契約上の義務の履行から解放され，既に引渡された物品または支払われた代金を相手方に返還しなければならない。したがって，通常の場合，買主は代替品を第三者から買付け，また，売主は物品を第三者に転売することになろう。その場合，代替取引の価格と契約価格との差額プラス第74条による追加賠償額が損害賠償額となることは，4.で述べた通りである[52]。しかし，このような代替取引が，実際行われず，または，第75条の要件（合理的な方法および合理的な期間内）を充たしていない場合には，本条により代替取引の価格の代りに時価を用いて損害賠償額を計算する[53]。

この計算に用いる時価としては，被害をうけた当事者が物品の引渡前または引渡しと同時に契約を解除した場合には，契約が解除された時の時価を用いるが，損害賠償を請求する当事者が物品を引取った後に契約を解除した場合には，

引取りの時の時価を用いる（第76条第1項第2文）。これは買主が市況が下落した後に売主の犠牲において契約を解除することを防ぐための規定である[54]。

更に問題となるのは，時価とはどの場所における時価かという点であるが，本条約では物品の引渡しがなされるべきであった場所で広く行われている価格 (the price prevailing at the place where delivery of the goods should have been made) とされている（第76条第2項前段）。もしその場所で時価に当るものが存在しない場合には，合理的な代替価格として役立つような他の場所での価格を物品の運賃差を適切に調整した上で用いる（第76条第2項後段）。

引渡しの場所については，本条約では，売主の義務について既に述べた通り，第31条に規定があり，売主は買主への輸送のために第一の運送人へ物品を引渡せばよいとされているが，契約上他の特定の場所における引渡しが要求されている場合には，契約の規定が優先する。今日，国際貿易で最も頻繁に用いられているCIF（CFR）およびFOB契約は，いずれもいわゆる積地契約で，売主は船積地において本船上で物品を引渡さなければならないから，物品が仕向地に到着して検査の結果粗悪品であることが判明し，買主が契約を解除した場合には，買主は船積地の時価を用いなければならないことになり，いささか不便である。しかし，この場合には買主は仕向地で代替品の買付けを行い，前述の第75条に基いて損害賠償の請求を行えば良い[55]。

もし時価と契約価格との差額では補填されない損害がある場合には，第74条に基づいて更に追加して求償が認められる。これは第75条の場合と同様である。

最後に，代替取引価格に基づく求償を認めている第75条と時価に基づく求償を認めている第76条との関係については，契約違反によって損害を蒙った当事者は，第75条の要件に合致した代替取引を行った場合には，第75条により代替取引価格に基づく求償を行うことになり，第76条による時価に基づく求償は認められない[56]。また，代替取引が事実行われなかったか，または，合理的な方法によりまたは契約が解除された後合理的な期間内に行われなかった場合，または，代替取引が行われたか否かがはっきりしない場合には，第76条

による時価に基づく求償のみが認められる。[57]

6. 失われた取引量の損失

買主の違反によって売主が物品を契約通り納入できなかった場合，売主はその分の売上げを失う。また，売主の違反によって買主が原料の引渡しを受けることができなかった場合，買主の工場は生産量が落ち，工場の売上げが減少する。このような場合，違反によって損害をうけた当事者は，第75条と第76条の規定により，代替取引価格または時価と契約価格との差額を求償できるが，価格の変動のない商品の場合には，この差額が零となってしまう。しかし，この場合，取引量を失った当事者は，転売または代替買付を行っても，更に新しい商売を受入れる余力を持っている限り，失われた取引分の利益を失うことになる。これを失われた取引量の損失（Lost Volume Loss）と言う。もちろん，この問題は，売主が能力一杯の注文を持っている場合，または，買主が能力一杯に第三者から買付けることが可能な場合には起らないが，売主または買主の能力に余力がある場合には，相手方の違反によって得べかりし利益を失うことになる。取引量が増えれば固定費である間接経費（overhead）が分散されるので，利益は急速に増加するから，この喪失利益はたとえ価格水準が変動しなくても大きくなる可能性がある。

それでは，本条約の下では，失われた取引量の損失は求償可能であろうか？既に述べた通り，第75条と第76条はそれぞれ代替取引価格または時価と契約価格との差額に加えて第74条に基く求償を認めており，第74条は利益の損失を含む損失（the loss, including loss of profit）に等しい額を損害賠償額として認めている。したがって，失われた取引量の損失も，間接経費の割当などにより会計学的な計算は複雑となろうが，予見可能である限り，第74条の下で求償可能と解される。[58]

7. 損害賠償額の軽減

損害賠償額を請求する当事者は，利益の損失分を含む契約違反から生ずる損

失を軽減するために周囲の状況の下で合理的な措置を講じなければならない。もし損害賠償を求める者がかかる措置を講じなければ，契約に違反した当事者は，損失が軽減されるべきであった金額の損害賠償額からの減額を求めることができる（第77条）。

　求償者は相手方の違反による損害ができる限り少なくなるように努力すべきであって，漫然と放置していたために損害額が大きくなってしまった場合には，その増加分を損害賠償として要求することはできない。1978年草案第73条の事務局注釈には，次の例が挙げられている[59]。

> ［例73A］　契約は，売主が工作機械100台を12月1日までに総額5万ドルで引渡すことを定めていた。7月1日に売主は買主に手紙を書き，その年一杯確実に続くと思われる価格の上昇によって6万ドル支払ってくれなければ工作機械を引渡すことはできないと述べた。買主は返事を書いて，契約通り5万ドルで工作機械を引渡すことを主張した。7月1日とその後合理的な期間の間は，買主が他の売主から12月1日引渡しで買うことのできる価格は5万6千ドルであった。買主は，12月1日になって，3月1日引渡し，6万1千ドルで代替品の買付けを行った。工作機械の受領が遅れたために買主はその上3千ドルの損害を蒙った。この例では，買主は，12月1日まで待って代替品の買付を行ったために蒙った損失合計1万4千ドルではなく，7月1日またはその後合理的な期間内に代替品の買付けを行っていたとすれば蒙ったであろう損失，すなわち，6千ドルだけを求償できる。

　これは，相手方が重大な違反を犯すことが明白な場合には，第72条により契約を解除し，直ちに代替品の買付けを行うことにより損害を最小限にとどめるべきところ，その時期を逸したために損害が大きくなってしまった例である。

第3節 延滞金利

 本条約第3部の第5章第3節は，第78条だけで構成されており，延滞金利について定めている。

 当事者が延滞している代金その他の金額の支払いを怠った場合には，他の当事者は，その金額に対する金利を請求する権利を持つ（第78条前段）。但し，第74条の下で回復可能な損害賠償の請求を妨げない（第78条後段）。

 金利については，宗教上の理由などにより各国の法制に差異があるため，本条約の起草段階では様々な議論があったが，結局妥協の産物として採用されたのがこの第78条で，代金その他について延滞が発生し，それが後述する第79条によって損害賠償責任を免除される自己の支配を越えた障害による場合でも，延滞分の金利は支払わなければならないことをはっきりさせるために，一般原則としての金利支払義務を規定している[60]。その後段では，金利の請求は，第74条による損害賠償の請求を妨げないとされているが，両者を重複して請求できるのではなく，金利では補填されない損失だけを損害賠償として請求できると解すべきであろう[61]。この規定は，利率，計算の始期などについては全く触れていない。これらの点については，第7条第2項に基づき国際私法の原則によって適用される国家法の規定によることになるが，当事者は契約であらかじめ定めておくことが望ましい[62]。

 なお，後述する第84条第1項は，契約が解除された後，売主が代金を返還しなければならない場合には，代金が支払われた日から金利を支払わなければならない旨を規定しているが，この規定に当たる1978年草案の第69条に対する事務局注釈によると，利率は売主の営業地において現に行われている利率とされている[63]。

第4節　免　　責

1. 当事者を損害賠償から免除する障害

　本条約第3部の第5章第4節は，免責（Exemption）と題して，当事者を損害賠償から免除する障害（第79条）と他の当事者によってひきおこされた不履行（第80条）について規定している。

　先ず，当事者は，次の事項を立証すれば，その義務の何れの不履行についても責任を負わない（第79条第1項）。

① 不履行が自己の支配を越える障害（impediment beyond his control）によること。

② 契約の締結時にその障害を考慮に入れることが合理的に期待されえなかったこと。

③ 契約後に，その障害またはその結果を避け若しくは克服することが合理的に期待されえなかったこと。

　但し，この免責は不履行による損害賠償責任だけに限定され，相手方が契約不履行に対する救済として本条約が認めているその他の権利を行使することを妨げない（第79条第5項）。したがって，損害賠償以外の全ての救済，例えば，履行を要求する権利，代金の減額，契約を解除する権利などは害されない。このうち，特に契約を解除する権利が残っていることは重要である。もし契約の相手方が彼の支配を越える障害によって契約の履行ができなくなった場合には，損害賠償の請求はできなくても，重大な違反を構成すれば，契約を解消して，こちらも契約上の義務を免れ，転売または代替買付けなどの善後策を講ずる必要があるからである。契約の全部または一部が履行済であれば，その分を取戻すこともできる（第81条第2項，後述第5節2）参照）[65]。

　商取引において契約の締結後，思いがけない事態が起って契約の履行が不可能になることは少なくない。戦争，輸出入禁止，運河の閉鎖，ストライキ，火災など様々な原因が考えられるが，このような場合，各国法は，当事者に一定

の要件の下で義務の履行を免れさせるために履行不能 (impossibility), 不可抗力 (Act of God, force majeure), 契約目的の達成不能 (frustration) などの理論を発展させて来た。本条約の下では, 不履行が自己の支配を越える場合には免責されることになっているが, 表現が曖昧かつ不正確 (vague and imprecise) であるという批判があり, 結果として各国の法体系の下で都合の良いように解釈されるおそれがあると言われている。[66] これでは, 統一法を作った目的が達せられないことになるが, 本条約の下で判例が積み重ねられて行くのを見守る以外ないと思われる。当面, 第79条の解釈の参考になるのは, 1978年草案第65条の事務局注釈に挙げられている例である。[67]

　[例65A]　契約は特有の (unique) 物品の引渡しを要求していた。滅失の危険が第67条または第68条によって移転する前に, 物品は火災によって破壊された。この火災は売主の支配を越える出来事によって起ったものであった。この場合, 買主は危険が移転していない物品の代金を支払う必要はないが, 売主も物品の引渡しができないことから生ずる損害賠償責任を免除される。

　[例65B]　契約は工作機械500台の引渡しを要求していた。危険の移転に先立って, 機械は例65Aと同様な状況の下で破壊された。この場合, 売主は500台の損失を負担しなければならないが, 代りの500台を買主宛に発送する義務を負う。この例と例65Aとの相違は, 例65Bでは代替品を船積みすることによって機械の破壊を克服できるのに対して, 例65Aでは契約の目的物を供給できない点にある。

　[例65C]　例65Bで破壊された物品の代りに船積みされた工作機械が期日に到着しなくても, 売主は引渡しの遅延による損害賠償を免除される。

　[例65D]　契約は物品をプラスチックの容器で包装することを要求していた。包装がなされるべき時にプラスチックの容器は売主の避けることのできない理由で使用できなかった。しかし, 他の商業的に合理的な梱包材料が入手可能ならば, 売主は, その時物品の引渡しを拒絶するよりむし

ろ代替材料を用いることによって障害を克服しなければならない。売主は商業的に合理的な代替材料を使っても，損害賠償責任を負わない。また，買主は，契約の重大な違反がないので契約を解除することはできないが，契約と異なる梱包材料が使われたために物品の価値が減少していれば，第50条により価格を減額することができる。[68]

［例65E］　契約は，特定の本船による船積みを要求していた。その本船の予定は買主および売主双方の支配を越える出来事によって変更され，船積期間内に予定していた港に入港しなかった。この状況の下では，物品の運送を手配する責任のある当事者は，代替船を準備することにより障害を克服しなければならない。

また，同じ事務局注釈によると，買主は，支払不能（insolvency）になったからといって，代金支払いの責任を免除されるわけではないが，予期せざる為替管理その他同様な規制の実施は，合意された時及び方法での代金支払義務の履行を不可能にするかもしれない。買主は，もちろん，例えば商業的に合理的な代りの支払方法を手配することによって，障害を克服できない場合にだけ，代金未払による損害賠償責任を免除される。ただし，第3節で述べたように，新しくウィーン会議で設けられた前述の第78条により，買主は延滞金利を支払う義務を負う。

2. 第三者による不履行

次に，本条約は，当事者の不履行が彼が起用した第三者に基因する場合の特例について規定している。すなわち，もし当事者の不履行が契約の全部または一部を履行するために起用した第三者の不履行による場合には，当事者は，(a) 当事者が前項（第79条第1項）の下で免責され，かつ，(b) 当事者が起用した第三者が，もし前項の規定がその者に適用されたならば，免責される場合にのみ責任を免除される（第79条第2項）。

例えば，ある機械を受注した売主が，その電気系統部分だけを下請けに出し

た。この下請業者は評判のよい業者であったが，この契約では生産に手違いがあり，売主に電気系統部分を引渡すことができなかった。売主はこの部分を他の業者から手当てすることができず，結局，買主との契約を履行できなかったとしよう。この場合，第79条第1項の一般原則の下では，下請業者の不履行は売主の支配を越える障害を構成し，したがって，売主は，買主に対して免責される可能性があるが，この場合の不履行は下請業者という第三者の不履行に基因するものであるから，第79条第2項が適用され，売主は免責されない。下請業者は第1項の下で免責とはならないので，第2項(b)の要件をみたすことができないからである。しかし，売主は，結果として，買主に損害賠償を支払わざるをえなくなれば，当然下請業者に補償を求めることができる。

これに対して，売主の下請業者との契約がその業者の特定の工場で部品を製造することを要求しており，その工場における生産が火事，洪水または政府の規制で不可能となった場合には，下請業者は売主に対して免責されるので，第2項の下でも，売主は買主に対する責任を免除される。

上の例と同じようなことが，インコタームズのDES (Ex Ship) 契約のように売主が物品を仕向港で引渡す義務を負っており，その引渡しのための輸送を運送人（船会社）に依頼する場合にも言える。この場合，運送人は第79条第2項の「第三者」に当り，物品が水漏れなどの通常の事故で輸送中に損傷を蒙った場合には，運送人は免責されないので，売主は損害について買主に対しては責任を負い，後に運送人または保険会社に補償を求める。一方，もし物品が暴風，輸出入禁止などの不可抗力と言える障害のために損傷を受けた場合には，運送人も売主も免責される。

第79条第2項にいう第三者は，当事者から契約の一部または全部の履行を委ねられた者であり，売主に対する物品または原料の単なる供給者（suppliers）を含まない。このことは，本条の起草段階での経緯に照らして明らかで，当初の草案では，この第三者は"subcontractor"とされていたが，1977年の草案検討の際に，"subcontractor"という語は一部の国では知られていないし，他の国では主に建設契約に用いられているという理由で，契約の全部また一部

を履行するために起用した者という現在の表現に変更された。その際，報告書は，売主への供給者は契約の何らかの部分の履行を委ねた人とは言えないので，売主は，供給者の不履行によって免責されない，と強調している。したがって，下請業者や運送人は第79条第2項の「第三者」に当たるが，原料などの単なる供給者はそれに該当しないので，供給者の不履行については，売主は第79条第1項の要件さえ充たせば免責される。ただ，実際問題としては，供給者の不履行は，通常の場合は代替供給源からの購入を手配できるから，売主の支配を越え，予測も回避・克服もできないという場合，すなわち，第1項の要件を充たすことは余りないと思われる。しかし，供給源が限定されている原料などの場合には，売主が第79条第1項によって免責されることが考えられる。

3. 一時的な障害の効果

第79条による免責は，障害が存在する期間中効力を有する（第79条第3項）。

例えば，売主が2月1日に買主に物品を引渡すことを契約したとする。ところが政府による輸出禁止のために売主は契約を遵守することができなかった。3月1日になって輸出禁止は解除され，売主は買主に物品を引渡すことができるようになった。

この場合に第79条第3項を適用すると，売主は，2月中に物品を引渡すことができないことについては免責される。しかし，輸出禁止が解除された3月1日には売主の物品を引渡す義務は復活することになる。

一方，買主は，1ヶ月間引渡しが遅れた後に，3月1日に輸出禁止が解除されたからといって，売主の引渡しを受理しなければならないのであろうか？この点については，前述の第5項が買主の契約を解除する権利は損われないとしているので，もし1ヶ月の引渡し遅延が重大な違反に該当すれば，買主は契約を解除することができる（第49条）。買主が売主に契約の解除を通知すれば，売主は物品を引渡す権利はなく損害賠償責任はない。また，買主も物品を受理する義務はない。

1978年草案は，第3項で免責は障害が存在する期間だけ（only for the period）

効力を有する，と規定していた。1980年のウィーン会議では，障害がどんなに長く継続しても，また，環境にどのように大きな変化を与えても，障害がなくなれば原状に戻って契約の履行が要求されるという印象を避けるために，「だけ (only)」という語が削除された。要するに，障害がなくなった後に当事者の義務が原状に戻って履行が要求されるか否かは，障害によって契約が解除されうるか否かなど各々の事件の状況によって決まると考えられる。

4. 障害についての通知義務

契約上の義務の履行に対する障害が存在するために損害賠償を免除される契約不履行の当事者は，他の当事者に障害とそれが契約履行能力に与える影響について通知しなければならない（第79条第4項第1文）。これは，相手方に不履行の結果を克服する措置を採ってもらうためで，商道徳上も当然であろう。もしこの通知が，不履行の当事者が障害について知ったかまたは知るべきであった時から合理的な期間内に他の当事者によって受領されない場合には，不履行の当事者は，通知が受領されなかったことから生じた損害を賠償する責任を負う（第79条第4項第2文）。ここでは通知は相手方によって受領されることが要求されているから（到達主義），通信の遅延・不着の危険は発信者である契約不履行の当事者が負う。これは，第27条の定める一般原則（発信主義）とは異なり，申込み（第15条）と承諾（第18条第2項）についての規定と同じである。また，ここで契約不履行の当事者が負う損害賠償責任とは，相手方が障害についての通知を受領しなかったことによる損害に対するもので，契約不履行そのものから生じた損害に対するものではない。障害の通知は，相手方に契約を予定通り履行できない事情を伝えて，損害をできるだけ少なくする対策をとってもらうために行われるものであるから，通知が適時に到着しない場合の損害は，通知が着いていれば避けられた追加費用となろう。

なお，1978年草案第65条に対する事務局注釈によると，この通知の義務は，契約の履行が商業的に合理的な代替案によって行われる場合にも適用されるものとされているが，当事者は契約の規定と異なる履行を受入れる義務はない筈

であるから，疑問である。

5. 免責約款

　第79条の表現は，かなり柔軟な構造となっているので，判例によってその解釈が固まる迄は，裁判所がどのような判断を下すか予断を許さない。したがって，実務家としての正しい対応は，当事者の能力を越える予期せざる事態が発生した場合の免責約款を両当事者が話し合って契約に入れておくことである。これは，不可抗力条項（force majeure clauses），遅延許容条項（excusable delays clauses）などと呼ばれるが，次の三つの条項を含んでいることが望ましい。

　①　どのような事態が起った場合に売主は引渡しの遅延または不履行について免責されるかを定める条項。

> 例えば，不可抗力，政府の行為，戦争，港湾の渋滞，暴動，革命，ストライキ，火災，洪水，サボタージュ，原子力の事故，地震，暴風，伝染病などを免責事由とする。

　②　所定の免責事由により引渡しが遅れまたは不履行が起った場合における売主の買主への通知義務と新しい引渡しスケジュールを連絡する義務を定める条項。

　③　もし遅延が或る期間以上（例えば60日以上）に及び，しかも，その間に免責事由が終った時の新しい履行の条件について当事者が合意に達しなかった場合には，当事者の一方は，未履行部分について契約を解除できる旨の規定。

　契約の起草者は，予期せざる事態によって引渡しが遅れまたは不履行が起った後，その事態が長引いた場合に契約はどうなるのか，どのような条件で解約できるかをはっきりと規定しておくように注意しなければならない。

6. 自己の作為または不作為による相手方の不履行

　当事者は，他の当事者の不履行が自己の作為または不作為によって生じた限度において，その不履行を援用することはできない（第80条）。

　この規定は，1978年草案にはなかった規定で，1980年のウィーン会議で追加された。こちらが相手方の不履行の原因となるようなことをしておいて，後にその不履行の責任を追及できないことは当然であろう。例えば，FOB契約で買主が本船を手配する義務を負っている場合に，買主はその手配をせずに売主が船積みしないことを非難することはできない。ウィーン会議でも，これは当然のことであり，特に第7条第1項が本条約は国際貿易における信義の遵守を促進する方向で解釈されるべきものとしているので，特に規定を設ける必要はないとの意見もあったが，大部分の代表はやはりこのような一般原則ははっきりさせておいたほうが良いと考えたため，第80条が設けられた。

　なお，自己の作為または不作為には，契約の履行のために雇われた者の作為または不作為を含む。

第5節　解除の効果

1. 解除による義務からの解放

　第3部第5章の第5節は第81条から第84条までの4カ条によって構成されており，契約が解除された場合の効果について規定している。第81条は契約の解除宣言に伴う効果について規定しており，第82条から第84条までの規定は第81条の内容を実行するための細則を定めている。

　先ず，契約の解除は，両当事者を損害賠償の義務を除く契約上の義務から解放する（第81条第1項第1文）。

　一方の当事者が契約を解除した場合の第一の効果は，両当事者が契約を履行する義務から解放されることである。売主は物品を引渡す必要がなくなり，また，買主は物品の引渡しを受け，その代金を支払う必要がなくなる。第51条または第73条の下で契約が一部解除された場合には，両当事者は契約の当該

部分について義務から解放され，その部分について次に述べる第2項の下で返還（restitution）を要求できる[70]。

　法体系によっては，契約が解除されれば，契約から生ずる一切の権利・義務が消滅する。この場合には，契約が一度解除されると，契約違反に対する損害賠償はもちろんのこと，仲裁準拠法条項，法廷地条項，責任を排除または契約違反に対する違約金（penalty）もしくは確定損害賠償額（liquidated damages）を定める条項を含む紛争の解決に関する契約条項も，契約の残りとともに効力を失う[71]。しかし，本条約は，上述の通り契約が解除されても損害賠償義務は消滅しない旨規定するとともに[72]，紛争の解決のための契約のいかなる条項，または，契約が解除された結果生ずる当事者の権利・義務を律するいかなるその他の条項にも影響しないと定めている（第81条第1項第2文）。ここで当事者の権利・義務を律する条項とは，例えば損害賠償額や拒絶された物品の取扱いに関する条項である。更に，後述の第85条－第88条による当事者の物品保存義務も契約の解除とは必ずしも関係ないが，契約が解除されたとき，最も意味を持ち，契約が解除された後引続き当事者を拘束する。また，次に述べる返還の義務も，契約が解除された後，既に供給または支払ったものの返還を当事者の義務としている[73]。

　なお，違約金条項などが国家法上無効とされる場合には，第4条(a)により当然無効となる。第81条第1項第2文の規定は国家法の下で無効な条項を有効にするものではなく，単に契約が解除されてもかかる条項は消滅しないことを定めているに過ぎない[74]。

2. 返還の義務

　契約の全部または一部を履行した当事者は，契約の下で供給または支払ったものの他の当事者からの返還を請求することができる。もし両当事者が返還の義務を負う場合には，同時に返還を行わなければならない（第81条第2項）。

　この規定により，契約が解除されたとき，当事者の一方または双方が契約上の義務の一部または全部を履行済の場合には，当事者は供給または支払済のも

のの返還を相手方に要求することができるが，この返還を求める権利は，国際物品売買の範囲を越える国家法のルールによって否定されることがあり得る。例えば，相手方が破産した場合には，供給済の物品または支払済の代金が破産財団を構成してしまい，容易には取戻せない可能性がある。本条約は，第4条により，売主と買主との間の権利・義務にだけ適用されるので，国家法で認められている他の債権者の権利を覆すことはできないからである[75]。

なお，実務的には，契約が解除されたからといって，当事者間で必ず返還が行われるとは限らない。例えば，当事者の話合いで，大幅な値引きによって物品の返還なしで解決することなどがありうる。

3. 物品の返還が不可能な場合

もし実質的に買主が受領した状態で物品を返還することが不可能な場合には，買主は契約の解除を宣言しまたは売主に代替品の引渡しを要求する権利を失う（第82条第1項）。

この規定は，契約が解除され，または，代替品の引渡しが求められる場合，既に引渡された物品は当然売主に返還されるという前提に立って，もし買主が物品を返せないか，もしくは，受取った時と実質的に同じ状態で返せないのなら，契約を解除する権利（第49条）または代替品の引渡しを要求する権利（第46条）を失うものとしている[76]。

返還する物品は，受領時と全く同じ状態（identical condition）にある必要はないが，実質的に同じ状態（substantially same condition）になければならない。本条約には実質的という語について定義はないが，物品の状態の変化が，たとえ契約の重大な違反があったとはいえ，買主に引渡した物と同等の物として売主が物品を引取ることがもはや適当でない程度に重要なものであれば，実質的に同じとは言えない[77]。

上記の原則には，まず，次の三つの例外が規定されている（第82条第2項）。
　(a)　物品の返還または実質的に買主が物品を受領した状態での物品の返還が不可能なことが，買主の作為または不作為によらない場合，

(b) 物品または物品の一部が，第 38 条の定める検査の結果，滅失または品質が低下していた場合，あるいは，

(c) 物品または物品の一部が，買主が契約に適合していないことを発見するかまたは発見すべきであった時より前に，通常の取引の過程において売却され，または，通常の使用の過程で買主によって消費または変形された場合。

これら三つの場合には，買主は，たとえ実質的に同じ状態で物品を返還できなくても，契約の解除宣言または代替品の引渡要求を行うことができる[78]。

更に，第 82 条第 1 項の原則に対する<u>第四の例外</u>が，危険の移転について既に述べた第 70 条に定められている。すなわち，第 70 条の下では，もし売主が重大な違反を犯した場合には，第 67 条，第 68 条または第 69 条の下で危険が買主に移転した後に物品が滅失または損傷を被っても，買主は代替品の引渡要求または契約の解除宣言を行うことが認められる。この場合，実質的に同じ状態で物品を返還することは期待できないから，明らかに第 82 条第 1 項に対する例外である[79]。

なお，第 82 条により契約の解除を宣言しまたは売主に代替品の引渡しを要求する権利を失った買主は，契約および本条約に基づく全てのその他の救済を受けることができる（第 83 条）。

具体的には，買主は，物品を受領時と実質的に同じ状態で返すことができないために，契約の解除を宣言する権利と代替品の引渡しを要求する権利を失っても，その他の救済，すなわち，

　　損害賠償請求権（第 45 条第 1 項 (b)）

　　欠陥の治癒を要求する権利（第 46 条第 3 項）

　　代金を減額する権利（第 50 条）

を失わない[80]。

もし契約に違約金条項などがあれば，第 4 条(a)により国家法の下で無効でないかぎり，第 83 条は，契約に定められている全てのその他の救済を受けることを許しているから，買主は，契約を解除する権利を失っても，その条項の

適用を受けることができる，と解される[81]。

4. 利益の返還

上述した通り，契約が解除された場合または代替品の引渡しが要求された場合には，当事者に代金または物品を返還する義務が生ずるが，返還前，代金または物品を占有している間に利益（benefit）を得たときは，その利益も返還しなければならない[82]。

まず，売主が代金を払い戻す義務を負う場合には，代金が支払われた日からの金利も支払わなければならない（第84条第1項）。

次に，買主は，次の場合には，物品または物品の一部から得た全ての利益を売主に返還しなければならない（第84条第2項）。

(a) 買主が物品またはその一部を返還しなければならない場合。

(b) 買主が物品の全部または一部を返還し，または，実質的に受領した状態で物品の全部または一部を返還することは不可能であるが，それにもかかわらず契約の解除を宣言しまたは売主に代替品の引渡しを要求した場合。

この(b)のケースは，先に述べた第82条第2項により，例えば，買主が物品を消費または転売してしまったため，返還することはできないにもかかわらず，契約を解除することまたは代替品の引渡しを要求することが認められる場合に，かかる消費または転売から受けた利益を売主に返還すべきことを定めたものである[83]。契約が解除されれば，買主は代金の支払義務を免れるから，消費または転売による利益を売主に返還させなければ，公平に反するからである[84]。

第6節　物品の保存

1. 売主の物品を保存する義務

本条約第3部の最終節である第5章第6節（第85条－第88条）は，買主による物品の受領もしくは支払いが遅れ，または，買主が一度受領しまたは買

の処分に委ねられた物品を拒絶しようとする場合に，物品の滅失または減価を防ぐことを目的として，物品の保存について規定している。ここでは，物品を管理するのに最も適した立場にある人が，契約違反の有無を問わず，物品を保存する責任を与えられている。

先ず，買主が物品の引渡しを受けるのが遅延し，または，代金の支払いと物品の引渡しが同時に行われることになっている場合，もし買主が代金の支払いを怠り，かつ，売主が物品を占有しているか，または，その他の方法で物品の処分を支配できるときは，売主は，物品を保存するため，その状況下で合理的な措置をとらなければならない（第85条第1文）。

売主は，合理的な費用が買主によって償還されるまで，物品を留置することができる（第85条第2文）。1978年草案の第74条に対する事務局注釈には，次のような例が挙げられている[85]。

[例74A] 契約によると，買主は10月中に売主の倉庫で物品の引渡しを受けることになっていた。売主は，物品を買主の処分に委ねることにより10月1日に引渡しを行った[86]。買主が引渡しを受ける義務違反となる11月1日に，売主は物品を貯蔵に一層不適当な倉庫の一部に移した。11月15日，買主は物品の引渡しを受けたが，その時には移動された倉庫の一部が在庫に不適当な場所であったため損傷を受けていた。危険は11月1日に買主に移っているけれども，売主は，11月1日と15日の間に起った物品に対する損傷につき，物品の保存義務違反により，責任を負う。

[例74B] 契約はCIF条件による引渡しを要求していた。買主は，為替手形を呈示された時，支払いまたは引受けを行わなかった。その結果，物品についての船荷証券その他の書類は買主に引渡されなかった。第85条によると，この場合，売主は，船荷証券の占有を通じて物品の処分を支配する立場にあり，仕向港で物品が荷揚されるまで物品を保存する義務を負う。

2. 買主の物品を保存する義務

　買主が物品を受領し，かつ，契約または本条約に基づき物品を拒絶する権利を行使しようとするときは，買主は，その状況において合理的な物品を保存するための措置をとらなければならない（第86条第1項第1文）。買主は，合理的な費用が売主によって償還されるまで，物品を留置することができる（同第2文）。

　買主に発送された物品が仕向地で買主の処分に委ねられ，かつ，買主が物品を拒絶する権利を行使するときは，買主は売主のために物品の占有を取得しなければならない。但し，代金を支払うことなく，かつ，不合理な不便または不合理な費用を招かないことを条件とする（第86条第2項第1文）。この規定は，もし売主または売主のために物品を管理する権限を持っている者が仕向地にいる場合には，適用されない（同第2文）。もし買主が本項の下で物品の占有を取得した場合には，買主の権利と義務については前項の規定が適用される（同第3文）。

　第86条の第1項は，買主が既に受領した物品を拒絶する場合の保存義務について，また，第2項は，買主宛に発送された物品につき，買主が，未だ受領してはいないが，仕向地でその処分に委ねられた物品を拒絶する場合の占有取得および保存義務について定めている。第2項の場合には，買主が占有取得の義務を負い，かつ，第1項により保存義務を負うのは，占有取得が代金の支払いを必要とせず，また，不合理な不便または不合理な費用を発生させない場合，および，仕向地に売主または売主の代理人がいない場合だけである。また，第2項が適用されるためには，物品が物理的に仕向地に到着して買主の処分に委ねられることが必要である。例えば，CIF契約で，本船の航海中に，代金決済のために呈示された荷為替手形の支払いを船積書類に記載されている物品が契約に合致していないことを理由に買主が拒絶したとしよう。この場合には，買主は物品の占有を取得する義務はない。その理由は二つあり，一つは，物品が仕向地に到着していないこと，もう一つは，代金を支払って船積書類を取得しなければ，占有を取得することができないこと，である。[87]

3. 倉庫における保管

物品を保存する義務を負う当事者は，他の当事者の費用で物品を第三者の倉庫に寄託することができる。但し，発生する費用が不合理でない場合にかぎる（第87条）。この場合，倉庫（warehouse）とは，広く同種の物品の保管に適した場所を言うと解釈してよい[88]。この規定は，物品を外部の倉庫に寄託した場合の倉庫料の負担を明確にしたものである。

4. 物品の売却

次に，本条約は，第88条において物品の保存義務を負っている当事者の物品を売却する権利と義務について規定している。

［売却の権利］

まず，第85条または第86条により物品を保存する義務を負う当事者は，他の当事者による物品の占有取得もしくは取戻し，または，代金もしくは保存費用の支払いが不合理に遅延した場合には，適当な方法により物品を売却することができる。但し，売却の意図についての合理的な通知が他の当事者に与えられることを条件とする（第88条第1項）。売却は，合理的な通知を相手方に行った後，適当な方法で行えばよい。本条約は，国により状況が異なるので，何が適当な方法かを規定していない。方法が適当か否かを決定するに当っては，売却が行われる国の法律の下で同様な環境で行われる売却に要求される方法を参考にすべきである[89]。

［売却の義務］

次に，物品の品質が急速に低下し，または，その保存に不合理な費用を要する場合には，第85条または第86条により物品を保存する義務を負う当事者は，物品を売却するため合理的な措置をとらなければならない（第88条第2項第1文）。保存義務を負う当事者は，可能な限り，他の当事者に売却の意図を通知しなければならない（同第2文）。本条の第1項では，売却は保存義務者の権利（売却することができる）とされているのに対して，第2項では保存義務者の義務（売却しなければならない）とされている。しかし，第2項は保存義務

第6節　物品の保存　169

者に売却のための合理的な努力をすることだけを要求している。これは品質の低下が激しければ売却が困難または不可能かもしれないからである。果物や野菜などについて考えられることであろう。また，第1項とは異なり，第2項では，売却の意図の通知は，可能な限り行えばよいとされている。品質の低下が急速な場合，事前に通知する時間的余裕がないかもしれないからである[90]。

第2項の下で売却の合理的努力をする義務を負う当事者が，もしその努力を怠れば，相手方に対して品質の低下につき責任を負う[91]。

なお，本条第2項に相当する1978年草案第77条の第2項では，「急速な品質低下（rapid deterioration）」の前に「損失または（loss or）」の二語が入っており，市況の変動により物品の価値が急落するおそれがある場合にも，売却の義務があるものとされていた。しかし，これでは物品を保存している当事者に市況についての商業的判断を下す不当な重荷を課すことになるので，「損失または」の二語はウィーン会議で削除された。したがって，市況の変動は第2項の対象とはならない[92]。

［売却代金］

物品を売却した当事者は，売却代金から物品の保存および売却に要した合理的費用に等しい金額を留保する権利を有する（第88条第3項　第1文）。しかし，その当事者は，他の当事者に残額を返還しなければならない（同第2文）。

以上で本条約の第3部までの概説を終了した。あと残っているのは第4部の最終規定（第89条－第101条）であるが，これらの規定は手続きに関するもので，本条約の条文そのものを読んでいただければ十分であり，殆ど解説を要しないし，その中で特に重要なもの，すなわち，第92条（一部採用），第96条（売買契約は文書によることを要する旨の宣言）および第99条第1項（発効）については，既に関連する個所で述べた。

本書の冒頭で述べたとおり，日本の本条約への加入が，いわゆるねじれ国会の所産として，衆議院の議決のみで2008年6月19日に国会の承認を得た。日

本は，ようやく71番目の加盟国として，既に加盟している70カ国の仲間入りを果たすことになったのである。貿易立国の日本としては，随分と遅れてしまったが，これから日本の関係者に期待されるのは，本条約の解釈などの運用面で，本条約を盛り立て，国際的に貢献することであろう。筆者は，今後，各国の判例などを研究し，貿易実務への具体的適用例を紹介したいと考えている。

【注】

1) J. O. Honnold, *Uniform Law for International Sales under the 1980 United Nations Convention* 392 (1987), Deventer：Kluwer.
   本条約の期限前の契約違反の規定（第71条と第72条）は基本的に英米法の考え方に基いている。わが国の民法にはこのような規定はないが，相手方の財務状態の悪化が甚しく，先履行を強いることが信義の原則に反する場合には，相手方が担保を供するか，その他履行について何等かの保証を与えない限り，先履行義務者は履行を拒むことができると解される。我妻栄『債権各論　上巻』84頁。ドイツ民法第321条およびフランス民法第1613条は，先履行義務者は相手方が支払不能に陥った場合，反対給付を拒絶できるとしている。しかし，両者とも相手方の財務状態が悪化した場合に限定されており，本条約より適用範囲が狭い。米国統一商法典の第2-609条は，本条約と同様に，履行停止の原因を相手方の財務状態の悪化に限定していない。
2) Honnold, *supra* note 1, at 393.
3) H. T. Bennett, in Bianca-Bonell, *Commentary on the International Sales Law, 1980 Vienna Sales Convention* 519-20 (1987), Milan：Giuffre.
4) *Official Records* 419.
5) Honnold, *supra* note 1, at 395.
6) Bennett, *supra* note 3, at 522
7) *Id.* at 521.
8) *Id.* at 521-22.
9) Honnold, *supra* note 1, at 397.
10) Secretariat Commentary on Article 62 (2) of the 1978 Draft, paragraph 10.
11) *Id.* at paragraph 11.
12) Bennett, *supra* note 3, at 521.
13) Secretariat Commentary on Article 62 (3) of the 1978 Draft, paragraph 13.
14) *Id.*, Example 62E and 62F.
15) *Id.* at paragraph 14.
16) Honnold, *supra* note 1, at 400.
    厳密に言うと，相手方が義務の実質的な部分を履行しないことが明らかなため，履行が停止されても，直ちに重大な違反に結び付かないこともありうるので，履行が停止したままで長期間推移することも考えられる。この場合には，消滅時効期間または出訴制限

期間（出訴期限）が経過するまで，停止の状態が続くことになるが，本条約は契約上の権利の消滅について規定していないので，国際私法の規則によって適用される国家法によることになる（第7条第2項）。日本法が適用される場合には，消滅時効期間は，売主の代金債権については2年（民法第173条），また，買主の商品引渡請求権については5年（商法第522条）である。なお，国際物品売買における出訴制限期間に関する国連条約 (The United Nations Convention on the Limitation Period in the International Sale of Goods) の第8条では，この期間は4年とされている。The Secretariat Commentary, *supra* note 24, at paragraph 14（4）．

17) The Secretariat Commentary, *supra* note 13, at paragraph 16.
18) わが国の民法には，このような規定はないが，履行期が到来する前でも，履行することの不能なことが確定すれば，履行不能として契約を解除することができると解される。我妻栄『債権各論　上巻』171頁。履行拒絶の場合については，わが国では，理論構成が余りはっきりしていないが，履行拒絶によって債務不履行の前段階のような状況が発生するので，拒絶意思を確認するため催告をした上で，債務不履行として契約を解除することができると解される。奥田昌道編集『注釈民法（10）』357頁（有斐閣，昭和63年）。
19) The Secretariat Commentary on Article 63 of the 1978 Draft, paragraph 2.
20) *Id.* at paragraph 3.
21) 1978年草案第63条では"a fundamental breach"となっていたのが，本条約第72条第1項では"a fundamental breach of contract"となっている点が違うだけである。
22) A. H. Kritzer, *Guide to Practical Applications of the United Nations Convention on Contracts for the International Sale of Goods* 465 – 66（1989），Deventer：Kluwer.
23) The Secretariat Commentary on Article 64 of the 1978 Draft, paragraph 1.
24) *Id.* at paragraph 2.
25) *Id.* at paragraph 3.
26) *Id.* at paragraph 4.
27) *Id.* at paragraph 5.
28) Honnold, *supra* note 1, at 406.
29) The Secretariat Commentary on Article 64 of the 1978 Draft, paragraph 6.
30) *Id.* at paragraph 7.
31) *Id.* at paragraph 8.
32) Honnold, *supra* note 1, at 404.
33) 9 Ex. 341, 156 Eng. Rep. 145（1854）．なお，表現は異なっているが，多くの点で米国統一商法典の改正売買編第2-714条および第2-715条に類似している。
34) The Secretariat Commentary on Article 70 of the 1978 Draft, paragraph 3.
35) *Id.* at paragraph 4.
36) *Id.* at paragraph 5.
37) *Id.* at paragraph 6. なお，欠陥品の引渡しが重大な違反に当たり，買主が契約を解除した場合の損害賠償額の算定については，後述の第75条または第76条による。
38) *Id.* at paragraph 7.
39) *Id.* at paragraph 8.
40) Peter Schlechtriem, ed., *Commentary on the UN Convention on the International Sale of Goods*（CISG）554（1998），Oxford：Clarendon Press.

41) The Secretariat Commentary on Article 70 of the 1978 Draft, paragraph 9.
42) Kritzer, *supra* note 22, at 477.
43) この点については，Atiyah が大変説得力のある議論を展開している。P. S. Atiyah, *An Introduction to the Law of Contract* 480-84（4th ed.1989), Oxford：Clarendon Press.
44) Kritzer, *supra* note 22, at 479.
45) *Id.* at 480-81.
46) The Secretariat Commentary on Article 71 of the 1978 Draft, paragraph 3.
47) *Id.* at paragraph 4.
48) *Id.* at paragraph 5.
49) *Id.* at paragraph 6.
50) *Id.* at paragraphs 8 and 9.
51) The Secretariat Commentary on Article 72 of the 1978 Draft, paragraph 1.
52) *Id.* at paragraph 2.
53) *Id.* at paragraph 3.
54) Honnold, *supra* note 1, at 414.
55) *Id.* at 415.
56) *Id.*
57) Knapp, in Bianca-Bonell, *Commentary on the International Sales Law* 553-54（1987), Milan：Giuffre.
58) Honnold, *supra* note 1, at 416.
Kritzer, *supra* note 22, at 492.
59) The Secretariat Commentary on Article 73 of the 1978 Draft, paragraph 4.
60) P. Schlechtriem, *Uniform Sales Law* 100（1986), Vienna：Manzsche.
61) Kritzer, *supra* note 22, at 499.
62) *Id.* at 499-500.
63) The Secretariat Commentary on Article 69 of the 1978 Draft, paragraph 2.
64) 履行が要求されても，障害が残っている以上，容易でないと思われるが，もし当事者が何等かの代替的な履行方法を提案したときは，契約に定められていた当初の履行方法と比較して余りにも欠陥があり，契約の重大な違反を構成する場合にだけ，相手方は契約を解除して代替案を拒否できると考えられる。The Secretariat Commentary on Article 65 of the 1978 Draft, paragraph 8.
65) Honnold, *supra* note 1, at 427-28.
66) Kritzer, *supra* note 22, at 501-502.
67) The Secretariat Commentary on Article 65 of the 1978 Draft. *Official Records* 55-56.
68) この例は，米国統一商法典第 2-614 条の影響を受けていると考えられるが，第 79 条の下でここまで言うのは行き過ぎではないかとの批判がある。すなわち，本条約の第 35 条第 1 項の下で物品は契約で要求されている方法で包装されねばならないのと矛盾するし，当事者の一方が一方的に契約の条項を変えることができ，弱い立場にある当事者がそれを押し付けられるのは危険であるとの批判がある。Tallon は，もし商業的に合理的な代替案が契約に定められていたものと大変近いなら，それを拒否することは信義遵守の一般原則（第 7 条第 1 項）に反することになると考えるべきで，不履行と免責の問題ではないと主張している。Tallon, in Bianca-Bonell, *Commentary on the International Sales Law, The 1980 Vienna Sales Convention* 582（1987), Milan：Giuffre.

69) The Secretariat Commentary on Article 66 of the 1978 Draft, paragraph 2.
70) *Id.* at paragraph 3.
71) *Id.* at paragraph 4.
72) このことは第81条第1項第1文のほか，第45条第2項にも規定されている。
73) The Secretariat Commentary on Article 66 of the 1978 Draft, paragraph 6. Honnold, *supra* note 1, at 447-48.
74) The Secretariat Commentary, *supra* note 73, at paragraph 5.
75) *Id.* at paragraph 10.
    Honnold, *supra* note 1, at 449.
76) The Secretariat Commentary on Article 67 of the 1978 Draft, paragraph 2.
77) *Id.* at paragraph 3.
78) 極端な場合，買主は，転売，消費などの結果，全く物品を返還することができなくてもよいと解されている。このような場合には，なぜ買主は損害賠償の請求ではなく，契約を解除する道を選ぶのかという疑問が生じるが，契約を解除すれば，買主は，損害の範囲を立証することなく，代金の返還を受けることができるし，また代金を取り戻すことによって，市況の下落による損害を契約に違反した売主に負担させることができる，と説明されている。
    Honnold, *supra* note 1, at 452.
    Tallon, *supra* note 68, at 609.
79) The Secretariat Commentary on Article 67 of the 1978 Draft, paragraph 5 and The Secretariat Commentary on Article 82 of the 1978 Draft, paragraph 2..
80) The Secretariat Commentary on Article 68 of the 1978 Draft
81) Kritzer, *supra* note 22, at 534.
82) The Secretariat Commentary on Article 69 of the 1978 Draft, paragraph 1.
83) Honnold, *supra* note 1, at 455.
84) Tallon, *supra* note 68, at 612.
85) The Secretariat Commentary on Article 74 of the 1978 Draft.
86) 第31条 (b) および (c) を参照。
87) The Secretariat Commentary on Article 75 of the 1978 Draft, paragraphs 3, 4 and Example 75C.
88) The Secretariat Commentary on Article 76 of the 1978 Draft.
89) The Secretariat Commentary on Article 77 of the 1978 Draft, paragraph 3.
90) *Id.* at paragraph 7.
91) *Id.* at paragraph 8.
92) *Id.* at paragraph 6. *Official Records* 227.

補章

ウィーン売買条約後の国際統一売買法

第1節 法の統一のための手法

1. 条約からリステイトメントへ

　異なる法域の法の調和（統一）を促進する手段として，学者が或る分野の法を整理して再述する（restate）ことは，米国法律協会（American Law Institute）によって出版された一連のリステイトメント（Restatements）によって米国で始まった。契約法の分野では，このコンセプトは，国境を越えて拡がり，最近では，次の二つのイニシアティブがある。[1]

　① ユニドロワ国際商事契約原則（The Principles of International Commercial Contracts；The UNIDROIT Principles）

　第1版は1994年に，第2版は2004年に出版された。第3版は現在作業が進行中である。ユニドロワの作業部会のChairmanはJoachim Bonell教授である。国際商事契約を対象としており，領域の範囲は全世界である。

　② 欧州契約法原則（The Principles of European Contract Law；The PECL）

　第1部は1995年に，第1部と第2部が合本の形で2000年に，第3部が2003年に出版された。作成に当たった欧州契約法委員会（the Commission on European Contract Law）の委員長はOle Lando教授である。同委員会は第3部の出版により解散した。純粋に国内的な取引および商人と消費者との契約も含めて，全ての種類の契約に適用される。領域の範囲はEUの加盟国に限定される。

これらのリステイトメントには法的拘束力はないが，法の統一のための手法としては，国際条約よりもインパクトがあるかもしれない。条約は，成立時には無力で，締約国が増加することによって，初めて実効性を持つ。1964年の国際物品売買に関する統一法（ULIS）と国際物品売買契約の成立に関する統一法（ULF）は，採用した国の数が少なく，条約として発効はしたものの，世界の貿易に大きなインパクトを与えなかった。

　これに対して，リステイトメントは，編纂に参画した国際的な名声を持つ学者のコンセンサスに基づいており，国家とは無関係である。PECLを作った欧州契約法委員会は，EU加盟国から集まった「学者の私的集団（a private body of scholars）」である。一方，ユニドロワは加盟国政府によって構成される国際機関であるが，ユニドロワ国際商事契約原則の起草に各国政府は関与していない。ユニドロワは，加盟国政府によるユニドロワ国際商事契約原則に対する支持を意識的に求めなかった。リステイトメントは，関与した学者の質に依存しており，発表と同時に，契約での採用，各国の裁判官，立法機関による活用などを通じて，関係者に影響を与えることができる。したがって，今後，国際商取引法の統一を一層促進するには，リステイトメントの方が，条約よりも有効な方法かもしれない。

　これらのリステイトメントの起草に当たって，起草者は，既存の法を再述するだけでなく，法を望ましい方向へ「静かに推し進める（gently push）」方法をとった。これは，米国法律協会が，米国法のリステイトメントを編纂するに当たって採用した方針と同じものである。また，法の調和（統一）のプロセスにおいて，一部の法の変更が必然的に起こるが，かかる変更は，過度に革命的であってはならないことも，起草者は承知していた。したがって，リステイトメントは，各法体系の既存のルールから若干離れ，新しい概念を導入している場合もあるが，大部分は従来のルールを再述したものとなっている。

2. リステイトメントによる統一商取引法の進化の例

（1）書式の争い（Battle of the Forms）

書式の争いについては，当事者が契約を履行した場合，英米普通法ではいわゆる「最後に発送した者が勝つ原則（The last shot doctrine）」によって説明が行われているが，ウィーン売買条約第18条，第19条も結果的にこの原則を踏襲する規定となっている。これに対して，ドイツの判例と米国統一商法典改正第2-207条は，両書式の矛盾する規定は相殺され，その結果生じた空白は法律の規定によって補充する「ノックアウト・ルール（The knockout rule）」を採用しており，一歩進んだ対応を示している。[3]

ユニドロワ国際商事契約原則第2.22条と欧州契約法原則第2-209条は，両者ともノックアウト・ルールを採用している。

(2)「環境の変化（Change of Circumstances）」

二つのリステイトメントで最も革新的な規定といわれているのが，いわゆる「事情の変更」が起こり，不利な環境の変化が当事者の契約履行の義務に及ぼす効果に関する規定である。再交渉について触れていないウィーン売買条約に比較して，突っ込んだ規定が設けられている。特に，欧州契約法原則では，再交渉が義務付けられている。再交渉は長期契約の場合有益と思われる。

▶ウィーン売買条約　第79条：当事者を損害賠償責任から免除する障害。
▶ユニドロワ国際商事契約原則　第6.2.2条：ハードシップによる再交渉を要請する権利（ウィーン売買条約第79条に相当する損害賠償責任免除の規定は，第7.1.7条に設けられている）。
▶欧州契約法原則　第6:111条：環境の変化による再交渉の義務（ウィーン売買条約第79条に相当する損害賠償責任免除の規定は，第8:108条に設けられている）。

第2節　国際商事契約の「国際化」

1．国際商事契約の国際化とは何か

最近，一方で，ウィーン売買条約の締約国が日本を含めて72カ国に及び，

広く世界の国際売買法の事実上の標準となって来たこと，他方で，有力な学者の叡智を集めたユニドロワ国際商事契約原則が第二段階まで完成したことを背景に，自社の国際商事契約の「国際化（internationalization）」を希望するビジネスマンが急速に増えてきたといわれている。ここで国際化とは，国際商事契約に超国家的な契約法のルールを適用することを意味し，これが可能であれば，準拠法の選択（choice-of-law）と裁判地（forum；venue）の選択についての当事者間の交渉が容易となり，無駄な争いを回避することができる。

国際化のための主役は，
① ウィーン売買条約
② ユニドロワ国際商事契約原則
③ 世界各地に存在する国際商事仲裁機関

であるが，これらに加えて，欧米における契約法のリステイトメント，広く受け入れられている取引条件・慣行，標準契約書などが，国際商事契約の国際化に一定の役割を果たすと考えられる。

国際化は，実体法の統一を土台にして成立するものであり，国家法に囚われない国際商事契約の国際化の動きが活発化してきたのは，ウィーン売買条約の成功に触発されたものである。従来，超国家的な契約法のルールを国際商事契約に適用しようとすると，各国の裁判所も学者も，国家から見たルールの正当性に疑問を呈することが多かった。しかし，ウィーン売買条約は，今や日本を含めて 72 カ国によって採用され，これらの国の学者・裁判所は，もはやその正当性を疑うことができなくなったので，ウィーン売買条約を中核に据え，その不十分なところをユニドロワ国際商事契約原則によって補充・解釈し，さらに，米国法律協会によるリステイトメント，欧州契約法原則，国際商業会議所（ICC）制定の国際規則，同業組合による標準契約書などを補完的に使用することによって，国際商事契約の国際化を推進することが容易になったと考えられる。

2. 国際商事契約の国際化はなぜ必要か

しかし，国際商事契約の国際化は，なぜ必要なのであろうか？

契約の当事者であるビジネスマンは，一般的に言って，契約の「国際化」に賛成であることが多い。その最大の理由は，既に述べたように，準拠法と裁判地の選択について，当事者間の交渉が容易になるからである。[7]

「国際化」は，準拠法の選択と契約の下での紛争の解決の場所についての当事者の交渉を容易にする。契約当事者は，自己の国家法が契約の下で準拠法として指名されることに固執するのが，常である。このように固執するのは，当事者が両国の法や法制度を厳密に比較検討して結論を出したわけではなく，自国の法律なら馴染み深く，安心できるというだけのことであった。当事者が，自己の国家法が準拠法として採用されることに固執すると，しばしば交渉は遅延し，取引そのものが成立しないこともまれではない。かかる手詰まり状態は，全ての関係者にとって望ましいことではない。かような契約交渉の行詰まりを避けるため，当事者間で妥協が必要となる。妥協が成立するには，契約で採用される法制度は，全ての当事者に受入れ可能で，馴染み深いものでなければならない。よく行われる妥協として，当事者の話し合いで，英国法やニューヨーク州法を契約の準拠法とすることがある。[8]

また，一部の契約の当事者にとっては，一国の法，法律制度または裁判所を全く受け入れることができないことがあるので，契約がこのような法，法律制度または裁判所と関わりを持たないように，契約を国際化することが必要であるといわれている。発展途上国やかつての社会主義国などの法，法律制度または裁判所は，その効率，独立性，公正さなどに問題があることがあり，国際化はこのような国の法などを避ける手段を提供するというのである。[9]

3. 国際化の中核としてのウィーン売買条約

既に述べたように，ウィーン売買条約は，起草に参加した各国，具体的には，先進国同士および先進国と発展途上国との妥協の産物であり，数々の問題点がある。大陸法と英米普通法の原則が入り乱れて存在し，重要な用語も，全く定

義されていないか，または，抽象的で意味不明な不明確な定義しかなされていないものが多い。

しかし，それにも拘らず，ウィーン売買条約は，国際商事契約に関する法と手続きを「国際化」するために採られた最も重要な多国間の法律文書であるということができる。そして，不完全ながら，1980 年にウィーン売買条約が誕生し，今や 72 カ国によって採用された結果，国際商事契約の「国際化」がこの条約を中核として可能となった。今後なすべきことは，この不完全な条約をユニドロワ国際商事契約原則などの他の素材を活用して，どのように補完し，国際商事契約の国際化に役立てるかである。私は，貿易実務家に国家法に囚われない契約の「国際化」をぜひ推進していただきたいと思う。

今後，私は，国際商事契約の国際化の手引きとして，ウィーン売買条約とインコタームズに準拠した標準的国際物品売買契約書の起草に役立つ書物を執筆したいと考えている。

【注】
1) 別に，CENTRAL による**商慣習法の原則，規則および基準のリスト**（The CENTRAL-List of Principles, Rules and Standards of the Lex Mercatoria）がある。このリストは，ドイツの Münster 大学に設けられた国境を越えた商取引法センター（The Center for Transnational Law；CENTRAL）の主宰者である Professor Klaus Peter Berger を中心とするグループによって開発された。CENTRAL の本部は Berger 教授が 2002 年に Cologne 大学に移籍したため，同大学に移転した。
2) Klaus Peter Berger, *The Creeping Codification of The Lex Mercatoria* 154-56（1999），The Hague：Kluwer Law International.
3) 書式の争いについて詳細は，新堀聰『貿易取引の理論と実践』第 1 章（三嶺書房，1993 年）を参照されたい。
4) 現在，正当な理由による長期契約の終了に関する章などを追加した第三版の編纂作業が進行中である。
5) 国際商業会議所（ICC）が制定したインコタームズや信用状統一規則（UCP600）などが，典型的なものである。
6) G. Gregory Letterman, *UNIDROIT's Rules in Practice, Standard International Contracts and Applicable Rules* 1-2（2001），The Hague：Kluwer Law International.
7) *Id.* at 4.
8) *Id.* at 4-5.
9) *Id.* at 5.
10) *Id.* at 25.

付録　ウィーン売買条約全文(英和対照)

　ここに掲載のウィーン売買条約全文の和訳は，外務省がホームページ上で公表しているものを手を加えずそのままの状態で収録した。

UNITED NATIONS CONVENTION ON CONTRACTS FOR THE INTERNATIONAL SALE OF GOODS (VIENNA SALE CONVENTION)
Vienna, 11 April 1980

The States Parties to this Convention,
Bearing in mind the broad objectives in the resolutions adopted by the sixth special session of the General Assembly of the United Nations on the establishment of a New International Economic Order,
Considering that the development of international trade on the basis of equality and mutual benefit is an important element in promoting friendly relations among States,
Being of the opinion that the adoption of uniform rules which govern contracts for the international sale of goods and take into account the different social, economic and legal systems would contribute to the removal of legal barriers in international trade and promote the development of international trade,
Have agreed as follows:

PART I
Sphere of Application and General Provisions

CHAPTER I
SPHERE OF APPLICATION

Article 1

1. This Convention applies to contracts of sale of goods between parties whose places of business are in different States:
(a) when the States are Contracting States; or
(b) when the rules of private international law lead to the application of the law of a Contracting State.

2. The fact that the parties have their places of business in different States is to be disregarded whenever this fact does not appear either from the contract or from any dealings between, or from information disclosed by the parties at any time before or at the conclusion of the contract.

3. Neither the nationality of the parties nor the civil or commercial character of the parties or of the contract is to be taken into consideration in determining the application of this Convention.

国際物品売買契約に関する国際連合条約

　この条約の締約国は，国際連合総会第6回特別会期において採択された新たな国際経済秩序の確立に関する決議の広範な目的に留意し，平等及び相互の利益を基礎とした国際取引の発展が諸国間の友好関係を促進する上での重要な要素であることを考慮し，異なる社会的，経済的及び法的な制度を考慮した国際物品売買契約を規律する統一的準則を採択することが，国際取引における法的障害の除去に貢献し，及び国際取引の発展を促進することを認めて，次のとおり協定した。

第1部　適用範囲及び総則

第1章　適用範囲

第1条
　（1）　この条約は，営業所が異なる国に所在する当事者間の物品売買契約について，次のいずれかの場合に適用する。
　　（a）　これらの国がいずれも締約国である場合
　　（b）　国際私法の準則によれば締約国の法の適用が導かれる場合
　（2）　当事者の営業所が異なる国に所在するという事実は，その事実が，契約から認められない場合又は契約の締結時以前における当事者間のあらゆる取引関係から若しくは契約の締結時以前に当事者によって明らかにされた情報から認められない場合には，考慮しない。
　（3）　当事者の国籍及び当事者又は契約の民事的又は商事的な性質は，この条約の適用を決定するに当たって考慮しない。

Article 2

This Convention does not apply to sales:

(a) of goods bought for personal, family or household use, unless the seller, at any time before or at the conclusion of the contract, neither knew nor ought to have known that the goods were bought for any such use;
(b) by auction;
(c) on execution or otherwise by authority of law;
(d) of stocks, shares, investment securities, negotiable instruments or money;
(e) of ships, vessels, hovercraft or aircraft;
(f) of electricity.

Article 3

1. Contracts for the supply of goods to be manufactured or produced are to be considered sales unless the party who orders the goods undertakes to supply a substantial part of the materials necessary for such manufacture or production.
2. This Convention does not apply to contracts in which the preponderant part of the obligations of the party who furnishes the goods consists in the supply of labour or other services.

Article 4

This Convention governs only the formation of the contract of sale and the rights and obligations of the seller and the buyer arising from such a contract. In particular, except as otherwise expressly provided in this Convention, it is not concerned with:

(a) the validity of the contract or of any of its provisions or of any usage;
(b) the effect which the contract may have on the property in the goods sold.

Article 5

This Convention does not apply to the liability of the seller for death or personal injury caused by the goods to any person.

Article 6

The parties may exclude the application of this Convention or, subject to article 12, derogate from or vary the effect of any of its provisions.

第2条
　この条約は，次の売買については，適用しない。
　　（a）　個人用，家族用又は家庭用に購入された物品の売買。ただし，売主が契約の締結時以前に当該物品がそのような使用のために購入されたことを知らず，かつ，知っているべきでもなかった場合は，この限りでない。
　　（b）　競り売買
　　（c）　強制執行その他法令に基づく売買
　　（d）　有価証券，商業証券又は通貨の売買
　　（e）　船，船舶，エアクッション船又は航空機の売買
　　（f）　電気の売買

第3条
　（1）　物品を製造し，又は生産して供給する契約は，売買とする。ただし，物品を注文した当事者がそのような製造又は生産に必要な材料の実質的な部分を供給することを引き受ける場合は，この限りでない。
　（2）　この条約は，物品を供給する当事者の義務の主要な部分が労働その他の役務の提供から成る契約については，適用しない。

第4条
　この条約は，売買契約の成立並びに売買契約から生ずる売主及び買主の権利及び義務についてのみ規律する。この条約は，この条約に別段の明文の規定がある場合を除くほか，特に次の事項については，規律しない。
　　（a）　契約若しくはその条項又は習慣の有効性
　　（b）　売却された物品の所有権について契約が有し得る効果

第5条
　この条約は，物品によって生じたあらゆる人の死亡又は身体の傷害に関する売主の責任については，適用しない。

第6条
　当事者は，この条約の適用を排除することができるものとし，第十二条の規定に従うことを条件として，この条約のいかなる規定も，その適用を制限し，又はその効力を変更することができる。

Chapter II
General Provisions

Article 7

1. In the interpretation of this Convention, regard is to be had to its international character and to the need to promote uniformity in its application and the observance of good faith in international trade.
2. Questions concerning matters governed by this Convention which are not expressly settled in it are to be settled in conformity with the general principles on which it is based or, in the absence of such principles, in conformity with the law applicable by virtue of the rules of private international law.

Article 8

1. For the purposes of this Convention statements made by and other conduct of a party are to be interpreted according to his intent where the other party knew or could not have been unaware what that intent was.
2. If the preceding paragraph is not applicable, statements made by and other conduct of a party are to be interpreted according to the understanding that a reasonable person of the same kind as the other party would have had in the same circumstances.
3. In determining the intent of a party or the understanding a reasonable person would have had due consideration is to be given to all relevant circumstances of the case including the negotiations, any practices which the parties have established between themselves, usages and any subsequent conduct of the parties.

Article 9

1. The parties are bound by any usage to which they have agreed and by any practices which they have established between themselves.
2. The parties are considered, unless otherwise agreed, to have impliedly made applicable to their contract or its formation a usage of which the parties knew or ought to have known and which in international trade is widely known to, and regularly observed by, parties to contracts of the type involved in the particular trade concerned.

第2章 総　　則

第7条
（1）この条約の解釈に当たっては，その国際的な性質並びにその適用における統一及び国際取引における信義の遵守を促進する必要性を考慮する。
（2）この条約が規律する事項に関する問題であって，この条約において明示的に解決されていないものについては，この条約の基礎を成す一般原則に従い，又はこのような原則がない場合には国際私法の準則により適用される法に従って解決する。

第8条
（1）この条約の適用上，当事者の一方が行った言明その他の行為は，相手方が当該当事者の一方の意図を知り，又は知らないことはあり得なかった場合には，その意図に従って解釈する。
（2）（1）の規定を適用することができない場合には，当事者の一方が行った言明その他の行為は，相手方と同種の合理的な者が同様の状況の下で有したであろう理解に従って解釈する。
（3）当事者の意図又は合理的な者が有したであろう理解を決定するに当たっては，関連するすべての状況（交渉，当事者間で確立した慣行，慣習及び当事者の事後の行為を含む。）に妥当な考慮を払う。

第9条
（1）当事者は，合意した慣習及び当事者間で確立した慣行に拘束される。
（2）当事者は，別段の合意がない限り，当事者双方が知り，又は知っているべきであった慣習であって，国際取引において，関係する特定の取引分野において同種の契約をする者に広く知られ，かつ，それらの者により通常遵守されているものが，黙示的に当事者間の契約又は成立に適用されることとしたものとする。

Article 10

For the purpose of this Convention:

(a) if a party has more than one place of business, the place of business is that which has the closest relationship to the contract and its performance, having regard to the circumstances known to or contemplated by the parties at any time before or at the conclusion of the contract;

(b) if a party does not have a place of business, reference is to be made to his habitual residence.

Article 11

A contract of sale need not be concluded in or evidenced by writing and is not subject to any other requirement as to form. It may be proved by any means, including witnesses.

Article 12

Any provision of article 11, article 29 or Part II of this Convention that allows a contract of sale or its modification or termination by agreement or any offer, acceptance or other indication of intention to be made in any form other than in writing does not apply where any party has his place of business in a Contracting State which has made a declaration under article 96 of this Convention. The parties may not derogate from or vary the effect of this article.

Article 13

For the purposes of this Convention "writing" includes telegram and telex.

PART II
Formation of the Contract

Article 14

1. A proposal for concluding a contract addressed to one or more specific persons constitutes an offer if it is sufficiently definite and indicates the intention of the offeror to be bound in case of acceptance. A proposal is sufficiently definite if it indicates the goods and expressly or implicitly fixes or makes provision for determining the quantity and the price.
2. A proposal other than one addressed to one or more specific persons is to be considered merely as an invitation to make offers, unless the contrary is clearly indicated by the person making the proposal.

第 10 条
　この条約の適用上，
　（a）　営業所とは，当事者が二以上の営業所を有する場合には，契約の締結時以前に当事者双方が知り，又は想定していた事情を考慮して，契約及びその履行に最も密接な関係を有する営業所をいう。
　（b）　当事者が営業所を有しない場合には，その常居所を基準とする。

第 11 条
　売買契約は，書面によって締結し，又は証明することを要しないものとし，方式について他のいかなる要件にも服さない。売買契約は，あらゆる方法（証人を含む。）によって証明することができる。

第 12 条
　売買契約は，合意によるその変更若しくは終了又は申込み，承諾その他の意思表示を書面による方法以外の方法で行うことを認める前条，第 29 条又は第 2 部のいかなる規定も，当事者のいずれかが第 96 条の規定に基づく宣言を行った締約国に営業所を有する場合には，適用しない。当事者は，この条の規定の適用を制限し，又はその効力を変更することができない。

第 13 条
　この条約の適用上，「書面」には，電報及びテレックスを含む。

第 2 部　契約の成立

第 14 条
　（1）　一人又は二人以上の特定の者に対してした契約を締結するための申入れは，それが十分に確定し，かつ，承諾があるときは拘束されるとの申入れをした者の意思が示されている場合には，申込みとなる。申入れは，物品を示し，並びに明示的又は黙示的に，その数量及び代金を定め，又はそれらの決定方法について規定している場合には，十分に確定しているものとする。
　（2）　一人又は二人以上の特定の者に対してした申入れ以外の申入れは，申入れをした者が反対の意思を明確に示す場合を除くほか，単に申込みの誘引とする。

Article 15

1. An offer becomes effective when it reaches the offeree.
2. An offer, even if it is irrevocable, may be withdrawn if the withdrawal reaches the offeree before or at the same time as the offer.

Article 16

1. Until a contract is concluded an offer may be revoked if the revocation reaches the offeree before he has dispatched an acceptance.
2. However, an offer cannot be revoked:
(a) if it indicates, whether by stating a fixed time for acceptance or otherwise, that it is irrevocable; or
(b) if it was reasonable for the offeree to rely on the offer as being irrevocable and the offeree has acted in reliance on the offer.

Article 17

An offer, even if it is irrevocable, is terminated when a rejection reaches the offeror.

Article 18

1. A statement made by or other conduct of the offeree indicating assent to an offer is an acceptance. Silence or inactivity does not in itself amount to acceptance.
2. An acceptance of an offer becomes effective at the moment the indication of assent reaches the offeror. An acceptance is not effective if the indication of assent does not reach the offeror within the time he has fixed or if no time is fixed within a reasonable time, due account being taken of the circumstances of the transaction, including the rapidity of the means of communication employed by the offeror. An oral offer must be accepted immediately unless the circumstances indicate otherwise.
3. However, if, by virtue of the offer or as a result of practices which the parties have established between themselves or of usage, the offeree may indicate assent by performing an act, such as one relating to the dispatch of the goods or payment of the price, without notice to the offeror, the acceptance is effective at the moment the act is performed, provided that the act is performed within the period of time laid down in the preceding paragraph.

第15条
（１）　申込みは，相手方に到達した時にその効力を生ずる。
（２）　申込みは，撤回することができない場合であっても，その取りやめの通知が申込みの到達時以前に相手方に到達するときは，取りやめることができる。

第16条
（１）　申込みは，契約が締結されるまでの間，相手方が承諾の通知を発する前に撤回の通知が当該相手方に到達する場合には，撤回することができる。
（２）　申込みは，次の場合には，撤回することができない。
　（ａ）　申込みが，一定の承諾の期間を定めることによるか他の方法によるかを問わず，撤回することができないものであることを示している場合
　（ｂ）　相手方が申込みを撤回することができないものであると信頼したことが合理的であり，かつ，当該相手方が当該申込みを信頼して行動した場合

第17条
申込みは，撤回することができない場合であっても，拒絶の通知が申込者に到達した時にその効力を失う。

第18条
（１）　申込みに対する同意を示す相手方の言明その他の行為は，承諾とする。沈黙又はいかなる行為も行わないことは，それ自体では，承諾とならない。
（２）　申込みに対する承諾は，同意の表示が申込者に到達した時にその効力を生ずる。同意の表示が，申込者の定めた期間内に，又は期間の定めがない場合には取引の状況（申込者が用いた通信手段の迅速性を含む。）について妥当な考慮を払った合理的な期間内に申込者に到達しないときは，承諾は，その効力を生じない。口頭による申込みは，別段の事情がある場合を除くほか，直ちに承諾されなければならない。
（３）　申込みに基づき，又は当事者間で確立した慣行若しくは慣習により，相手方が申込者に通知することなく，物品の発送又は代金の支払等の行為を行うことにより同意を示すことができる場合には，承諾は，当該行為が行われた時にその効力を生ずる。ただし，当該行為が（２）に規定する期間内に行われた場合に限る。

Article 19

1. A reply to an offer which purports to be an acceptance but contains additions, limitations or other modifications is a rejection of the offer and constitutes a counter-offer.
2. However, a reply to an offer which purports to be an acceptance but contains additional or different terms which do not materially alter the terms of the offer constitutes an acceptance, unless the offeror, without undue delay, objects orally to the discrepancy or dispatches a notice to that effect. If he does not so object, the terms of the contract are the terms of the offer with the modifications contained in the acceptance.
3. Additional or different terms relating, among other things, to the price, payment, quality and quantity of the goods, place and time of delivery, extent of one party's liability to the other or the settlement of disputes are considered to alter the terms of the offer materially.

Article 20

1. A period of time for acceptance fixed by the offeror in a telegram or a letter begins to run from the moment the telegram is handed in for dispatch or from the date shown on the letter or, if no such date is shown, from the date shown on the envelope. A period of time for acceptance fixed by the offeror by telephone, telex or other means of instantaneous communication, begins to run from the moment that the offer reaches the offeree.
2. Official holidays or non-business days occurring during the period for acceptance are included in calculating the period. However, if a notice of acceptance cannot be delivered at the address of the offeror on the last day of the period because that day falls on an official holiday or a non-business day at the place of business of the offeror, the period is extended until the first business day which follows.

Article 21

1. A late acceptance is nevertheless effective as an acceptance if without delay the offeror orally so informs the offeree or dispatches a notice to that effect.
2. If a letter or other writing containing a late acceptance shows that it has been sent in such circumstances that if its transmission had been normal it would have reached the offeror in due time, the late acceptance is effective as an acceptance unless, without delay, the offeror orally informs the offeree that he considers his offer as having lapsed or dispatches a notice to that effect.

第 19 条
　(1)　申込みに対する承諾を意図する応答であって，追加，制限その他の変更を含むものは，当該申込みの拒絶であるとともに，反対申込みとなる。
　(2)　申込みに対する承諾を意図する応答は，追加的な又は異なる条件を含む場合であっても，当該条件が申込みの内容を実質的に変更しないときは，申込者が不当な遅滞することなくその相違について口頭で異議を述べ，又はその旨の通知を発した場合を除くほか，承諾となる。申込者がそのような異議を述べない場合には，契約の内容は，申込みの内容に承諾に含まれた変更を加えたものとする。
　(3)　追加的な又は異なる条件であって，特に，代金，支払，物品の品質若しくは数量，引渡しの場所若しくは時期，当事者の一方の相手方に対する責任の限度又は紛争解決に関するものは，申込みの内容を実質的に変更するものとする。

第 20 条
　(1)　申込者が電報又は書簡に定める承諾の期間は，電報が発信のために提出された時から又は書簡に示された日付若しくはこのような日付が示されていない場合には封筒に示された日付から起算する。申込者が電話，テレックスその他の即時の通信の手段によって定める承諾の期間は，申込みが相手方に到達した時から起算する。
　(2)　承諾の期間中の公の休日又は非取引日は，当該期間に算入する。承諾の期間の末日が申込者の営業所の所在地の公の休日又は非取引日に当たるために承諾の通知が当該末日に申込者の住所に届かない場合には，当該期間は，当該末日に続く最初の取引日まで延長する。

第 21 条
　(1)　遅延した承諾であっても，それが承諾としての効力を有することを申込者が遅滞なく相手方に対して口頭で知らせ，又はその旨の通知を発した場合には，承諾としての効力を有する。
　(2)　遅延した承諾が記載された書簡その他の書面が，通信状態が通常であったとしたならば期限までに申込者に到達したであろう状況の下で発送されたことを示している場合には，当該承諾は，承諾としての効力を有する。ただし，当該申込者が自己の申込みを失効していたものとすることを遅滞なく相手方に対して口頭で知らせ，又はその旨の通知を発した場合には，この限りではない。

Article 22

An acceptance may be withdrawn if the withdrawal reaches the offeror before or at the same time as the acceptance would have become effective.

Article 23

A contract is concluded at the moment when an acceptance of an offer becomes effective in accordance with the provisions of this Convention.

Article 24

For the purposes of this Part of the Convention, an offer, declaration of acceptance or any other indication of intention "reaches" the addressee when it is made orally to him or delivered by any other means to him personally, to his place of business or mailing address or, if he does not have a place of business or mailing address, to his habitual residence.

PART III
Sale of Goods

CHAPTER I
GENERAL PROVISIONS

Article 25

A breach of contract committed by one of the parties is fundamental if it results in such detriment to the other party as substantially to deprive him of what he is entitled to expect under the contract, unless the party in breach did not foresee and a reasonable person of the same kind in the same circumstances would not have foreseen such a result.

Article 26

A declaration of avoidance of the contract is effective only if made by notice to the other party.

Article 27

Unless otherwise expressly provided in this Part of the Convention, if any notice, request or other communication is given or made by a party in accordance with this Part and by means appropriate in the circumstances, a delay or error in the

第22条
　承諾は，その取りやめの通知が当該承諾の効力の生ずる時以前に申込者に到達する場合には，取りやめることができる。

第23条
　契約は，申込みに対する承諾がこの条約に基づいて効力を生ずる時に成立する。

第24条
　この部の規定の適用上，申込み，承諾の意思表示その他の意思表示が相手方に「到達した」時とは，申込み，承諾の意思表示その他の意思表示が，相手方に対して口頭で行われた時又は他の方法により相手方個人に対し，相手方の営業所若しくは郵便送付先に対し，若しくは相手方が営業所及び郵便送付先を有しない場合には相手方の常居所に対して届けられた時とする。

第3部　物品の売買

第1章　総　　則

第25条
　当事者の一方が行った契約違反は，相手方がその契約に基づいて期待することができたものを実質的に奪うような不利益を当該相手方に生じさせる場合には，重大なものとする。ただし，契約違反を行った当事者がそのような結果を予見せず，かつ，同様の状況の下において当該当事者と同種の合理的な者がそのような結果を予見しなかったであろう場合は，この限りでない。

第26条
　契約の解除の意思表示は，相手方に対する通知によって行われた場合に限り，その効力を有する。

第27条
　この部に別段の明文の規定がある場合を除くほか，当事者がこの部の規定に従い，かつ，状況に応じて適切な方法により，通知，要求その他の通信を行った場合には，当該通信の伝達において遅延若しくは誤りが生じ，又は当該通信が到達しなかったときでも，当該当事者は，当該通信を行ったことを援用する権利を奪われない。

transmission of the communication or its failure to arrive does not deprive that party of the right to rely on the communication.

Article 28

If, in accordance with the provisions of this Convention, one party is entitled to require performance of any obligation by the other party, a court is not bound to enter a judgement for specific performance unless the court would do so under its own law in respect of similar contracts of sale not governed by this Convention.

Article 29

1. A contract may be modified or terminated by the mere agreement of the parties.
2. A contract in writing which contains a provision requiring any modification or termination by agreement to be in writing may not be otherwise modified or terminated by agreement. However, a party may be precluded by his conduct from asserting such a provision to the extent that the other party has relied on that conduct.

CHAPTER II
OBLIGATIONS OF THE SELLER

Article 30

The seller must deliver the goods, hand over any documents relating to them and transfer the property in the goods, as required by the contract and this Convention.

Section I. Delivery of the goods and handling over of documents

Article 31

If the seller is not bound to deliver the goods at any other particular place, his obligation to deliver consists:

(a) if the contract of sale involves carriage of the goods – in handing the goods over to the first carrier for transmission to the buyer;
(b) if, in cases not within the preceding subparagraph, the contract relates to specific goods, or unidentified goods to be drawn from a specific stock or to be manufactured or produced, and at the time of the conclusion of the contract the parties knew that the goods were at, or were to be manufactured or produced at, a particular place – in placing the goods at the buyer's disposal at that place;

第28条
 当事者の一方がこの条約に基づいて相手方の義務の履行を請求することができる場合であっても，裁判所は，この条約が規律しない類似の売買契約について自国の法に基づいて同様の裁判をするであろうときを除くほか，現実の履行を命ずる裁判をする義務を負わない。

第29条
（1） 契約は，当事者の合意のみによって変更し，又は終了させることができる。
（2） 合意による変更又は終了を書面によって行うことを必要とする旨の条項を定めた書面による契約は，その他の方法による合意によって変更し，又は終了させることができない。ただし，当事者の一方は，相手方が自己の行動を信頼した限度において，その条項を主張することができない。

第2章　売主の義務

第30条
 売主は，契約及びこの条約に従い，物品を引き渡し，物品に関する書類を交付し，及び物品の所有権を移転しなければならない。

第1節　物品の引渡し及び書類の交付

第31条
 売主が次の(a)から(c)までに規定する場所以外の特定の場所において物品を引き渡す義務を負わない場合には，売主の引渡しの義務は，次のことから成る。
 （a） 売買契約が物品の運送を伴う場合には，買主に送付するために物品を最初の運送人に交付すること。
 （b） (a)に規定する場合以外の場合において，契約が特定物，特定の在庫から取り出される不特定物又は製造若しくは生産が行われる不特定物に関するものであり，かつ，物品が特定の場所に存在し，又は特定の場所で製造若しくは生産が行われることを当事者双方が契約の締結時に知っていたときは，その場所において物品を買主の処分にゆだねること。

(c) in other cases – in placing the goods at the buyer's disposal at the place where the seller had his place of business at the time of the conclusion of the contract.

Article 32

1. If the seller, in accordance with the contract or this Convention, hands the goods over to a carrier and if the goods are not clearly identified to the contract by markings on the goods, by shipping documents or otherwise, the seller must give the buyer notice of the consignment specifying the goods.
2. If the seller is bound to arrange for carriage of the goods, he must make such contracts as are necessary for carriage to the place fixed by means of transportation appropriate in the circumstances and according to the usual terms for such transportation.
3. If the seller is not bound to effect insurance in respect of the carriage of the goods, he must, at the buyer's request, provide him with all available information necessary to enable him to effect such insurance.

Article 33

The seller must deliver the goods:

(a) if a date is fixed by or determinable from the contract, on that date;
(b) if a period of time is fixed by or determinable from the contract, at any time within that period unless circumstances indicate that the buyer is to choose a date; or
(c) in any other case, within a reasonable time after the conclusion of the contract.

Article 34

If the seller is bound to hand over documents relating to the goods, he must hand them over at the time and place and in the form required by the contract. If the seller has handed over documents before that time, he may, up to that time, cure any lack of conformity in the documents, if the exercise of this right does not cause the buyer unreasonable inconvenience or unreasonable expense. However, the buyer retains any right to claim damages as provided for in this Convention.

（ｃ）　その他の場合には，売主が契約の締結時に営業所を有していた場所において物品を買主の処分にゆだねること。

第32条
（１）　売主は，契約又はこの条約に従い物品を運送人に交付した場合において，当該物品が荷印，船積書類その他の方法により契約上の物品として明確に特定されないときは，買主に対して物品を特定した発送の通知を行わなければならない。
（２）　売主は，物品の運送を手配する義務を負う場合には，状況に応じて適切な運送手段により，かつ，このような運送のための通常の条件により，定められた場所までの運送に必要となる契約を締結しなければならない。
（３）　売主は，物品の運送について保険を掛ける義務を負わない場合であっても，買主の要求があるときは，買主が物品の運送について保険を掛けるために必要な情報であって自己が提供することのできるすべてのものを，買主に対して提供しなければならない。

第33条
売主は，次のいずれかの時期に物品を引き渡さなければならない。
（ａ）　期日が契約によって定められ，又は期日を契約から決定することができる場合には，その期日
（ｂ）　期間が契約によって定められ，又は期間を契約から決定することができる場合には，買主が引渡しの日を選択すべきことを状況が示していない限り，その期間内のいずれかの時
（ｃ）　その他の場合には，契約の締結後の合理的な期間内

第34条
売主は，物品に関する書類を交付する義務を負う場合には，契約に定める時期及び場所において，かつ，契約に定める方式により，当該書類を交付しなければならない。売主は，その時期により前に当該書類を交付した場合いおいて，買主に不合理な不便又は不合理な費用を生じさせないときは，その時期まで，当該書類の不適合を追完することができる。ただし，買主は，この条約に規定する損害賠償の請求をする権利を保持する。

Section II. Conformity of the goods and third party claims

Article 35

1. The seller must deliver goods which are of the quantity, quality and description required by the contract and which are contained or packaged in the manner required by the contract.
2. Except where the parties have agreed otherwise, the goods do not conform with the contract unless they:
(a) are fit for the purposes for which goods of the same description would ordinarily be used;
(b) are fit for any particular purpose expressly or impliedly made known to the seller at the time of the conclusion of the contract, except where the circumstances show that the buyer did not rely, or that it was unreasonable for him to rely, on the seller's skill and judgement;
(c) possess the qualities of goods which the seller has held out to the buyer as a sample or model;
(d) are contained or packaged in the manner usual for such goods or, where there is no such manner, in a manner adequate to preserve and protect the goods.
3. The seller is not liable under subparagraphs (a) to (d) of the preceding paragraph for any lack of conformity of the goods if at the time of the conclusion of the contract the buyer knew or could not have been unaware of such lack of conformity.

Article 36

1. The seller is liable in accordance with the contract and this Convention for any lack of conformity which exists at the time when the risk passes to the buyer, even though the lack of conformity becomes apparent only after that time.
2. The seller is also liable for any lack of conformity which occurs after the time indicated in the preceding paragraph and which is due to a breach of any of his obligations, including a breach of any guarantee that for a period of time the goods will remain fit for their ordinary purpose or for some particular purpose or will retain specified qualities or characteristics.

Article 37

If the seller has delivered goods before the date for delivery, he may, up to that date, deliver any missing part or make up any deficiency in the quantity of the goods delivered, or deliver goods in replacement of any non-conforming goods delivered or remedy any lack of conformity in the goods delivered, provided that the exercise of this right does not cause the buyer unreasonable inconvenience or unreasonable expense. However, the buyer retains any right to claim damages as provided for in this Convention.

第2節　物品の適合性及び第三者の権利又は請求

第35条
（1）　売主は，契約に定める数量，品質及び種類に適合し，かつ，契約に定める方法で収納され，又は包装された物品を引き渡さなければならない。
（2）　当事者が別段の合意をした場合を除くほか，物品は，次の要件を満たさない限り，契約に適合しないものとする。
　（a）　同種の物品が通常使用されるであろう目的に適したものであること。
　（b）　契約の締結時に売主に対して明示的又は黙示的に知らされていた特定の目的に適したものであること。ただし，状況からみて，買主が売主の技能及び判断に依存せず，又は依存することが不合理であった場合は，この限りではない。
　（c）　売主が買主に対して見本又はひな形として示した物品と同じ品質を有するものであること。
　（d）　同種の物品にとって通常の方法により，又はこのような方法がない場合にはその物品の保存及び保護に適した方法により，収納され，又は包装されていること。
（3）　買主が契約の締結時に物品の不適合を知り，又は知らないことはあり得なかった場合には，売主は，当該物品の不適合について(2)(a)から(d)までの規定に係る責任を負わない。

第36条
（1）　売主は，契約及びこの条約に従い，危険が買主に移転した時に存在していた不適合について責任を追うものとし，当該不適合が危険の移転した時の後に明らかになった場合においても責任を負う。
（2）　売主は，（1）に規定する時の後に生じた不適合であって，自己の義務違反（物品が一定の期間通常の目的若しくは特定の目的に適し，又は特定の品質若しくは特性を保持するとの保証に対する違反を含む。）によって生じたものについても責任を負う。

第37条
　売主は，引渡しの期日前に物品を引き渡した場合には，買主に不合理な不便又は不合理な費用を生じさせないときに限り，その期日まで，欠けている部分を引き渡し，若しくは引き渡した物品の数量の不足分を補い，又は引き渡した不適合な物品の代替品を引き渡し，若しくは引き渡した物品の不適合を修補することができる。ただし，

Article 38

1. The buyer must examine the goods, or cause them to be examined, within as short a period as is practicable in the circumstances.
2. If the contract involves carriage of the goods, examination may be deferred until after the goods have arrived at their destination.
3. If the goods are redirected in transit or redispatched by the buyer without a reasonable opportunity for examination by him and at the time of the conclusion of the contract the seller knew or ought to have known of the possibility of such redirection or redispatch, examination may be deferred until after the goods have arrived at the new destination.

Article 39

1. The buyer loses the right to rely on a lack of conformity of the goods if he does not give notice to the seller specifying the nature of the lack of conformity within a reasonable time after he has discovered it or ought to have discovered it.
2. In any event, the buyer loses the right to rely on a lack of conformity of the goods if he does not give the seller notice thereof at the latest within a period of two years from the date on which the goods were actually handed over to the buyer, unless this time-limit is inconsistent with a contractual period of guarantee.

Article 40

The seller is not entitled to rely on the provisions of articles 38 and 39 if the lack of conformity relates to facts of which he knew or could not have been unaware and which he did not disclose to the buyer.

Article 41

The seller must deliver goods which are free from any right or claim of a third party, unless the buyer agreed to take the goods subject to that right or claim. However, if such right or claim is based on industrial property or other intellectual property, the seller's obligation is governed by article 42.

買主は，この条約に規定する損害賠償の請求をする権利を保持する。

第38条
（1）買主は，状況に応じて実行可能な限り短い期間内に，物品を検査し，又は検査させなければならない。
（2）契約が物品の運送を伴う場合には，検査は，物品が仕向地に到達した後まで延期することができる。
（3）買主が自己による検査のための合理的な機会なしに物品の運送中に仕向地を変更し，又は物品を転送した場合において，売主が契約の締結時にそのような変更又は転送の可能性を知り，又は知っているべきであったときは，検査は，物品が新たな仕向地に到達した後まで延期することができる。

第39条
（1）買主は，物品の不適合を発見し，又は発見すべきであった時から合理的な期間内に売主に対して不適合の性質を特定した通知を行わない場合には，物品の不適合を援用する権利を失う。
（2）買主は，いかなる場合にも，自己に物品が現実に交付された日から2年以内に売主に対して（1）に規定する通知を行わないときは，この期間制限と契約上の保証期間とが一致しない場合を除くほか，物品の不適合を援用する権利を失う。

第40条
物品の不適合が，売主が知り，又は知らないことはあり得なかった事実であって，売主が買主に対して明らかにしなかったものに関するものである場合には，売主は，前2条の規定に依拠することができない。

第41条
売主は，買主が第三者の権利又は請求の対象となっている物品を受領することに同意した場合を除くほか，そのような権利又は請求の対象となっていない物品を引き渡さなければならない。ただし，当該権利又は請求が工業所有権その他の知的財産権に基づくものである場合には，売主の義務は，次条の規定によって規律される。

Article 42

1. The seller must deliver goods which are free from any right or claim of a third party based on industrial property or other intellectual property, of which at the time of the conclusion of the contract the seller knew or could not have been unaware, provided that the right or claim is based on industrial property or other intellectual property:

(a) under the law of the State where the goods will be resold or otherwise used, if it was contemplated by the parties at the time of the conclusion of the contract that the goods would be resold or otherwise used in that State; or

(b) in any other case, under the law of the State where the buyer has his place of business.

2. The obligation of the seller under the preceding paragraph does not extend to cases where:

(a) at the time of the conclusion of the contract the buyer knew or could not have been unaware of the right or claim; or

(b) the right or claim results from the seller's compliance with technical drawings, designs, formulae or other such specifications furnished by the buyer.

Article 43

1. The buyer loses the right to rely on the provisions of article 41 or article 42 if he does not give notice to the seller specifying the nature of the right or claim of the third party within a reasonable time after he has become aware or ought to have become aware of the right or claim.

2. The seller is not entitled to rely on the provisions of the preceding paragraph if he knew of the right or claim of the third party and the nature of it.

Article 44

Notwithstanding the provisions of paragraph (1) of article 39 and paragraph (1) of article 43, the buyer may reduce the price in accordance with article 50 or claim damages, except for loss of profit, if he has a reasonable excuse for his failure to give the required notice.

Section III. Remedies for breach of contract by the seller

Article 45

1. If the seller fails to perform any of his obligations under the contract or this Convention, the buyer may:

第42条
（1） 売主は，自己が契約の締結時に知り，又は知らないことはあり得なかった工業所有権その他の知的財産権に基づく第三者の権利又は請求の対象となっていない物品を引き渡さなければならない。ただし，そのような権利又は請求が，次の国の法の下での工業所有権その他の知的財産権に基づく場合に限る。
　（a） ある国において物品が転売され，又は他の方法によって使用されることを当事者双方が契約の締結時に想定していた場合には，当該国の法
　（b） その他の場合には，買主が営業所を有する国の法
（2） 売主は，次の場合には，（1）の規定に基づく義務を負わない。
　（a） 買主が契約の締結時に（1）の規定する権利又は請求を知り，又は知らないことはあり得なかった場合
　（b） （1）に規定する権利又は請求が，買主の提供した技術的図面，設計，製法その他の指定に売主が従ったことによって生じた場合

第43条
（1） 買主は，第三者の権利又は請求を知り，又は知るべきであった時から合理的な期間内に，売主に対してそのような権利又は請求の性質を特定した通知を行わない場合には，前2条の規定に依拠する権利を失う。
（2） 売主は，第三者の権利又は請求及びその性質を知っていた場合には，（1）の規定に依拠することができない。

第44条
　第39条（1）及び前条（1）の規定にかかわらず，買主は，必要とされる通知を行わなかったことについて合理的な理由を有する場合には，第50条の規定に基づき代金を減額し，又は損害賠償（得るはずであった利益の喪失の賠償を除く。）の請求をすることができる。

第3節　売主による契約違反についての救済

第45条
（1） 買主は，売主が契約又はこの条約に基づく義務を履行しない場合には，次のことを行うことができる。

(a) exercise the rights provided in articles 46 to 52;
(b) claim damages as provided in articles 74 to 77.

2. The buyer is not deprived of any right he may have to claim damages by exercising his right to other remedies.

3. No period of grace may be granted to the seller by a court of arbitral tribunal when the buyer resorts to a remedy for breach of contract.

Article 46

1. The buyer may require performance by the seller of his obligations unless the buyer has resorted to a remedy which is inconsistent with this requirement.

2. If the goods do not conform with the contract, the buyer may require delivery of substitute goods only if the lack of conformity constitutes a fundamental breach of contract and a request for substitute goods is made either in conjunction with notice given under article 39 or within a reasonable time thereafter.

3. If the goods do not conform with the contract, the buyer may require the seller to remedy the lack of conformity by repair, unless this is unreasonable having regard to all the circumstances. A request for repair must be made either in conjunction with notice given under article 39 or within a reasonable time thereafter.

Article 47

1. The buyer may fix an additional period of time of reasonable length for performance by the seller of his obligations.

2. Unless the buyer has received notice from the seller that he will not perform within the period so fixed, the buyer may not, during that period, resort to any remedy for breach of contract. However, the buyer is not deprived thereby of any right he may have to claim damages for delay in performance.

Article 48

1. Subject to article 49, the seller may, even after the date for delivery, remedy at his own expense any failure to perform his obligations, if he can do so without unreasonable delay and without causing the buyer unreasonable inconvenience or uncertainty of reimbursement by the seller of expenses advanced by the buyer. However, the buyer retains any right to claim damages as provided for in this Convention.

2. If the seller requests the buyer to make known whether he will accept performance and the buyer does not comply with the request within a reasonable time, the seller may perform within the time indicated in his request. The buyer may not, during that period of time, resort to any remedy which is inconsistent with performance by the seller.

（a）次条から第52条までに規定する権利を行使すること。
　　（b）第74条から第77条までの規定に従って損害賠償の請求をすること。
　（2）買主は，損害賠償の請求をする権利を，その他の救済を求める権利の行使によって奪われない。
　（3）買主が契約違反についての救済を求める場合には，裁判所又は仲裁廷は，売主に対して猶予期間を与えることができない。

第46条
　（1）買主は，売主に対してその義務の履行を請求することができる。ただし，買主がその請求と両立しない救済を求めた場合は，この限りでない。
　（2）買主は，物品が契約に適合しない場合には，代替品の引渡しを請求することができる。ただし，その不適合が重大な契約違反となり，かつ，その請求を第39条に規定する通知の際に又はその後の合理的な期間内に行う場合に限る。
　（3）買主は，物品が契約に適合しない場合には，すべての状況に照らして不合理であるときを除くほか，売主に対し，その不適合を補修によって追完することを請求することができる。その請求は，第39条に規定する通知の際に又はその後の合理的な期間内に行われなければならない。

第47条
　（1）買主は，売主による義務の履行のために合理的な長さの付加期間を定めることができる。
　（2）買主は，（1）の規定に基づいて定めた付加期間内に履行をしない旨の通知を売主から受けた場合を除くほか，当該付加期間内は，契約違反についてのいかなる救済も求めることができない。ただし，買主は，これにより，履行の遅滞について損害賠償の請求をする権利を奪われない。

第48条
　（1）次条の規定が適用される場合を除くほか，売主は，引渡しの期日後も，不合理に遅滞せず，かつ，買主に対して不合理な不便又は買主の支出した費用につき自己から償還を受けることについての不安を生じさせない場合には，自己の費用負担によりいかなる義務の不履行も追完することができる。ただし，買主は，この条約に規定する損害賠償の請求をする権利を保持する。
　（2）売主は，買主に対して履行を受け入れるか否かについて知らせることを要求した場合において，買主が合理的な期間内にその要求に応じないときは，当該要求において示した期間内に履行をすることができる。買主は，この期間中，売主による履

3. A notice by the seller that he will perform within a specified period of time is assumed to include a request, under the preceding paragraph, that the buyer make known his decision.

4. A request or notice by the seller under paragraph (2) or (3) of this article is not effective unless received by the buyer.

Article 49

1. The buyer may declare the contract avoided:

(a) if the failure by the seller to perform any of his obligations under the contract or this Convention amounts to a fundamental breach of contract; or

(b) in case of non-delivery, if the seller does not deliver the goods within the additional period of time fixed by the buyer in accordance with paragraph (1) of article 47 or declares that he will not deliver within the period so fixed.

2. However, in cases where the seller has delivered the goods, the buyer loses the right to declare the contract avoided unless he does so:

(a) in respect of late delivery, within a reasonable time after he has become aware that delivery has been made;

(b) in respect of any breach other than late delivery, within a reasonable time:
   (i) after he knew or ought to have known of the breach;
   (ii) after the expiration of any additional period of time fixed by the buyer in accordance with paragraph (1) of article 47, or after the seller has declared that he will not perform his obligations within such an additional period; or
   (iii) after the expiration of any additional period of time indicated by the seller in accordance with paragraph (2) of article 48, or after the buyer has declared that he will not accept performance.

Article 50

If the goods do not conform with the contract and whether or not the price has already been paid, the buyer may reduce the price in the same proportion as the value that the goods actually delivered had at the time of the delivery bears to the value that conforming goods would have had at that time. However, if the seller remedies any failure to perform his obligation in accordance with article 37 or article 48 or if the buyer refuses to accept performance by the seller in accordance with those articles, the buyer may not reduce the price.

行と両立しない救済を求めることができない。
　（3）　一定の期間内に履行をする旨の売主の通知は，（2）に規定する買主の選択を知らせることの要求を含むものと推定する。
　（4）　（2）又は（3）に規定する売主の要求又は通知は，買主がそれらを受けない限り，その効力を生じない。

第49条
　（1）　買主は，次のいずれかの場合には，契約の解除の意思表示をすることができる。
　　（a）　契約又はこの条約に基づく売主の義務の不履行が重大な契約違反となる場合
　　（b）　引渡しがない場合において，買主が第47条（1）の規定に基づいて定めた付加期間内に売主が物品を引き渡さず，又は売主が当該付加期間内に引き渡さない旨の意思表示をしたとき。
　（2）　買主は，売主が物品を引き渡した場合には，次の期間内に契約の解除の意思表示をしない限り，このような意思表示をする権利を失う。
　　（a）　引渡しの遅滞については，買主が引渡しが行われたことを知った時から合理的な期間内
　　（b）　引渡しの遅滞を除く違反については，次の時から合理的な期間内
　　　（i）　買主が当該違反を知り，又は知るべきであった時
　　　（ii）　買主が第47条（1）の規定に基づいて定めた付加期間を経過した時又は売主が当該付加期間内に義務を履行しない旨の意思表示をした時
　　　（iii）　売主が前条（2）の規定に基づいて示した期間を経過した時又は買主が履行を受け入れない旨の意思表示をした時

第50条
　物品が契約に適合しない場合には，代金が既に支払われたか否かを問わず，買主は，現実に引き渡された物品が引渡時において有した価値が契約に適合する物品であったとしたならば当該引渡時において有したであろう価値に対して有する割合と同じ割合により，代金を減額することができる。ただし，売主が第37条若しくは第48条の規定に基づきその義務の不履行を追完した場合又は買主がこれらの規定に基づく売主による履行を受け入れることを拒絶した場合には，買主は，代金を減額することができない。

Article 51

1. If the seller delivers only a part of the goods or if only a part of the goods delivered is in conformity with the contract, articles 46 to 50 apply in respect of the part which is missing or which does not conform.
2. The buyer may declare the contract avoided in its entirety only if the failure to make delivery completely or in conformity with the contract amounts to a fundamental breach of the contract.

Article 52

1. If the seller delivers the goods before the date fixed, the buyer may take delivery or refuse to take delivery.
2. If the seller delivers a quantity of goods greater than that provided for in the contract, the buyer may take delivery or refuse to take delivery of the excess quantity. If the buyer takes delivery of all or part of the excess quantity, he must pay for it at the contract rate.

CHAPTER III
OBLIGATIONS OF THE BUYER

Article 53

The buyer must pay the price for the goods and take delivery of them as required by the contract and this Convention.

Section I. *Payment of the price*

Article 54

The buyer's obligation to pay the price includes taking such steps and complying with such formalities as may be required under the contract or any laws and regulations to enable payment to be made.

Article 55

Where a contract has been validly concluded but does not expressly or implicitly fix or make provision for determining the price, the parties are considered, in the absence of any indication to the contrary, to have impliedly made reference to the price generally charged at the time of the conclusion of the contract for such goods sold under comparable circumstances in the trade concerned.

第51条
（1）　売主が物品の一部のみを引き渡した場合又は引き渡した物品の一部のみが契約に適合する場合には，第46条から前条までの規定は，引渡しのない部分又は適合しない部分について適用する。
（2）　買主は，完全な引渡し又は契約に適合した引渡しが行われないことが重大な契約違反となる場合に限り，その契約の全部を解除する旨の意思表示をすることができる。

第52条
（1）　売主が定められた期日前に物品を引き渡す場合には，買主は，引渡しを受領し，又はその受領を拒絶することができる。
（2）　売主が契約に定める数量を超過する物品を引き渡す場合には，買主は，超過する部分の引渡しを受領し，又はその受領を拒絶することができる。買主は，超過する部分の全部又は一部の引渡しを受領した場合には，その部分について契約価格に応じて代金を支払わなければならない。

第3章　買主の義務

第53条
　買主は，契約及びこの条約に従い，物品の代金を支払い，及び物品の引渡しを受領しなければならない。

第1節　代金の支払

第54条
　代金を支払う買主の義務には，支払を可能とするため，契約又は法令に従って必要とされる措置をとるとともに手続きを遵守することを含む。

第55条
　契約が有効に締結されている場合において，当該契約が明示的又は黙示的に，代金を定めず，又は代金の決定方法について規定していないときは，当事者は，反対の意思を示さない限り，関係する取引分野において同様の状況の下で売却された同種の物品について，契約の締結時に一般的に請求されていた価格を黙示的に適用したものとする。

Article 56

If the price is fixed according to the weight of the goods, in case of doubt it is to be determined by the net weight.

Article 57

1. If the buyer is not bound to pay the price at any other particular place, he must pay it to the seller:
(a) at the seller's place of business; or
(b) if the payment is to be made against the handing over of the goods or of documents, at the place where the handing over takes place.

2. The seller must bear any increase in the expenses incidental to payment which is caused by a change in his place of business subsequent to the conclusion of the contract.

Article 58

1. If the buyer is not bound to pay the price at any other specific time, he must pay it when the seller places either the goods or documents controlling their disposition at the buyer's disposal in accordance with the contract and this Convention. The seller may make such payment a condition for handing over the goods or documents.

2. If the contract involves carriage of the goods, the seller may dispatch the goods on terms whereby the goods, or documents controlling their disposition, will not be handed over to the buyer except against payment of the price.

3. The buyer is not bound to pay the price until he has had an opportunity to examine the goods, unless the procedures for delivery or payment agreed upon by the parties are inconsistent with his having such an opportunity.

Article 59

The buyer must pay the price on the date fixed by or determinable from the contract and this Convention without the need for any request or compliance with any formality on the part of the seller.

第 56 条
　代金が物品の重量に基づいて定められる場合において，疑義があるときは，代金は，正味重量によって決定する。

第 57 条
　（1）　買主は，次の（ a ）又は（ b ）に規定する場所以外の特定の場所において代金を支払う義務を負わない場合には，次のいずれかの場所において売主に対して代金を支払わなければならない。
　　（ a ）　売主の営業所
　　（ b ）　物品又は書類の交付と引換えに代金を支払うべき場合には，当該交付が行われる場所
　（2）　売主は，契約の締結後に営業所を変更したことによって生じた支払に付随する費用の増加額を負担する。

第 58 条
　（1）　買主は，いずれか特定の期日に代金を支払う義務を負わない場合には，売主が契約及びこの条約に従い物品又はその処分を支配する書類を買主の処分にゆだねた時に代金を支払わなければならない。売主は，その支払を物品又は書類の交付の条件とすることができる。
　（2）　売主は，契約が物品の運送を伴う場合には，代金の支払と引換えでなければ物品又はその処分を支配する書類を買主に交付しない旨の条件を付して，物品を発送することができる。
　（3）　買主は，物品を検査する機会を有する時まで代金を支払う義務を負わない。ただし，当事者の合意した引渡し又は支払の手続が，買主がそのような機会を有することと両立しない場合は，この限りでない。

第 59 条
　売主によるいかなる要求又はいかなる手続の遵守も要することなく，買主は，契約若しくはこの条約によって定められた期日又はこれらから決定することができる期日に代金を支払わなければならない。

Section II. Taking delivery

Article 60

The buyer's obligation to take delivery consists:

(a) in doing all the acts which could reasonably be expected of him in order to enable the seller to make delivery; and
(b) in taking over the goods.

Section III. Remedies for breach of contract by the buyer

Article 61

1. If the buyer fails to perform any of his obligations under the contract or this Convention, the seller may:

(a) exercise the rights provided in articles 62 to 65;
(b) claim damages as provided in articles 74 to 77.

2. The seller is not deprived of any right he may have to claim damags by exercising his right to other remedies.

3. No period of grace may be granted to the buyer by a court or arbitral tribunal when the seller resorts to a remedy for breach of contract.

Article 62

The seller may require the buyer to pay the price, take delivery or perform his other obligations, unless the seller has resorted to a remedy which is inconsistent with this requirement.

Article 63

1. The seller may fix an additional period of time of reasonable length for performance by the buyer of his obligations.

2. Unless the seller has received notice from the buyer that he will not perform within the period so fixed, the seller may not, during that period, resort to any remedy for breach of contract. However, the seller is not deprived thereby of any right he may have to claim damages for delay in performance.

第2節　引渡しの受領

第60条
　引渡しを受領する買主の義務は，次のことから成る。
　（a）　売主による引渡しを可能とするために買主に合理的に期待することのできるすべての行為を行うこと。
　（b）　物品を受け取ること。

第3節　買主による契約違反についての救済

第61条
（1）　売主は，買主が契約又はこの条約に基づく義務を履行しない場合には，次のことを行うことができる。
　（a）　次条から第65条までに規定する権利を行使すること。
　（b）　第74条から第77条までの規定に従って損害賠償の請求をすること。
（2）　売主は，損害賠償の請求をする権利を，その他の救済を求める権利の行使によって奪われない。
（3）　売主が契約違反についての救済を求める場合には，裁判所又は仲裁廷は，買主に対して猶予期間を与えることができない。

第62条
　売主は，買主に対して代金の支払，引渡しの受領その他の買主の義務の履行を請求することができる。ただし，売主がその請求と両立しない救済を求めた場合は，この限りでない。

第63条
（1）　売主は，買主による義務の履行のために合理的な長さの付加期間を定めることができる。
（2）　売主は，（1）の規定に基づいて定めた付加期間内に履行をしない旨の通知を買主から受けた場合を除くほか，当該付加期間内は，契約違反についてのいかなる救済も求めることができない。ただし，売主は，これにより，履行の遅滞について損害賠償の請求をする権利を奪われない。

Article 64

1. The seller may declare the contract avoided:
(a) if the failure by the buyer to perform any of his obligations under the contract or this Convention amounts to a fundamental breach of contract; or
(b) if the buyer does not, within the additional period of time fixed by the seller in accordance with paragraph (1) of article 63, perform his obligation to pay the price or take delivery of the goods, or if he declares that he will not do so within the period so fixed.

2. However, in cases where the buyer has paid the price, the seller loses the right to declare the contract avoided unless he does so:
(a) in respect of late performance by the buyer, before the seller has become aware that performance has been rendered; or
(b) in respect of any breach other than late performance by the buyer, within a reasonable time:
  (i) after the seller knew or ought to have known of the breach; or
  (ii) after the expiration of any additional period of time fixed by the seller in accordance with paragraph (1) of article 63, or after the buyer has declared that he will not perform his obligations within such an additional period.

Article 65

1. If under the contract the buyer is to specify the form, measurement or other features of the goods and he fails to make such specification either on the date agreed upon or within a reasonable time after receipt of a request from the seller, the seller may, without prejudice to any other rights he may have, make the specification himself in accordance with the requirements of the buyer that may be known to him.

2. If the seller makes the specification himself, he must inform the buyer of the details thereof and must fix a reasonable time within which the buyer may make a different specification. If, after receipt of such a communication, the buyer fails to do so within the time so fixed, the specification made by the seller is binding.

第64条
　(1)　売主は，次のいずれかの場合には，契約の解除の意思表示をすることができる。
　　(a)　契約又はこの条約に基づく買主の義務の不履行が重大な契約違反となる場合
　　(b)　売主が前条(1)の規定に基づいて定めた付加期間内に買主が代金の支払義務若しくは物品の引渡しの受領義務を履行しない場合又は買主が当該付加期間内にそれらの義務を履行しない旨の意思表示をした場合
　(2)　売主は，買主が代金を支払った場合には，次の時期に契約の解除の意思表示をしない限り，このような意思表示をする権利を失う。
　　(a)　買主による履行の遅滞については，売主が履行のあったことを知る前
　　(b)　履行の遅滞を除く買主による違反については，次の時から合理的な期間内
　　　(i)　売主が当該違反を知り，又は知るべきであった時
　　　(ii)　売主が前条(1)の規定に基づいて定めた付加期間を経過した時又は買主が当該付加期間内に義務を履行しない旨の意思表示をした時

第65条
　(1)　買主が契約に従い物品の形状，寸法その他の特徴を指定すべき場合において，合意した期日に又は売主から要求を受けた時から合理的な期間内に買主がその指定を行わないときは，売主は，自己が有する他の権利の行使を妨げられることなく，自己の知ることができた買主の必要に応じて，自らその指定を行うことができる。
　(2)　売主は，自ら(1)に規定する指定を行う場合には，買主に対してその詳細を知らせ，かつ，買主がそれと異なる指定を行うことができる合理的な期間を定めなければならない。買主がその通信を受けた後，その定められた期間内に異なる指定を行わない場合には，売主の行った指定は，拘束力を有する。

CHAPTER IV
PASSING OF RISK

Article 66

Loss of or damage to the goods after the risk has passsed to the buyer does not discharge him from his obligation to pay the price, unless the loss or damage is due to an act or omission of the seller.

Article 67

1. If the contract of sale involves carriage of the goods and the seller is not bound to hand them over at a particular place, the risk passes to the buyer when the goods are handed over to the first carrier for transmission to the buyer in accordance with the contract of sale. If the seller is bound to hand the goods over to a carrier at a particular place, the risk does not pass to the buyer until the goods are handed over to the carrier at that place. The fact that the seller is authorized to retain documents controlling the disposition of the goods does not affect the passage of the risk.
2. Nevertheless, the risk does not pass to the buyer until the goods are clearly identified to the contract, whether by markings on the goods, by shipping documents, by notice given to the buyer or otherwise.

Article 68

The risk in respect of goods sold in transit passes to the buyer from the time of the conclusion of the contract. However, if the circumstances so indicate, the risk is assumed by the buyer from the time the goods were handed over to the carrier who issued the documents embodying the contract of carriage. Nevertheless, if at the time of the conclusion of the contract of sale the seller knew or ought to have known that the goods had been lost or damaged and did not disclose this to the buyer, the loss or damage is at the risk of the seller.

Article 69

1. In cases not within articles 67 and 68, the risk passes to the buyer when he takes over the goods or, if he does not do so in due time, from the time when the goods are placed at his disposal and he committs a breach of contract by failing to take delivery.
2. However, if the buyer is bound to take over the goods at a place other than a place of business of the seller, the risk passes when delivery is due and the buyer is aware of the fact that the goods are placed at his disposal at that place.

第4章　危険の移転

第66条
　買主は，危険が自己に移転した後に生じた物品の滅失又は損傷により，代金を支払う義務を免れない。ただし，その滅失又は損傷が売主の作為又は不作為による場合には，この限りでない。

第67条
　（1）　売買契約が物品の運送を伴う場合において，売主が特定の場所において物品を交付する義務を負わないときは，危険は，売買契約に従って買主に送付するために物品を最初の運送人に交付した時に買主に移転する。売主が特定の場所において物品を運送人に交付する義務を負うときは，危険は，物品をその場所において運送人に交付する時まで買主に移転しない。売主が物品の処分を支配する書類を保持することが認められている事実は，危険の移転に影響を及ぼさない。
　（2）　（1）の規定にかかわらず，危険は，荷印，船積書類，買主に対する通知又は他の方法のいずれによるかを問わず，物品が契約上の物品として明確に特定される時まで買主に移転しない。

第68条
　運送中に売却された物品に関し，危険は，契約の締結時から買主に移転する。ただし，運送契約を証する書類を発行した運送人に対して物品が交付された時から買主が危険を引き受けることを状況が示している場合には，買主は，その時から危険を引き受ける。もっとも，売主が売買契約の締結時に，物品が滅失し，又は損傷していたことを知り，又は知っているべきであった場合において，そのことを買主に対して明らかにしなかったときは，その滅失又は損傷は，売主の負担とする。

第69条
　（1）　前2条に規定する場合以外の場合には，危険は，買主が物品を受け取った時に，又は買主が期限までに物品を受け取らないときは，物品が買主の処分にゆだねられ，かつ，引渡しを受領しないことによって買主が契約違反を行った時から買主に移転する。
　（2）　もっとも，買主が売主の営業所以外の場所において物品を受け取る義務を負

3. If the contract relates to goods not then identified, the goods are considered not to be placed at the disposal of the buyer until they are clearly identified to the contract.

Article 70

If the seller had committed a fundamental breach of contract, articles 67, 68 and 69 do not impair the remedies available to the buyer on account of the breach.

CHAPTER V
PROVISIONS COMMON TO THE OBLIGATIONS OF THE SELLER AND OF THE BUYER

Section I. Anticipatory breach and instalment contracts

Article 71

1. A party may suspend the performance of his obligations if, after the conclusion of the contract, it becomes apparent that the other party will not perform a substantial part of his obligations as a result of:
(a) a serious deficiency in his ability to perform or in his credit-worthiness; or
(b) his conduct in preparing to perform or in performing the contract.

2. If the seller has already dispatched the goods before the grounds described in the preceding paragraph become evident, he may prevent the handing over of the goods to the buyer even though the buyer holds a document which entitles him to obtain them. The present paragraph relates only to the rights in the goods as between the buyer and the seller.

3. A party suspending performance, whether before or after dispatch of the goods, must imemdiately give notice of the suspension to the other party and must continue with performance if the other party provides adequate assurance of his performance.

Article 72

1. If prior to the date for performance of the contract it is clear that one of the parties will commit a fundamental breach of contract, the other party may declare the contract avoided.

2. If time allows, the party intending to declare the contract avoided must

うときは，危険は，引渡しの期限が到来し，かつ，物品がその場所において買主の処分にゆだねられたことを買主が知った時に移転する。

（3）　契約が特定されていない物品に関するものである場合には，物品は，契約上の物品として明確に特定される時まで買主の処分にゆだねられていないものとする。

第70条

売主が重大な契約違反を行った場合には，前3条の規定は，買主が当該契約違反を理由として求めることができる救済を妨げるものではない。

第5章　売主及び買主の義務に共通する規定

第1節　履行期前の違反及び分割履行契約

第71条

（1）　当事者の一方は，次のいずれかの理由によって相手方がその義務の実質的な部分を履行しないであろうという事情が契約の締結後に明らかになった場合には，自己の義務の履行を停止することができる。

　　（a）　相手方の履行をする能力又は相手方の信用力の著しい不足
　　（b）　契約の履行の準備又は契約の履行における相手方の行動

（2）　売主が(1)に規定する事情が明らかになる前に物品を既に発送している場合には，物品を取得する権限を与える書類を買主が有しているときであっても，売主は，買主への物品の交付を妨げることができる。この(2)の規定は，物品に関する売主と買主との間の権利についてのみ規定する。

（3）　履行を停止した当事者は，物品の発送の前後を問わず，相手方に対して履行を停止した旨を直ちに通知しなければならず，また，相手方がその履行について適切な保証を提供した場合には，自己の履行を再開しなければならない。

第72条

（1）　当事者の一方は，相手方が重大な契約違反を行うであろうことが契約の履行期日前に明白である場合には，契約の解除の意思表示をすることができる。

（2）　時間が許す場合には，契約の解除の意思表示をする意図を有する当事者は，相手方がその履行について適切な保証を提供することを可能とするため，当該相手方

give reasonable notice to the other party in order to permit him to provide adequate assurance of his performance.

3. The requirements of the preceding paragraph do not apply if the other party has declared that he will not perform his obligations.

Article 73

1. In the case of a contract for delivery of goods by instalments, if the failure of one party to perform any of his obligations in respect of any instalment constitutes a fundamental breach of contract with respect to that instalment, the other party may declare the contract avoided with respect to that instalment.

2. If one party's failure to perform any of his obligations in respect of any instalment gives the other party good grounds to conclude that a fundamental breach of contract will occur with respect to future instalments, he may declare the contract avoided for the future, provided that he does so within a reasonable time.

3. A buyer who declares the contract avoided in respect of any delivery may, at the same time, declare it avoided in respect of deliveries already made or of future deliveries if, by reason of their interdependence, those deliveries could not be used for the purpose contemplated by the parties at the time of the conclusion of the contract.

Section II. Damages

Article 74

Damages for breach of contract by one party consist of a sum equal to the loss, including loss of profit, suffered by the other party as a consequence of the breach. Such damages may not exceed the loss which the party in breach foresaw or ought to have foreseen at the time of the conclusion of the contract, in the light of the facts and matters of which he then knew or ought to have known, as a possible consequence of the breach of contract.

Article 75

If the contract is avoided and if, in a reasonable manner and within a reasonable time after avoidance, the buyer has bought goods in replacement or the seller has resold the goods, the party claiming damages may recover the difference between the contract price and the price in the substitute transaction as well as any further damages recoverable under article 74.

に対して合理的な通知を行わなければならない。
　（3）　（2）の規定は，相手方がその義務を履行しない旨の意思表示をした場合には，適用しない。

第73条
　（1）　物品を複数回に分けて引き渡す契約において，いずれかの引渡部分についての当事者の一方による義務の不履行が当該引渡部分についての重大な契約違反となる場合には，相手方は，当該引渡部分について契約の解除の意思表示をすることができる。
　（2）　いずれかの引渡部分についての当事者の一方による義務の不履行が将来の引渡部分について重大な契約違反が生ずると判断する十分な根拠を相手方に与える場合には，当該相手方は，将来の引渡部分について契約の解除の意思表示をすることができる。ただし，この意思表示を合理的な期間内に行う場合に限る。
　（3）　いずれかの引渡部分について契約の解除の意思表示をする買主は，当該引渡部分が既に引き渡された部分又は将来の引渡部分と相互依存関係にあることにより，契約の締結時に当事者双方が想定していた目的のために既に引き渡された部分又は将来の引渡部分を使用することができなくなった場合には，それらの引渡部分についても同時に契約の解除の意思表示をすることができる。

第2節　損害賠償

第74条
　当事者の一方による契約違反についての損害賠償の額は，当該契約違反により相手方が被った損失（得るはずであった利益の喪失を含む。）に等しい額とする。そのような損害賠償の額は，契約違反を行った当事者が契約の締結時に知り，又は知っているべきであった事実及び事情に照らし，当該当事者が契約違反から生じ得る結果として契約の締結時に予見し，又は予見すべきであった損失の額を超えることができない。

第75条
　契約が解除された場合において，合理的な方法で，かつ，解除後の合理的な期間内に，買主が代替品を購入し，又は売主が物品を再売却したときは，損害賠償の請求をする当事者は，契約価格とこのような代替取引における価格との差額及び前条の規定に従って求めることができるその他の損害賠償を請求することができる。

Article 76

1. If the contract is avoided and there is a current price for the goods, the party claiming damages may, if he has not made a purchase or resale under article 75, recover the differences between the price fixed by the contract and the current price at the time of avoidance as well as any further damages recoverable under article 74. If, however, the party claiming damages has avoided the contract after taking over the goods, the current price at the time of such taking over shall be applied instead of the current price at the time of avoidance.

2. For the purpose of the preceding paragraph, the current price is the price prevailing at the place where delivery of the goods should have been made or, if there is no current price at that place, the price at such other place as serves as a reasonable subsitute, making due allowance for differences in the cost of transporting the goods.

Article 77

A party who relies on a breach of contract must take such measures as are reasonable in the circumstances to mitigate the loss, including loss of profit, resulting from the breach. If he fails to take such measures, the party in breach may claim a reduction in the damages in the amount by which the loss should have been mitigated.

Section III. Interest

Article 78

If a party fails to pay the price or any other sum that is in arrears, the other party is entitled to interest on it, without prejudice to any claim for damages recoverable under article 74.

Section IV. Exemptions

Article 79

1. A party is not liable for a failure to perform any of his obligations if he proves that the failure was due to an impediment beyond his control and that he could not reasonably be expected to have taken the impediment into account at the time of the conclusion of the contract or to have avoided or overcome it

第76条

(1) 契約が解除され，かつ，物品に時価がある場合において，損害賠償の請求をする当事者が前条の規定に基づく購入又は再売却を行っていないときは，当該当事者は，契約に定める価格と解除時における時価の差額及び第74条の規定に従って求めることができるその他の損害賠償を請求することができる。ただし，当該当事者が物品を受け取った後に契約を解除した場合には，解除時における時価に代えて物品を受け取った時における時価を適用する。

(2) (1)の規定の適用上，時価は，物品の引渡しが行われるべきであった場所における実勢価格とし，又は当該場所に時価がない場合には，合理的な代替地となるような他の場所における価格に物品の運送費用の差額を適切に考慮に入れたものとする。

第77条

契約違反を援用する当事者は，当該契約違反から生ずる損失（得るはずであった利益の喪失を含む。）を軽減するため，状況に応じて合理的な措置をとらなければならない。当該当事者がそのような措置をとらなかった場合には，契約違反を行った当事者は，軽減されるべきであった損失額を損害賠償の額から減額することを請求することができる。

第3節　利　　　息

第78条

当事者の一方が代金その他の金銭を期限を過ぎても支払わない場合には，相手方は，第74条の規定に従って求めることができる損害賠償の請求を妨げられることなく，その金銭の利息を請求することができる。

第4節　免　　　責

第79条

(1) 当事者は，自己の義務の不履行が自己の支配を超える障害によって生じたこと及び契約の締結時に当該障害を考慮することも，当該障害又はその結果を回避し，又は克服することも自己に合理的に期待することができなかったことを証明する場合には，その不履行について責任を負わない。

or its consequences.

2. If the party's failure is due to the failure by a third person whom he has engaged to perform the whole or a part of the contract, that party is exempt from liability only if:

(a) he is exempt under the preceding paragraph; and
(b) the person whom he has so engaged would be so exempt if the provisions of that paragraph were applied to him.

3. The exemption provided by this article has effect for the period during which the impediment exists.

4. The party who fails to perform must give notice to the other party of the impediment and its effects on his ability to perform. If the notice is not received by the other party within a reasonable time after the party who fails to perform knew or ought to have known of the impediment, he is liable for damages resulting from such non-receipt.

5. Nothing in this article prevents either party from exercising any right other than to claim damages under this Convention.

Article 80

A party may not rely on a failure of the other party to perform, to the extent that such failure was caused by the first party's act or omission.

Section V. Effects of avoidance

Article 81

1. Avoidance of the contract releases both parties from their obligations under it, subject to any damages which may be due. Avoidance does not affect any provision of the contract for the settlement of disputes or any other provision of the contract governing the rights and obligations of the parties consequent upon the avoidance of the contract.

2. A party who has performed the contract either wholly or in part may claim restitution from the other party of whatever the first party has supplied or paid under the contract. If both parties are bound to make restitution, they must do so concurrently.

Article 82

1. The buyer loses the right to declare the contract avoided or to require the seller to deliver substitute goods if it is impossible for him to make restitution of the goods substantially in the condition in which he received them.

2. The preceding paragraph does not apply:

(a) if the impossibility of making restitution of the goods or of making restitution

（２）　当事者は，契約の全部又は一部を履行するために自己の使用した第三者による不履行により自己の不履行が生じた場合には，次に（ａ）及び（ｂ）の要件が満たされるときに限り，責任を免れる。
　　（ａ）　当該当事者が（１）の規定により責任を免れること。
　　（ｂ）　当該当事者の使用した第三者に（１）の規定を適用するとしたならば，当該第三者が責任を免れるであろうこと。
　（３）　この条に規定する免責は，（１）に規定する障害が存在する間，その効力を有する。
　（４）　履行をすることができない当事者は，相手方に対し，（１）に規定する障害及びそれが自己の履行をする能力に及ぼす影響について通知しなければならない。当該当事者は，自己がその障害を知り，又は知るべきであった時から合理的な期間内に相手方がその通知を受けなかった場合には，それを受けなかったことによって生じた損害を賠償する責任を負う。
　（５）　この条の規定は，当事者が損害賠償の請求をする権利以外のこの条約に基づく権利を行使することを妨げない。

第 80 条
　当事者の一方は，相手方の不履行が自己の作為又は不作為によって生じた限度において，相手方の不履行を援用することができない。

第 5 節　解除の効果

第 81 条
　（１）　当事者双方は，契約の解除により，損害を賠償する義務を除くほか，契約に基づく義務を免れる。契約の解除は，紛争解決のための契約条項又は契約の解除の結果生ずる当事者の権利及び義務を規律する他の契約条項に影響を及ぼさない。
　（２）　契約の全部又は一部を履行した当事者は，相手方に対し，自己がその契約に従って供給し，又は支払ったものの返還を請求することができる。当事者双方が返還する義務を負う場合には，当事者双方は，それらの返還を同時に行わなければならない。

第 82 条
　（１）　買主は，受け取った時と実質的に同じ状態で物品を返還することができない場合には，契約の解除の意思表示をする権利及び売主に代替品の引渡しを請求する権利を失う。
　（２）　（１）の規定は，次の場合には，適用しない。
　　（ａ）　物品を返還することができないこと又は受け取った時と実質的に同じ状態

of the goods substantially in the condition in which the buyer received them is not due to his act or omission;
(b) if the goods or part of the goods have perished or deteriorated as a result of the examination provided for in article 38; or
(c) if the goods or part of the goods have been sold in the normal course of business or have been consumed or transformed by the buyer in the course of normal use before he discovered or ought to have discovered the lack of conformity.

Article 83

A buyer who has lost the right to declare the contract avoided or to require the seller to deliver substitute goods in accordance with article 82 retains all other remedies under the contract and this Convention.

Article 84

1. If the seller is bound to refund the price, he must also pay interest on it, from the date on which the price was paid.
2. The buyer must account to the seller for all benefits which he has derived from the goods or part of them:
(a) if he must make restitution of the goods or part of them; or
(b) if it is impossible for him to make restitution of all or part of the goods or to make restitution of all part of the goods substantially in the condition in which he received them, but he has nevertheless declared the contract avoided or required the seller to deliver substitute goods.

Section VI. Preservation of the goods

Article 85

If the buyer is in delay in taking delivery of the goods or, where payment of the price and delivery of the goods are to be made concurrently, if he fails to pay the price, and the seller is either in possession of the goods or otherwise able to control their disposition, the seller must take such steps as are reasonable in the circumstances to preserve them. He is entitled to retain them until he has been reimbursed his reasonable expenses by the buyer.

Article 86

1. If the buyer has received the goods and intends to exercise any right under the contract or this Convention to reject them, he must take such steps to preserve them as are reasonable in the circumstances. He is entitled to retain them

で物品を返還することができないことが買主の作為又は不作為によるものでない場合
（b）　物品の全部又は一部が第 38 条に規定する検査によって滅失し，又は劣化した場合
（c）　買主が不適合を発見し，又は発見すべきであった時より前に物品の全部又は一部を通常の営業の過程において売却し，又は通常の使用の過程において消費し，若しくは改変した場合

第 83 条

前条の規定に従い契約の解除の意思表示をする権利又は売主に代替品の引渡しを請求する権利を失った買主であっても，契約又はこの条約に基づく他の救済を求める権利を保持する。

第 84 条

（1）　売主は，代金を返還する義務を負う場合には，代金が支払われた日からの当該代金の利息も支払わなければならない。
（2）　買主は，次の場合には，物品の全部又は一部から得たすべての利益を売主に対して返還しなければならない。
　　（a）　買主が物品の全部若しくは一部を返還しなければならない場合
　　（b）　買主が物品の全部若しくは一部を返還することができない場合又は受け取った時と実質的に同じ状態で物品の全部又は一部を返還することができない場合において，契約の解除の意思表示をし，又は売主に代替品の引渡しを請求したとき。

第 6 節　物品の保存

第 85 条

買主が物品の引渡しの受領を遅滞した場合又は代金の支払と物品の引渡しとが同時に行われなければならず，かつ，買主がその代金を支払っていない場合において，売主がその物品を占有しているとき又は他の方法によりその処分を支配することができるときは，売主は，当該物品を保存するため，状況に応じて合理的な措置をとらなければならない。売主は，自己の支出した合理的な費用について買主から償還を受けるまで，当該物品を保持することができる。

第 86 条

（1）　買主は，物品を受け取った場合において，当該物品を拒絶するために契約又

until he has been reimbursed his reasonable expenses by the seller.

2. If goods dispatched to the buyer have been placed at his disposal at their destination and he exercises the right to reject them, he must take possession of them on behalf of the seller, provided that this can be done without payment of the price and without unreasonable inconvenience or unreasonable expense.

This provision does not apply if the seller or a person authorized to take charge of the goods on his behalf is present at the destination. If the buyer takes possession of the goods under this paragraph, his rights and obligations are governed by the preceding paragraph.

Article 87

A party who is bound to take steps to preserve the goods may deposit them in a warehouse of a third person at the expense of the other party provided that the expense incurred is not unreasonable.

Article 88

1. A party who is bound to preserve the goods in accordance with article 85 or 86 may sell them by any appropriate means if there has been an unreasonable delay by the other party in taking possession of the goods or in taking them back or in paying the price or the cost of preservation, provided that reasonable notice of the intention to sell has been given to the other party.

2. If the goods are subject to rapid deterioration or their preservation would involve unreasonable expense, a party who is bound to preserve the goods in accordance with article 85 or 86 must take reasonable measures to sell them. To the extent possible he must give notice to the other party of his intention to sell.

3. A party selling the goods has the right to retain out of the proceeds of sale an amount equal to the reasonable expenses of preserving the goods and of selling them. He must account to the other party for the balance.

PART IV
Final Provisions

Article 89

The Secretary-General of the United Nations is hereby designated as the depositary for this Convention.

はこの条約に基づく権利を行使する意図を有するときは，当該物品を保持するため，状況に応じて合理的な措置をとらなければならない。買主は，自己の支出した合理的な費用について売主から償還を受けるまで，当該物品を保持することができる。

（２）　買主に対して送付された物品が仕向地で買主の処分にゆだねられた場合において，買主が当該物品を拒絶する権利を行使するときは，買主は，売主のために当該物品の占有を取得しなければならない。ただし，代金を支払うことなく，かつ，不合理な不便又は不合理な費用を伴うことなしに占有を取得することができる場合に限る。この規定は，売主又は売主のために物品を管理する権限を有する者が仕向地に存在する場合には，適用しない。買主がこの（２）の規定に従い物品の占有を取得する場合には，買主の権利及び義務は，（１）の規定によって規律される。

第87条
　物品を保存するための措置をとる義務を負う当事者は，相手方の費用負担により物品を第三者の倉庫に寄託することができる。ただし，それに関して生ずる費用が不合理でない場合に限る。

第88条
（１）　第85条又は第86条の規定に従い物品を保存する義務を負う当事者は，物品の占有の取得若しくは取戻し又は代金若しくは保存のための費用の支払を相手方が不合理に遅滞する場合には，適切な方法により当該物品を売却することができる。ただし，相手方に対し，売却する意図について合理的な通知を行った場合に限る。

（２）　物品が急速に劣化しやすい場合又はその保存に不合理な費用を伴う場合には，第85条又は第86条の規定に従い物品を保存する義務を負う当事者は，物品を売却するための合理的な措置をとらなければならない。当該当事者は，可能な限り，相手方に対し，売却する意図を通知しなければならない。

（３）　物品を売却した当事者は，物品の保存及び売却に要した合理的な費用に等しい額を売却代金から控除して保持する権利を有する。当該当事者は，その残額を相手方に対して返還しなければならない。

第4部　最終規定

第89条
　国際連合事務総長は，ここに，この条約の寄託者として指名される。

Article 90

This Convention does not prevail over any international agreement which has already been or may be entered into and which contains provisions concerning the matters governed by this Convention, provided that the parties have their places of business in States parties to such agreement.

Article 91

1. This Convention is open for signature at the concluding meeting of the United Nations Conference on Contracts for the International Sale of Goods and will remain open for signature by all States at the Headquarters of the United Nations, New York until 30 September 1981.
2. This Convention is subject to ratification, acceptance or approval by the signatory States.
3. This Convention is open for accession by all States which are not signatory States as from the date it is open for signature.
4. Instruments of ratification, acceptance, approval and accession are to be deposited with the Secretary-General of the United Nations.

Article 92

1. A Contracting State may declare at the time of signature, ratification, acceptance, approval or accession that it will not be bound by Part II of this Convention or that it will not be bound by Part III of this Convention.
2. A Contracting State which makes a declaration in accordance with the preceding paragraph in respect of Part II or Part III of this Convention is not to be considered a Contracting State within paragraph (1) of article 1 of this Convention in respect of matters governed by the Part to which the declaration applies.

Article 93

1. If a Contracting State has two or more territorial units in which, according to its constitution, different systems of law are applicable in relation to the matters dealt with in this Cenvention, it may, at the time of signature, ratification, acceptance, approval or accession, declare that this Convention is to extend to all its territorial units or only to one or more of them, and may amend its declaration by submitting another declaration at any time.
2. These declarations are to be notified to the depositary and are to state expressly the territorial units to which the Convention extends.
3. If, by virtue of a declaration under this article, this Convention extends to one or more but not all of the territorial units of a Contracting State, and if the place of business of a party is located in that State, this place of business, for the purposes of this Convention, is considered not to be in a Contracting

第 90 条
　この条約は，既に発効し，又は今後発効する国際取極であって，この条約によって規律される事項に関する規定を含むものに優先しない。ただし，当事者双方が当該国際取極の締約国に営業所を有する場合に限る。

第 91 条
　(1)　この条約は，国際物品売買契約に関する国際連合会議の最終日に署名のために開放し，1981 年 9 月 30 日まで，ニューヨークにある国際連合本部において，すべての国による署名のために開放しておく。
　(2)　この条約は，署名国によって批准され，受諾され，又は承認されなければならない。
　(3)　この条約は，署名のために開放した日から，署名国でないすべての国による加入のために開放しておく。
　(4)　批准書，受諾書，承認書及び加入書は，国際連合事務総長に寄託する。

第 92 条
　(1)　締約国は，署名，批准，受諾，承認又は加入の時に，自国が第 2 部の規定に拘束されないこと又は第 3 部の規定に拘束されないことを宣言することができる。
　(2)　第 2 部又は第 3 部の規定に関して(1)の規定に基づいて宣言を行った締約国は，当該宣言が適用される部によって規律される事項については，第 1 条(1)に規定する締約国とみなされない。

第 93 条
　(1)　締約国は，自国の憲法に従いこの条約が対象とする事項に関してそれぞれ異なる法制が適用される二以上の地域をその領域内に有する場合には，署名，批准，受諾，承認又は加入の時に，この条約を自国の領域内のすべての地域について適用するか又は一若しくは二以上の地域についてのみ適用するかを宣言することができるものとし，いつでも別の宣言を行うことにより，その宣言を修正することができる。
　(2)　(1)に規定する宣言は，寄託者に通報するものとし，この条約が適用される地域を明示する。
　(3)　この条約がこの条の規定に基づく宣言により締約国の一又は二以上の地域に適用されるが，そのすべての地域には及んでおらず，かつ，当事者の営業所が当該締約国に所在する場合には，当該営業所がこの条約の適用される地域に所在するときを

State, unless it is in a territorial unit to which the Convention extends.

4. If a Contracting State makes no declaration under paragraph (1) of this article, the Convention is to extend to all territorial units of that State.

Article 94

1. Two or more Contracting States which have the same or closely related legal rules on matters governed by this Convention may at any time declare that the Convention is not to apply to contracts of sale or to their formation where the parties have their places of business in those States. Such declarations may be made jointly or by reciprocal unilateral declarations.

2. A Contracting State which has the same or closely related legal rules on matters governed by this Convention as one or more non-Contracting States may at any time declare that the Convention is not to apply to contracts of sale or to their formation where the parties have their places of business in those States.

3. If a State which is the object of a declaration under the preceding paragraph subsequently becomes a Contracting State, the declaration made will, as from the date on which the Convention enters into force in respect of the new Contracting State, have the effect of a declaration made under paragraph (1), provided that the new Contracting State joins in such declaration or makes a reciprocal unilateral declaration.

Article 95

Any State may declare at the time of the deposit of its instrument of ratification, acceptance, approval or accession that it will not be bound by subparagraph (1) (b) of article 1 of this Convention.

Article 96

A Contracting State whose legislation requires contracts of sale to be concluded in or evidenced by writing may at any time make a declaration in accordance with article 12 that any provision of article 11, article 29, or Part II of this Convention, that allows a contract of sale or its modification or termination by agreement or any offer, acceptance, or other indication of intention to be made in any form other than in writing, does not apply where any party has his place of business in that State.

除くほか,この条約の適用上,当該営業所は,締約国に所在しないものとみなす。
 (4) 締約国が(1)に規定する宣言を行わない場合には,この条約は,当該締約国のすべての地域について適用する。

第94条
 (1) この条約が規律する事項に関して同一の又は密接に関連する法規を有する二以上の締約国は,売買契約の当事者双方がこれらの国に営業所を有する場合には,この条約を当該売買契約又はその成立について適用しないことをいつでも宣言することができる。その宣言は,共同で又は相互の一方的な宣言によって行うことができる。
 (2) この条約が規律する事項に関して一又は二以上の非締約国と同一の又は密接に関連する法規を有する締約国は,売買契約の当事者双方がこれらの国に営業所を有する場合には,この条約を当該売買契約又はその成立について適用しないことをいつでも宣言することができる。
 (3) (2)の規定に基づく宣言の対象である国がその後に締約国となった場合には,当該宣言は,この条約が当該締約国について効力を生じた日から,(1)の規定に基づく宣言としての効力を有する。ただし,当該締約国が当該宣言に加わり,又は相互の一方的な宣言を行った場合に限る。

第95条
 いずれの国も,批准書,受諾書,承認書又は加入書の寄託の時に,第1条(1)(b)の規定に拘束されないことを宣言することができる。

第96条
 売買契約が書面によって締結され,又は証明されるべきことを自国の法令に定めている締約国は,売買契約,合意によるその変更若しくは終了又は申込み,承諾その他の意思表示を書面による方法以外の方法で行うことを認める第11条,第29条又は第2部のいかなる規定も,当事者のいずれかが当該締約国に営業所を有する場合には第12条の規定に従って適用しないことを,いつでも宣言することができる。

Article 97

1. Declarations made under this Convention at the time of signature are subject to confirmation upon ratification, acceptance or approval.
2. Declarations and confirmations of declarations are to be in writing and be formally notified to the depositary.
3. A declaration takes effect simultaneously with the entry into force of this Convention in respect of the State concerned. However, a declaration of which the depositary receives formal notification after such entry into force takes effect on the first day of the month following the expiration of six months after the date of its receipt by the depositary. Reciprocal unilateral declarations under article 94 take effect on the first day of the month following the expiration of six months after the receipt of the latest declaration by the depositary.
4. Any State which makes a declaration under this Convention may withdraw it at any time by a formal notification in writing addressed to the depositary. Such withdrawal is to take effect on the first day of the month following the expiration of six months after the date of the receipt of the notification by the depositary.
5. A withdrawal of a declaration made under article 94 renders inoperative, as from the date on which the withdrawal takes effect, any reciprocal declaration made by another State under that article.

Article 98

No reservations are permitted except those expressly authorized in this Convention.

Article 99

1. This Convention enters into force, subject to the provisions of paragraph (6) of this article, on the first day of the month following the expiration of twelve months after the date of deposit of the tenth instrument of ratification, acceptance, approval or accession, including an instrument which contains a declaration made under article 92.
2. When a State ratifies, accepts, approves or accedes to this Convention after the deposit of the tenth instrument of ratification, acceptance, approval or accession, this Convention, with the exception of the Part excluded, enters into force in respect of that State, subject to the provisions of paragraph (6) of this article, on the first day of the month following the expiration of twelve months after the date of the deposit of its instrument of ratification, acceptance, approval or accession.
3. A State which ratifies, accepts, approves or accedes to this Convention and is a party to either or both the Convention relating to a Uniform Law on

第97条
　（1）　署名の時にこの条約に基づいて行われた宣言は，批准，受諾又は承認の時に確認されなければならない。
　（2）　宣言及びその確認は，書面によるものとし，正式に寄託者に通報する。
　（3）　宣言は，それを行った国について，この条約の効力発生と同時にその効力を生ずる。ただし，寄託者がこの条約の効力発生後に正式の通報を受領した宣言は，寄託者がそれを受領した日の後6箇月の期間が満了する日の属する月の翌月の初日に効力を生ずる。第94条の規定に基づく相互に一方的な宣言は，寄託者が最も遅い宣言を受領した日の後6箇月の期間が満了する日の属する月の翌月の初日に効力を生ずる。
　（4）　この条約に基づく宣言を行った国は，寄託者にあてた書面による正式な通告により，当該宣言をいつでも撤回することができる。その撤回は，寄託者が当該通告を受領した日の後6箇月の期間が満了する日の属する月の翌月の初日に効力を生ずる。
　（5）　第94条の規定に基づいて行われた宣言の撤回は，その撤回が効力を生ずる日から，同条の規定に基づいて行われた他の国による相互の宣言の効力を失わせる。

第98条
　この条約において明示的に認められた留保を除くほか，いかなる留保も認められない。

第99条
　（1）　この条約は，（6）の規定に従うことを条件として，第10番目の批准書，受諾書，承認書又は加入書（第92条の規定に基づく宣言を伴うものを含む。）が寄託された日の後12箇月の期間が満了する日の属する月の翌月の初日に効力を生ずる。
　（2）　いずれかの国が，第10番目の批准書，受諾書，承認書又は加入書の寄託の後に，この条約を批准し，受諾し，承認し又はこれに加入する場合には，この条約（適用が排除される部を除く。）は，（6）の規定に従うことを条件として，当該国の批准書，受諾書，承認書又は加入書が寄託された日の後12箇月の期間が満了する日の属する月の翌月の初日に当該国について効力を生ずる。
　（3）　1964年7月1日にハーグで作成された国際物品売買契約の成立についての統一法に関する条約（1964年ハーグ成立条約）及び1964年7月1日にハーグで作成された国際物品売買についての統一法に関する条約（1964年ハーグ売買条約）のいずれか一方又は双方の締約国であって，この条約を批准し，受諾し，承認し，又はこ

the Formation of Contracts for the International Sale of Goods done at The Hague on 1 July 1964 (1964 Hague Formation Convention) and the Convention relating to a Uniform Law on the International Sale of Goods done at The Hague on 1 July 1964 (1964 Hague Sales Convention) shall at the same time denounce, as the case may be, either or both the 1964 Hague Sales Convention and the 1964 Hague Formation Convention by notifying the Government of the Netherlands to that effect.

4. A State party to the 1964 Hague Sales Convention which ratifies, accepts, approves or accedes to the present Convention and declares or has declared under article 92 that it will not be bound by Part II of this Convention shall at the time of ratification, acceptance, approval or accession denounce the 1964 Hague Sales Convention by notifying the Government of the Netherlands to that effect.

5. A State party to the 1964 Hague Formation Convention which ratifies, accepts, approves or accedes to the present Convention and declares or has declared under article 92 that it will not be bound by Part III of this Convention shall at the time of ratification, acceptance, approval or accession denounce the 1964 Hague Formation Convention by notifying the Government of the Netherlands to that effect.

6. For the purpose of this article, ratifications, acceptances, approvals and accessions in respect of this Convention by States parties to the 1964 Hague Formation Convention or to the 1964 Hague Sales Convention shall not be effective until such denunciations as may be required on the part of those States in respect of the latter two Conventions have themselves become effective. The depositary of this Convention shall consult with the Government of the Netherlands, as the depositary of the 1964 Conventions, so as to ensure necessary co-ordination in this respect.

Article 100

1. This Convention applies to the formation of a contract only when the proposal for concluding the contract is made on or after the date when the Convention enters into force in respect of the Contracting States referred to in subparagraph (1) (a) or the Contracting State referred to in subparagraph (1) (b) of article 1.

2. This Convention applies only to contracts concluded on or after the date when the Convention enters into force in respect of the Contracting States referred to in subparagraph (1) (a) or the Contracting State referred to in subparagraph (1) (b) of article 1.

Article 101

1. A Contracting State may denounce this Convention, or Part II or Part III of the Convention, by a formal notification in writing addressed to the depositary.

れに加入するものは，その批准，受諾，承認又は加入の時に，オランダ政府に通告することにより，場合に応じて1964年ハーグ成立条約及び1964年ハーグ売買条約のいずれか一方又は双方を廃棄する。

（4）　1964年ハーグ売買条約の締約国であって，この条約を批准し，受諾し，承認し，又はこれに加入し，及び第92条の規定に基づき第2部の規定に拘束されないことを宣言する，又は宣言したものは，その批准，受諾，承認又は加入の時に，オランダ政府に通告することにより，1964年ハーグ売買条約を廃棄する。

（5）　1964年ハーグ成立条約の締約国であって，この条約を批准し，受諾し，承認し，又はこれに加入し，及び第92条の規定に基づき第3部の規定に拘束されないことを宣言する，又は宣言したものは，その批准，受諾，承認又は加入の時に，オランダ政府に通告することにより，1964年ハーグ成立条約を廃棄する。

（6）　この条の規定の適用上，1964年ハーグ成立条約又は1964年ハーグ売買条約の締約国によるこの条約の批准，受諾，承認又はこれへの加入は，これらの二条約について当該締約国に求められる廃棄の通告が効力を生ずる時まで，その効力を生じない。この条約の寄託者は，この点に関して必要な調整を確保するため，当該二条約の寄託者であるオランダ政府と協議する。

第100条

（1）　この条約は，第1条(1)(a)に規定する双方の締約国又は同条(1)(b)に規定する締約国についてこの条約の効力が生じた日以後に契約を締結するための申入れがなされた場合に限り，その契約の成立について適用する。

（2）　この条約は，第1条(1)(a)に規定する双方の締約国又は同条(1)(b)に規定する締約国についてこの条約の効力が生じた日以後に契約を締結された契約についてのみ適用する。

第101条

（1）　締約国は，寄託者にあてた書面による正式の通告により，この条約又は第2部若しくは第3部のいずれかを廃棄することができる。

2. The denunciation takes effect on the first day of the month following the expiration of twelve months after the notification is received by the depositary. Where a longer period for the denunciation to take effect is specified in the notification, the denunciation takes effect upon the expiration of such longer period after the notification is received by the depositary.

Done at Vienna, this day of eleventh day of April, one thousand nine hundred and eighty, in a single original, of which the Arabic, Chinese, English, French, Russian and Spanish texts are equally authentic.
 In witness whereof the undersigned plenipotentiaries, being duly authorized by their respective Governments, have signed this Convention.

（2） 廃棄は，寄託者がその通告を受領した後 12 箇月の期間が満了する日の属する月の翌月の初日に効力を生ずる。当該通告において廃棄の効力発生につき一層長い期間が指定されている場合には，廃棄は，寄託者が当該通告を受領した後その一層長い期間が満了した時に効力を生ずる。

1980 年 4 月 11 日にウィーンで，ひとしく正文であるアラビア語，中国語，英語，フランス語，ロシア語及びスペイン語により原本一通を作成した。

以上の証拠として，下名の全権委員は，各自の政府から正当に委任を受けてこの条約に署名した。

主要参考文献

(1) ウィーン売買条約

Bianca, C. M., and M. J. Bowell, *Commentary on the International Sales Law, the 1980 Vienna Sales Convention* (1987), Giuffre, Milan.

DiMatteo, Larry A., et al., *International Sales Law, A Critical Analysis of CISG Jurisprudence* (2005), Cambridge University Press, Cambridge.

Ferrari, Franco, ed., *Quo Vadis CISG* (2005), Bruylant, Brussels.

Ferrari, Franco, et al., *The Draft UNCITRAL Digest and Beyond : Cases, Analysis and Unresolved Issues in the U. N.Sales Convention* (2004), European Law Publishers, München.

Gabriel, Henry Deeb, *Contracts for the Sale of Goods, A Comparison of U. S. and International Law* (2d ed. 2009), Oxford University Press, Oxford.

Gallstone, Nina M., and Hans Smite, eds., *International Sales : The United Nations Convention on Contracts for the International Sale of Goods, Parker School Text* (1984), Matthew Bender, New York.

Honnold, John O., *Uniform Law for International Sales under the 1980 United Nations Convention* (1st ed. with minor corrections, 1987), Kluwer, Deventer.

Ditto, (2d ed. 1991).

Ditto, (3d ed. 1999).

Honnold, John O., *Documentary History of the Uniform Law for International Sales* (1989), Kluwer, Deventer.

Huber, Peter, and Alastair Mullis, *The CISG, A new textbook for students and practitioners* (2007), European Law Publishers, München.

Kritzer, Albert H., *Guide to Practical Applications of the United Nations Convention on Contracts for the International Sale of Goods* (1989), Kluwer, Deventer.

Sarcevic, Petar, and Paul Volken eds., *International Sale of Goods, Dubrovnik Lectures* (1986), Oceana, New York.

Schlechtriem, Peter, *Unifom Sales Law, the UN-Convention on Contracts for International Sale of Goods* (1986), Manzsche, Vienna.

Ditto, *Commentary on the UN Convention on the International Sale of Goods (CISG)* (2d ed. 1998, translated by Geoffrey Thomas), Clarendon Press, Oxford.

Schlechtriem, Peter, and Ingeborg Schwenzer, eds., *Commentary on the UN Convention on the International Sale of Goods*（*CISG*）(2d English ed. 2005), Oxford University Press, Oxford.

Schwenzer, Ingeborg, and Christiana Fountoulakis eds., *International Sales Law*（2007）, Routledge-Cavendish, London.

United Nations, *Official Records, United Nations Conference on Contracts for the international Sale of Goods, Vienna, 10 March-11 April 1980, Documents of the Conference and Summary Records of the Plenary Meetings and of the Meetings of the Main Committees*（1981）, United Nations, New York.

Zeller, Bruno, *Damages under the Convention on Contracts for the International Sale of Goods*（2005）, Oceana, New York.

曽野和明・山手正史『国際売買法』青林書院, 1993 年。

新堀聰『国際統一売買法　―ウィーン売買条約と貿易契約―』同文舘出版, 1991 年。

（雑誌のウィーン売買条約特集号）

The American Journal of Comparative Law, Spring-Summer 1979.

The International Lawyer, Fall 1983.

Cornell International Law Journal, Symposium 1988.

The Journal of Law and Commerce, Volume 8, Summer 1988.

判例タイムズ, 特集国際統一売買法, 1990 年 12 月 15 日号（739）

（2）　国際契約法／国際売買法一般

Bridge, Michael, *The International Sale of Goods, Law and Practice*（1999）, Oxford University Press, Oxford.

Ditto,（2d ed. 2007）.

Folsom, Ralph H., et a1., *International Business Transactions in a nutshell*（3d ed. 1988）, West Publishing Co., St. Paul.

Ditto, *Intenational Business Transactions, a problem-oriented coursebook*（7th ed. 2004）, West Publishing, St. Paul.

Guest, A. G., General Editor, *Benjamin's Sale of Goods*（6th ed. 2002）, Sweet & Maxwell, London.

Murray, Carole, et al., *Schmitthoff's Export Trade, the Law and Practice of lnternational Trade*（11th ed. 2007）, Sweet & Maxwell, London.

新堀聰『貿易売買』同文舘出版, 第 5 版, 1998 年。

新堀聰・椿弘次編著『国際商務論の新展開』同文舘出版, 2006 年。

(3) インコタームズ

Jam Ramberg, *ICC Guide to Incoterms 2000* (1999), ICC Publishing S. A., Paris.
(邦訳は，新堀聰訳『インコタームズ 2000 の手引き』として 2000 年に国際商業会議所日本委員会から出版されている）

和文索引

〔あ 行〕

揚地契約 …………………… 63, 115
新しい申込み ………………… 44, 47
アメリカ・ランド・ブリッジ ……… 116
ありうる結果 …………………… 146

イタリア民法 …………………… 25
一時的な障害の効果 …………… 158
一般原則 ……………………… 13, 25
一般的損害賠償額 ……………… 143
違約金条項 …………………… 164
インコタームズ ‥6, 7, 8, 13, 32, 63, 66, 129

ウィーン売買条約 …………… 3, 8, 17
　　──と国際私法 ……………… 12
　　──の一般原則 ……………… 26
　　──の欠陥の補充 …………… 25
　　──の構成 …………………… 11
　　──の三層構造 ……………… 20
　　国際化の中核としての── … 179
失われた取引量の損失 ………… 151
売主と買主の義務 ……………… 6
売主に違反があった場合の危険の移転
　………………………………… 123
売主の運送品差止め …………… 134
売主の営業の場所 ……………… 98
売主の瑕疵担保責任 …………… 68
売主の基本的義務 ……………… 61
売主の契約違反に対する買主の救済 … 77
売主の催告 …………………… 101
売主の物品を保存する義務 …… 165
売主の保証責任 ………………… 67
運河の閉鎖 …………………… 154
運送人 ………………………… 158
　　最後の── ………………… 63

営業の場所 …………………… 13
英国動産売買法 ………………… 62
英国貿易産業省 ………………… 4
延滞金利 …………………… 153, 156

延着した承諾 …………………… 54
欧州契約法委員会 ……………… 175
欧州契約法原則 ………………… 175
多過ぎる数量 …………………… 89

〔か 行〕

外貨の取得 …………………… 108
海上運送状 …………………… 66
解除による義務からの解放 …… 161
解除の効果 …………………… 161
買主による追加的な最終履行期間の設定
　………………………………… 80
買主の基本的義務 ……………… 93
買主の支払義務 ……………… 101
買主の受領遅滞 ……………… 128
買主の物品を保存する義務 …… 167
価格が明示されていない契約 …… 94
確定損害賠償額 ……………… 162
確定申込み …………………… 41, 42
確認書 ………………………… 37
革命 …………………………… 160
確約 …………………………… 135
隠れた瑕疵 …………………… 68
火災 ……………………… 154, 160
加入 …………………………… 4
加入書 ………………………… 4
株式 …………………………… 15
加盟国 ………………………… 4
為替管理 …………………… 99, 156
環境の変化 …………………… 177
　　──による再交渉の義務 …… 177
慣行 …………………………… 32
慣習 …………………………… 32
　　──の黙示的適用 …………… 29
間接経費 ……………………… 151
間接損害 ……………………… 88
間接的損害 …………………… 147

危険移転 ……………………… 70
　　──の時期 ………………… 6, 129

和文索引

危険の移転 …………………………113
　　——に関するインコタームズの規定
　　……………………………………124
　　その他の場合における—— …………120
期限は人に代って催告しない …………101
期限は人に代って催告する ……………102
危険負担 ……………………………………69
　　——における債権者主義 ……127, 128
　　——についての一般原則 …………113
期限前の契約解除宣言 …………………137
基本契約書 …………………………………52
義務の実質的な部分 ……………………133
救済制限条項 ………………………………51
急速な品質低下 …………………………169
供給者 …………………………………157158
強制執行 ……………………………………15
鏡像の原則 …………………………………47
競売 …………………………………………15
拒絶 …………………………………44, 47
　　——された物品の取扱いに関する条項
　　……………………………………162
金銭債務の履行地 …………………………28
勤勉と注意 …………………………………27

クレーム提起期間 ……………………72, 74

契約維持の原則 ……………………………29
契約違反に対する救済 ……………………6
契約解除 ……………………………………85
　　——の効果 ……………………………149
契約に適合した物品 ………………………61
契約による適用の排除 ……………………18
契約の解除
　　………77, 103, 107, 108, 109, 123, 138, 148
契約の形式的要件 …………………………28
契約の成立 …………………………………6
　　——時期 ………………………………57
　　——地 …………………………………57
契約の対象物 ……………………………118
契約の方式 …………………………………16
契約の有効性 ………………………………7
　　——に関する国家法 …………………20
契約の履行拒絶 …………………………137
契約の履行行為 …………………………132
契約法のリステイトメント第2版 ………42
契約または慣習の有効性 …………………16

契約目的の達成不能 ……………………155
契約を解除する権利 ………………………83
欠陥 …………………………………………25
原産地証明書 ………………………………66
原子力の事故 ……………………………160
権利証券 ……………………………………66

航空運送状 …………………………………66
航空機 ………………………………………15
広告 …………………………………………37
公序良俗 …………………………………147
洪水 ………………………………………160
公正な取引の原則 …………………………29
広範な調査 …………………………………43
衡平法 ……………………………………105
合理性 ………………………………………27
合理的な措置 ……………………………152
合理的な人の理解 …………………………30
合理的な理由 ………………………………73
港湾の渋滞 ………………………………160
国際化 ……………………………………178
　　——の中核としてのウィーン売買条約
　　……………………………………179
国際海上物品運送法 ………………………5
国際私法 …………………7, 12, 13, 14, 25, 30, 74
国際商業会議所 ……………6, 10, 32, 66
国際商事契約の国際化 …………………177
　　——はなぜ必要か …………………179
国際商事仲裁機関 ………………………178
国際通貨基金 ………………………………10
国際的性格 …………………………………23
国際的な標準約款 …………………………99
国際統一売買法 ……………………………8
　　——の歴史 ……………………………8
国際物品売買契約に関する国際連合条約 3
国際物品売買契約の成立に関する統一法
　　……………………………10, 35, 176
国際物品売買に関する統一法
　　……………………………9, 35, 101, 176
国際貿易における信義 ……………………24
　　——の遵守 ………………………23, 24
国連国際商取引法委員会 …………………10
国連事務総長 ………………………………4
国家法 …………………………………7, 14
国境を越えた商取引法センター ………180
固定費 ……………………………………151

梱包込みの総重量 …………………98

〔さ　行〕

サービスを提供する契約 ……………15
債権者ノ責ニ帰スベキ事由 …………128
催告 ……………………………85, 101
最後に発送した者が勝つ原則 ……52, 177
最初の運送人 …………………………63
裁判地 ………………………………178
詐欺 …………………………………146
　──防止法 ……………17, 35, 36
サボタージュ ………………………160
時価 …………………………………149
　──に基づく損害賠償額 …………149
時間が許せば ………………………138
時効 …………………………………74
自己の支配を越える障害 ……………154
事実上の標準 ……………………………3
事情の変更 …………………………177
地震 …………………………………160
静かに推し進める …………………176
下請業者 …………………………157, 158
実質的に同じ状態 …………………163
自動執行的な条約 ……………………5
支払いの時期 …………………………99
支払いの場所 …………………………98
支払能力 ……………………………131
支払不能 ……………………………156
シベリア・ランド・ブリッジ ………116
私法統一国際協会 ……………………9
宗教上の理由 ………………………153
重大な違反 ………80, 84, 107, 133, 137
十分な根拠がある …………………140
重要な情報を開示する義務 …………27
修理 …………………………………80
重量証明書 ……………………………66
重量の決定方法 ………………………98
出訴期限法 ……………………………74
準拠法 …………………………………4
　──の選択 ……………………178
常居所 …………………………………58
障害についての通知義務 ……………159
商慣習法の原則，規則および基準のリスト
　……………………………………180
商業送状 ……………………………66

条件 ……………………………………4
条項の相違 ……………………………48
承諾 …………………………………44, 45
　──の期間 ……………………40
　──の効力発生時期 ……………9
　──の撤回 ……………………56
　──の発送と到着までの時間帯 ……39
商取引上の特別の場合 ………………35
消費者保護の立法 ……………………14
商品性の黙示保証 ……………………67
正味重量 ………………………………98
条約からリステイトメントへ ………175
書式の争い ………………50, 69, 176
所有権：
　──に及ぼす効果 ………………16
　──に対する効果 ………………13
　──の移転 ………13, 17, 61, 62
所有権移転：
　──の時期 ………………………7
　──の理論 ………………20, 22
信義遵守の精神 ……………………32
信用状開設銀行の受益者に対する支払約束
　……………………………………35
信用状統一規則 ……………………66
信用状の開設 ……………………94, 108
信用状または銀行保証の申請 ………108
信用の欠陥 …………………………132
信頼 …………………………………42

ストライキ …………………………154, 160

製造物責任 …………………………13, 18
政府の許可取得 ……………………94
政府の行為 …………………………160
政府または銀行への契約の登録 ……108
積送品明細書 ………………………64
積地契約 ……………………63, 115, 150
責任制限条項 ………………………147
責任を排除しまたは契約違反に対する
　違約金 ……………………………162
狭い問題解決型アプローチ ………17, 114
前契約段階 …………………………40
宣言 …………………………………83, 106
先見性 ………………………………146
戦争 …………………………………154, 160
選択権契約 …………………………42, 44

船舶 ……………………………………15

倉庫 …………………………………168
　──証券 ………………………………66
　──における保管 …………168
　──料の負担 ………………168
相互依存関係 ………………139
相場商品の標準契約書 ……4
即時解約 ……………………………4
曽野和明 …………………………4
その他の場合における危険の移転 …… 120
損害賠償 ………………77, 103, 141
損害賠償額 ……………………162
　──の軽減 ……………28, 151
　──を算定する一般原則（Hadley 対 Baxendale 事件）…………141
　──を算定する一般原則（ウィーン売買条約第74条）………… 143
損害賠償請求権 ………78, 87, 103
損害賠償責任 ………………154
　──免除 ……………………177
損失 ……………………………143

〔た　行〕

対価 …………………………………35
代金支払いの義務 …………93
代金請求訴訟 ………………106
代金の減額 ……………………77, 87
代金の支払い …………………134
第三者 ……………156, 157, 158
　──による不履行 ………156
代替取引によって決定される損害賠償額
　………………………………147
代替品 …………………………148
　──の引渡し ………………79, 163
単純通し運送 ………………116

遅延許容条項 ………………160
中間地点 ………………………117
仲裁準拠法条項 ……………162
注文請書 ………………………50
注文書 …………………………50
長期契約 ………………………177
沈黙 ……………………………45

追加的な最終履行期間 …………107

──を定める通知 …………103
通貨 ……………………………15
通常使用される目的 ………67
通常の梱包を提供する義務 ……68
通知 ……………………46, 83, 106
通知の遅延，誤謬または不着の危険 ‥106
積出しに伴う売主の義務 ………64

締約国 …………………………3
適用上の統一性 ………………23
撤回可能 ………………………39, 41
撤回できない申込み ………40
撤回不能 ………………………39, 41
電気 ……………………………15
伝染病 …………………………160
転売 ……………………………148

統一商法典の補充規定 ……53
投機的な目的 …………………57
当事者：
　──の意図 …………………30
　──の合意 …………………20
　──の行為の解釈原則 …30
　──を損害賠償から免除する障害 ‥154
当事者自治の原則 ……6, 26, 28, 32, 124
投資証券 ………………………15
同時条件 ………………………100
同時的通信 ……………………54
到達主義 …………9, 45, 46, 159
通し運送 ………………………116
特定の目的 ……………………67
　──への適合性の黙示保証 ………67
特定物の売買 ………………128
特定履行 ……………77, 78, 103, 104
特別損害賠償額 ……………143

〔な　行〕

捺印証書 ………………………35, 40

ねじれ国会 ……………………169
値引き …………………………163

ノックアウト・ルール ………53, 177

〔は 行〕

ハードシップによる再交渉を要請する権利
　………………………………………177
売約書 ……………………………………50
破産 ………………………………………163
──財団 …………………………………163
発信主義 ………………………… 9, 28, 46
発送 ………………………………………55
早過ぎる引渡し …………………………89
反対申込み ………………… 31, 47, 49, 52
販売カタログ ……………………………37
判例で認められた一般原則 ……………27

引合い ……………………………………37
引渡期日後の欠陥の治癒 ………………82
引渡期日前の欠陥ある引渡しの治癒 …71
引渡しの時期 ……………………………65
引渡しの場所 ……………………………62
引渡しを受ける義務 …………………102
引渡数量許容差 …………………………89
引渡日 ……………………………………65
批准 ………………………………………4
批准書等 …………………………………11
人の死亡 …………………………………18
否認条項 …………………………………69
標準的国際物品売買契約書 …………180
標準的取引条件 …………………………13
非良心的 ………………………………147
品質証明書 ………………………………66

不可抗力 ………………… 73, 87, 155, 160
──条項 ……………………………51, 160
複合運送 ………………………………116
複数の運送人 ……………………………63
不作為 ……………………………………45
付遅滞 …………………………………101
物品に関する書類 ………………………66
物品：
　──に対する第三者の権利 …………75
　──の一部の不適合 …………………88
　──の危険移転の時期 ……………122
　──の検査時期 ………………………71
　──の売却 …………………………168
　──の不適合に基づく権利 …………72
　──の返還が不可能な場合 ………163

　──の保存 …………………………165
　──の輸送を含む契約 ……………125
　──の輸送を含む売買契約 ………115
不適合 ……………………………………69
　──の性質の明細を示した通知 ……72
埠頭受領証 ………………………………66
不特定物の売買 …………………69, 128
船荷証券 …………………………………66
船荷証券統一条約 ………………………5
舟 …………………………………………15
不法行為 ………………………………114
不明な明細の補充 ……………103, 109
フランス民法典第1150条 ……………146
不履行 ……………………………………85
分割引渡契約 ……………………131, 140
　──における解除宣言 ……………138
紛争の解決に関する契約条項 ………162

米国統一商法典
　…………………… 8, 14, 16, 17, 53, 58, 62, 99, 114
米国統一売買法 …………………………62
米国法律協会 …………………………175
返還 ……………………………………162
　──の義務 …………………………162

包括契約書 ………………………………52
法廷地条項 ……………………………162
法廷地法 …………………………………79
暴動 ……………………………………160
法の抵触に関する法 ………………7, 12
法の統一のための手法 ………………175
暴風 ……………………………………160
法律委員会 ………………………………4
保険証券 …………………………………66
保障条項 …………………………………51
保証排除条項 ……………………………51
ホバークラフト …………………………15
本質的 ……………………………………85
本船の手配 ……………………………103

〔ま 行〕

全く同じ状態 …………………………163

見本またはひな型に適合している旨の
　明示保証 ………………………………68

明示保証 …………………………………67
明瞭な瑕疵 ………………………………68
滅失または損傷 …………………………113
免責 ………………………………………154
　──事由 ………………………………160
　──約款 ………………………………160

申込み ……………………………………39
　──の拒絶 …………………………44, 47
　──の効力発生時期 …………………38
　──の撤回 ……………………………38
　──の撤回不能な期間 ………………40
　──の有効期間 ………………………40
　──を実質的に変更する条項 ………48
　──を修正した承諾 …………………47
網羅的 ……………………………………48
黙示的適用 ………………………………33
持分 ………………………………………15

〔や　行〕

約因 …………………………………35, 36, 40
安値あさり ………………………………43

郵便または電報による承諾の効力発生時期
　……………………………………………46
猶予期間 …………………………78, 85, 86
猶予期間の通知 …………………………84
輸出禁止 …………………………………158
輸出入禁止 ………………………………154
輸送中に売買された物品の危険の移転 …118
輸送を含む売買契約における危険の移転
　……………………………………………115
ユニドロワ国際商事契約原則 ………175
輸入許可の取得 …………………………103

予見しうる損失 …………………………88
予見性 ……………………………………87
予測可能性 ………………………………143

〔ら　行〕

落札者 ……………………………………43

利益 ………………………………………165
　──の損失を含む損失 ………………151
　──の返還 ……………………………165
利益喪失分 ………………………………143
履行：
　──期限前の契約違反 ………………131
　──遅滞 ………………………………85
　──の確約 ……………………………135
　──の停止 ………………………131, 133
　──不能 ………………………………155
　──能力の欠陥 ………………………132
履行停止 …………………………………137
　──の通知 ……………………………135
リステイトメント ……………………175
　──による統一商取引法の進化の例
　……………………………………………176
略奪的条項の制限解釈 …………………27
流通可能船荷証券の留保 ……………134
流通証券 …………………………………15
領事送状 …………………………………66

類型的アプローチ ……………………114
類推 ………………………………………26
　──による一般原則 …………………26

例示的 ……………………………………48

ロシア民法典 ……………………………17

欧文索引

[A]

a commercial specialty ····················· 36
a limitation of liability clause ············· 147
a possible consequence ···················· 146
a substantial part of his obligation ······· 133
accession ····································· 4
Act of God ································· 155
adequate assurance ························ 135
American Law Institute ···················· 175
analogy ······································ 26
Anticipatory Breach ························ 131
avoidance of the contract ············· 77, 103

[B]

Basic Agreement ···························· 52
Battle of the Forms ················ 50, 69, 176
benefit ····································· 165
bid shopping ································· 43
book of the month club ····················· 19

[C]

CENTRAL ·································· 180
Change of Circumstances ·················· 177
CIF ······································· 8, 13
combined or intermodal or multimodal transport ································· 116
concurrent condition ······················ 100
condition ····································· 4
consequential damage ····················· 147
consequential loss ··························· 88
consideration ································ 35
contract for delivery of goods by installments ····························· 140
current price ······························ 149

[D]

damages ································ 77, 103
De Facto Standard ··························· 3
declaration ···························· 83, 106
delivery quantity allowance ················· 89

[E]

destination contract ··················· 63, 115
dies interpellat pro homine ················ 102
dies non interpellat pro homine ··········· 101
diligence and care ·························· 27
disclaimer clause ······················· 51, 69
dispatch ····································· 55
document of title ···························· 66

[E]

equity ······································ 105
excusable delays clauses ··················· 160
Exemption ································· 154
Express Warranty ··························· 67
Express Warranty that the goods shall conform to the sample or model ········· 68
extensive investigation ····················· 43

[F]

favor contractus ····························· 29
firm offer ···································· 41
FOB ······································ 8, 13
force majeure ····················· 73, 87, 155
force majeure clauses ················· 51, 160
foreseeability ·························· 87, 146
foreseeable loss ····························· 88
forum ······································ 178
fraud ······································ 146
frustration ································· 155
fundamental breach ························ 80

[G]

gap ·· 25
general damages ··························· 143
general principle ···························· 25
gently push ································ 176
good grounds to conclude ················· 140
gross weight ································· 98

[H]

habitual residence ·························· 58
Hadley 対 Baxendale 事件 ················ 141

〔I〕

ICC ······································ 6, 10, 32
identical condition ···················· 163
if time allows ·························· 138
IMF ··· 10
impediment beyond his cotrol ············ 154
Implied Warranty of Fitness for Particular
　Purpose ································· 67
Implied Warranty of Merchantability ····· 67
impossibility ···························· 155
Incoterms ································ 6, 63
insolvency ······························ 156
Installment Contracts ·················· 131
instantaneous communication ············· 54
interdependence ························ 139
international character ·················· 23
internationalization ····················· 178
inquiry ···································· 37

〔L〕

lack of conformity ······················· 69
last shot doctrine ······················· 52
Law Commission ······················· 4, 21
law of the forum ························· 79
limitation of remedies clauses ············ 51
liquidated damages ····················· 162
Llewellyn ·································· 62
loss ······································ 143
loss or damage ·························· 113
Lost Volume L oss ····················· 151
lump-title approach ··················· 17, 90

〔M〕

Master Agreement ······················· 52
materially alter ·························· 47
mirror image rule ························ 47
mise en demeure ······················· 101
Nachfrist notice ·························· 84

〔N〕

narrow issue approach ·········· 17, 90, 114
net weight ································· 98
notice ··························· 46, 83, 106
notice of consignment ···················· 64

〔O〕

of the essence ···························· 85
open-price contract ······················ 94
option contract ··························· 42
overhead ································· 151

〔P〕

passing of risk ·························· 113
penalty ··································· 162
Pillans v.Van Mierop 事件 ················ 36
place of business ························· 13
place of shipment contracts ········· 63, 115
principles of fairtrading ·················· 29

〔R〕

rapid deterioration ····················· 169
ratification ································· 4
reasonable excuse ························ 73
reduction of the price ···················· 77
reliance ··································· 42
repair ····································· 80
repudiation ····························· 137
Restatements ··························· 175
restitution ······························· 162
restrictive interpretation of predatory
　clauses ·································· 27

〔S〕

special damages ························ 143
specific performance ················ 77, 78
statement ································· 45
Statute of Frauds ························ 36
Statute of Limitations ··················· 74
subcontractor ··························· 157
substantially same condition ············ 163
suppliers ································· 157

〔T〕

The Center for Transnational Law ······· 180
The CENTRAL List of Principles, Rules
　and Standards of the Lex Mercatoria 180
the Commission on European Contract Law
　··· 175
The knockout rule ······················ 177
The last shot doctrine ·················· 177

the loss, including loss of profit ········· 151
The PECL ····································· 175
The Principles of European Contract Law
　　·· 175
The Principles of International Commercial
　　Contracts ································· 175
the right to rely on a lack of conformity ··72
The Sale of Goods Act 1979 ················62
through carriage ····························· 116
through transport ···························· 116
tort ··· 114
tripartite hierarchy ··························· 20

〔U〕

UCP600 ··66
ULF ································· 10, 35, 176
ULIS ····························· 10, 101, 176

UNCITRAL ·····································10
unconscionable ······························ 147
UNIDROIT ······································· 9
uniformity of application ····················23
unimodal through transport ·············· 116
United Nations Convention on Contracts
　　for the International Sale of Goods ········ 3

〔V〕

venue ··· 178
vices caches ··································68
Vienna Sales Convention ···················· 3

〔W〕

warehouse ··································· 168
warranty clauses ······························51
Williston ··62

《著者略歴》

新堀　聰（にいぼり・さとし）

1934年（昭和9年）　東京生まれ

1958年（昭和33年）　東京大学法学部第1類（私法コース）卒業。直ちに三井物産に入社。米国三井物産ニューヨーク本店副社長，サンフランシスコ支店長，調査部長，三井物産貿易経済研究所代表取締役社長などを歴任。米国に通算11年勤務した。ニューヨーク在勤中の1975年，ハーバード大学経営大学院（ビジネス・スクール）においてPMD修了（第30期）。

1993年（平成5年）　日本大学教授に就任。同年，早稲田大学に論文「最近の貿易取引における旧来のメカニズムの破綻とその解決策に関する研究」を提出して，博士（商学）の学位を授与された。11年間にわたり日本大学商学部および大学院商学研究科において，貿易論と貿易政策を担当。2004年6月，日本大学教授を退職し，現在は，日本大学大学院客員教授。また，財団法人貿易奨励会専務理事として，海外からの留学生の支援活動などを行なっている。

主な著書：多数の著書があるが，若い頃に出版されたものに，『アメリカ商取引法』（同文舘，1963年），『貿易売買入門』（同文舘，1966年）がある。近年の著書としては，『国際統一売買法』（同文舘，1991年），『ビジネスゼミナール　貿易取引入門』（日本経済新聞社，1992年），『21世紀の貿易政策』（同文舘，1997年），『現代　貿易売買—最新の理論と今後の展望』（同文舘，2001年）などがある。

学会活動：1961年，日本貿易学会発足時の発起人の一人で，その後，理事をつとめた。1998年には，国際商取引学会の創設に参画し，2001年まで初代会長。現在は顧問。

平成21年3月12日　初版発行　《検印省略》略称：ウィーン売買

ウィーン売買条約と貿易契約

著　者　　新堀　　聰
発行者　　中島　治久

発行所　同文舘出版株式会社

東京都千代田区神田神保町1-41　〒101-0051
電話　営業(03)3294-1801　編集(03)3294-1803
振替　00100-8-42935　http://www.dobunkan.co.jp

© S. NIIBORI
Printed in Japan 2009

印刷：三美印刷
製本：三美印刷

ISBN978-4-495-67811-1